JN173381

永遠の武士道

語り伝えたい日本人の生き方

多久善郎

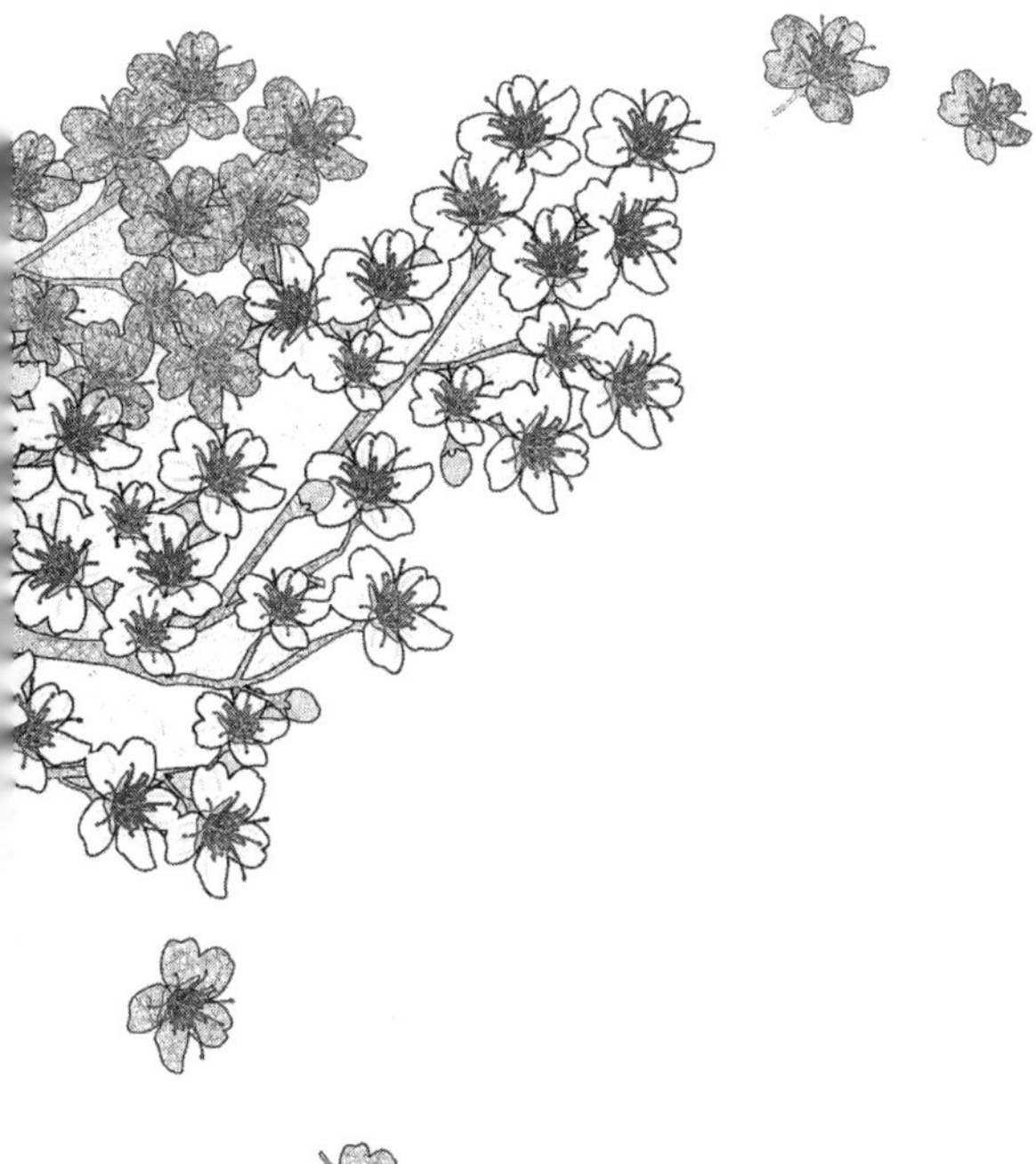

明成社

国難を克服した「武」の伝統

わが国には「治《ち》に居《い》て乱《らん》を忘れず」との戒めの言葉がある。平和な中にあっても緊急の事態・有事を忘れずに備えるとの強い精神である。

年毎に天災が頻発している日本、国際情勢も中東・欧州と混乱を極め、わが国周辺では北朝鮮の核やミサイル開発、中国の強圧的な海洋進出と、わが国の平和と安全に対する厳しい環境は年毎に増加している。周りを海で囲まれているわが国人《くにびと》には平和な気性と協調精神が育まれ、地震等の災害時にも日本人の美徳として発揮され、海外からも称賛されている。だがその一方で「平和ボケ」が蔓延《まんえん》しているのも事実である。特に大東亜戦争敗戦の後は、七年間に及ぶ米国の占領政策による「精神的武装解除」が効果を上げ、〝昭和憲法〟の前文にある「平和を愛する諸国民の公正と信義に信頼して、われらの安全と生存を保持しようと決意」させられてしまい、米国の属国に堕《だ》したかの様な他者依存・利己主義の「一国平和主義」が蔓延してしまった。

しかし、わが国の長い歴史を繙《ひもと》くと七世紀の白村江《はくそんこう》の敗戦の後、唐・新羅《しらぎ》の侵攻に備えた天智《てんじ》天皇による国防体制の確立、十三世紀末の元寇《げんこう》では文永《ぶんえい》の役《えき》の奮戦とその後の七年間に確立した万全の防衛体制による弘安《こうあん》の役での元軍の撃退、十六世紀のスペイン・ポルトガルによる植民地化の危機に際しては最新武器・鉄砲の大量生産を実現して強力な武装国家を実現し彼らを寄せ付けなかった。当時の指導者である信長《のぶなが》・秀吉《ひでよし》・家康《いえやす》は世界的な視野を持っていた。更に十九世紀後半の欧米列強によるアジア植民地化の危機に際しては、ペリー来航からわずか十五年で明治維新を為し遂げて近代国家に脱皮し、日清・日露戦争に勝利して世界の大国に肩を並べるに至ったのである。

これらの事が出来たのも、わが国には「武」の伝統が脈々と流れ、文弱を卑《いや》しむ「文武両《ぶんぶりょう》道《どう》」の精神が横溢《おういつ》していたからに他ならない。古代の天皇の諡号《しごう》には、神武《じんむ》天皇・天武《てんむ》天皇・文武《もんむ》天皇・聖武《しょうむ》天皇などが見られ、武によって国家の基礎が確立した事を示している。更には、平安期の長い平和が続く十～十一世紀頃に律令《りつりょう》社会の弛緩《しかん》の中で自衛した豪族に淵源《えんげん》を持つ「武士」が生れる。そして鎌倉から江戸まで武士政権によって我が国の平和と治安が守られて来た。その様な中で武士の在り方が求められ、「武士道」は発達して行った。

江戸時代の武士の教科書だった『小学』に「揚震《ようしん》」（後漢前期の政治家）の「四知《しち》」というのが出て来る。ある町の県令《けんれい》が揚震に賄賂《わいろ》を渡して「夜ですから誰も知る者はありません」と言うのに対し、揚震は「天知る、神知る、我れ知る、子知る。何で誰も知らないなどと言う事が出来るのか」と毅然《きぜん》として答えた。かつては多くの日本人がこの話をもっともな事だと納得して来た。明治天皇御製《ぎょせい》「目に見えぬ神にむかひてはぢざるは人の心のまことなりけり」に通じる倫理観である。だが、終戦七十年を過ぎた現代日本人の倫理観は「目に見える物」だけを追い求め、目に見えぬものは顧《かえり》みないという情けないものに堕してしまった。

だが、氷山はその大半を海中に沈めて支えている様に、日本を日本たらしめている精神の系譜が我が国の歴史には厳然として存在する。私はそれが「武士道」だと思う。

私は、中学まで身体も小さく腕力もなく気の弱い少年だった。その為、悔しい思いを幾度も体験したので、高校は文武両道の伝統校である済々黌《せいせいこう》をあえて選択し、最も稽古が厳しい空手道部に入部して日々自己鍛錬《たんれん》した。極真空手《きょくしんからて》創始者の大山倍達《おおやまますたつ》氏が信條とされていた「力なき正義は無能なり、正義無き力も又無能なり」(パスカル)を心に刻みつつ歯を食いしばって稽古に励んだ。大学生となり人生の志を立てて自分の生き方の規範を求め始めた時、自ずと「武士道」の言葉がよぎり、吉川英治『宮本武蔵』・司馬遼太郎『燃えよ剣』・三島由紀夫『葉隠入門』等を本屋で買い求めて読んで行った。それらの書物の中に、人生を導く数多《あまた》の言葉を見出し、感動しつつ「俺の道」と題した日記＝求道《ぐどう》録に、数々の言葉を書き写して自己規範とした。更には「孟子《もうし》」や「陽明学《ようめいがく》」、吉田松陰・西郷南洲の言葉と出会い、生き方の背骨が確立したのである。

本書は、私が立志以来四十余年に亘って探求して来た「武士道」について、それが最も端的に表現された言葉を選んで、解説を加えたものである。私は大学では理系だったが、学生時代から独学で、明治維新と日本近世・近代の歴史を人物中心に探求して来た。その中で特に感銘を受けた言葉と先人の生き方である。

日本には素晴らしい精神の系譜が存在する。その歴史を多くの方々に伝えたいとの思いで百四十三の言葉をとりあげている。しかし、言葉は認識するだけではなく、魂に刻みつけ、自らの生き方、日々の行動へと昇華されなければ、「道」とは言えない。是非、心読し、感銘を受けた言葉を自らの生き方に反映して戴きたい。

日本が日本であり続ける限り、日本人の真・善・美の結晶とも言うべき武士道は、永遠に人々を導き続けるであろう。

著者

永遠の武士道——語り伝えたい日本人の生き方

◎目次

✽第一章　武士道古典の言葉

宮本武蔵

山鹿素行

忠臣蔵

『葉隠』

✻第二章　幕末激動期の武士道

✻第三章　明治の武士道

明治の精神

山岡鉄舟

アジア解放

玉砕

特攻隊

敗戦の責

✤第一章　武士道古典の言葉

①宮本武蔵肖像

②山鹿素行画像（片山貫道／筆）

④佐藤一斎画像（渡邉崋山／筆）

③山本常朝垂訓の碑（佐賀市金立町）

宮本武蔵

1. 三十歳迄の勝利は本物ではなかった。その後鍛錬を重ねて五十歳で漸く本物を得た

我三十を越へて跡《あと》をおもひみるに、兵法至極《へいほうしごく》にしてかつにはあらず、（略）其後、なをもふかき道理を得んと、朝鍛夕錬《ちょうたんせきれん》してみれば、をのづから兵法の道にあふ事、我五十歳の比《ころ》也。

宮本武蔵『五輪書』地の巻

熊本市に生れた私は、宮本武蔵の事を身近な存在に感じて育った。武蔵は晩年を熊本で過し、代表的な著作『五輪書《ごりんのしょ》』を、熊本市西方に聳える金峰山《きんぽうざん》中腹の霊巌洞《れいがんどう》で記した。金峰山には小学校の頃から幾度も登り、霊巌洞にも父に連れられて訪ねた事があった。又、武蔵が眠る大津街道沿いの武蔵塚にも幾度かお参りしていた。

それ故、大学生となり生き方の指針を求め始めた時、宮本武蔵の剣豪としての道を求める生き方に心が魅かれ、吉川英治が著した長編小説『宮本武蔵』を購入して読み始めた。その中に記された武蔵の生き方は感動的なものであり、剣を通して自らを磨いていく姿に強く惹かれて行った。

宮本武蔵を一躍有名にしたのは、慶長十七年（一六一二）四月十三日に下関海峡の船島

（巌流島《がんりゅうじま》）で行われた、佐々木小次郎（巌流）との決闘である。平成二十四年はそれから丁度四百年という事で、巌流島を始め下関などでは様々なイベントが行われた。私は下関を訪れた際、山口の友人等と共に巌流島に渡って武蔵と小次郎を偲んだ。佐々木小次郎はこの地で亡くなり、今も小次郎を祭る祠《ほこら》があった。小次郎の眠る島という事で巌流島と呼ばれる様になった。決闘の時、武蔵は二十九歳、小次郎については老若様々な説がある。武蔵の決闘人生のピークがこの巌流島での闘いであり、吉川英治の『宮本武蔵』もここで終わっている。

だが、武蔵の本当の偉大さは、この絶頂期に自分を根底から反省した所にある。この時まで武蔵は六十余度の戦いを行って全勝してきた。だが、小次郎を破った武蔵は、「俺がここまで勝ってきたのは、本当の意味で『兵法《へいほう》の真髄《しんずい》』を悟り身につけているからではなく、生まれつき武芸の才能にめぐまれて、自然と刀使いが巧《うま》かったためか、相手が未熟だったからに過ぎないのではないのか」と考え、「まだまだ俺は未熟である。もっともっと鍛錬して本物の強さに磨き上げねばならない」と永遠の修練の道を自分に課したのである。

ここが、武蔵の本物たる所以であろう。そして、更なる弛《たゆ》み無き二十年の修練を経て、「おのづから兵法の道にあふ」＝「意図せずとも剣の極意が身に備わるまでの境地」に達した。武蔵五十歳の時である。武蔵はその後も十二年間生き、正保二年（一六四五）五月十九日、六十二歳で亡くなった。武蔵が磨き上げ到達した境地は、剣のみならず書や画・彫刻等にも発揮されて、吾々を惹き付けてやまない。

2. 物事の表層を見ずに、本質を観抜け

観見二《かんけんふた》ッの事、観《かん》の目《め》つよく、見《けん》の目《め》はよはく、遠き所を近く見、ちかき所を遠く見る事兵法の専《もっぱら》也。

宮本武蔵『五輪書』水の巻「兵法の目付と云事」

宮本武蔵は最晩年、求道の果てにつかんだ境地を『五輪書』に書き著した。五輪書は「地之巻《ちのまき》」「水《すい》之巻」「火《か》之巻」「風《ふう》之巻」「空《くう》之巻」に分かれている。「地之巻」は武蔵が切り開いた「二天一流《にてんいちりゅう》」の総論を、「水之巻」は具体的な剣術稽古の着眼点を、「火之巻」では戦《いくさ》勝負のやり方を、「風之巻」では他流との比較を、「空之巻」は空の境地を、それぞれ記した。『五輪書』は、武蔵の実戦体験を文字にしたものであり、その意味する所は、極めて深い。ここで紹介する「観の眼」と「見の眼」については、髙橋史朗氏を始め多くの識者が紹介している。「観の眼」とは物事の本質や奥深い事を見抜く「心の眼」を言い、物事の表面しか把握出来ない「見の眼」と区別している。その観の眼を強くして、遠い所を近くに捉え、近い所は逆に遠くを見る様に把握すべきだと武蔵は言う。その事によって、敵の動きの全体像

が読める様になるのである。剣道でも、相手の竹刀や眼を見つめすぎると、こちらの心が固まってしまい敗北する。仕事に於ても、ある難局に遭遇した場合、その困難さのみを見つめれば心が挫けてしまうが、その困難が生じた原因を深く考え、自らの至らなさや組織の有り方などを検証して行けば、打開策が見出せるものである。

武蔵は何事にあれ「居著《いつ》く」事を嫌った。「居著く」とは物事に捉われ執着する事を言う。太刀《たち》にしても手にしても、居著いてしまえば自由を失い、その結果敗北を招いてしまう。武蔵は、「いつく」は死ぬる手、「いつかざる」は生きる手であると言う。太刀の構えにしても、構えると思うのではなく、相手を斬る事を思えば良い、構えに執着すべきでは無い、という。それ故、太刀の構えは定めが有って無い様なものだと、「有構無構《うこうむこう》のおしへ」を説いている。武蔵は何故、二刀流を使ったのか。武士は太刀・小太刀《こだち》の二本を腰に差している。それ故、命を投げ出す時は、道具を残らず役立てねば意味が無いと言うのだ。実戦では、馬に乗ったり、別の武器を片手に持って戦わねばならない事も多いので、片手で太刀を自由に扱える様にしておくべきである。戦いの中で考えた武蔵の合理精神が二刀流を生み出したのである。それ故武蔵は、二刀にもこだわらない。相手に勝つ為に、その場その場に応じて、自らが持てる物と力を充分に活用すべし、というのが武蔵の哲学である。

会社や仕事に於ても、持てる人材や能力を充分に活用し切っているのか、一つの型に執着して本来の目的を忘れてはいないか、「観の眼」を研ぎ澄まして常に検証する必要がある。

3. 先ずは三年、更には三十年、一日も休む事無く毎日毎日鍛錬し続けてこそ本物になる

千日の稽古《けいこ》を鍛《たん》とし、万日の稽古を錬《れん》とす。

宮本武蔵『五輪書』水の巻

私はかつて、日本の歴史や文化を学ぶ大学サークル連絡体の九州の学生責任者をしていた。その時、夏休みに「思想鍛錬合宿」という六泊七日の合宿を企画し、五島列島で実施した。通常の三泊四日位の合宿では講義を聞く事が中心の、受身の合宿となりやすいので、古典を大きな声で読んだり、木剣の素振りや相撲大会、登山など、日頃出来ないようなプログラムを盛り込んで心身共に鍛える合宿とした。一週間丸々時間が取れる大学生だからこそ出来る貴重な体験だった。その合宿に「鍛錬」の名前を付けたのは、この武蔵の言葉にあやかっての事だった。この合宿を機に生涯自分を磨き続けようと友等と語り合った。

武蔵は「鍛錬」について、千日の稽古を「鍛」と呼び、万日の稽古を「錬」と呼んだ。千日は約三年、万日は約三十年である。武蔵にとっては二十歳前後の修練が「鍛」であり、更

に独自の境地を確立した五十歳までの三十年に及ぶ稽古が「錬」であったのであろう。万日に及ぶ休む事無き稽古によって武蔵が体得した「鍛錬」の言葉であった。

今日でも「石の上にも三年」「一旦就職したならどんなに苦しくても三年は耐えろ」等と、「三年」の継続の重要さは良く語られる。私は高校時代に空手道を、学生時代に探検部活動を各三年、四十代で剣道を、五十八歳から古武道の杖道を修し続けている。三年の修練はそれなりのものを身につけてくれる。武道を嗜《たしな》むなら毎日自己に課して修練すべきだし、文の道でも自らに課して毎日続けて行く事が必ず力になる。私は、昭和五十四年に上京して、一年間は毎日欠かさずに吉田松陰先生の遺文を読み続け、松陰先生遺文を原文で大体読めるようになった。又、明治天皇御製は学生時代から良く書き写していたが、平成元年に一念発起して、明治神宮から出ている『新輯明治天皇御集』上下二巻掲載の御製を毎朝十首づつ、九年かけて全て拝誦し終えた。その事は私にしきしまの道を修する大いなる自信を与えてくれた。

『孟子』に「集義《しゅうぎ》」という言葉が出てくる。「義」を集める事、即ち、自らの心を「義」という価値判断に置いて毎日毎日を積み重ねていく時には、義が集積されて不動の生き方が出来るようになるという事である。それが自覚される様になるのも大体「集義」三十年の頃である。二十歳で「志」を立て、一日としてそれを忘れないならば五十歳の頃にはひとかどの事を身につける人物と成る。万日の「鍛錬」がそれを生み出すのである。

4．岩尾の身―物事に動じない強い大きな心

岩尾《いわお》の身《み》と云《いう》は、うごく事なくして、つよく大なる心なり

宮本武蔵「兵法三十五箇条」

「いはを（岩尾）」とは「巌（大きな岩石）」の事である。宮本武蔵が「いはをの身」について語った話は、武蔵の高弟、寺尾求馬助《てらおくまのすけ》の事を記した『寺尾家記』の中に出て来る。肥後藩二代藩主の細川光尚《みつひさ》が武蔵に「いはをの身」について尋ねた時の話である。武蔵は門弟の寺尾を呼んで「只今殿様からお前に、切腹を申し付けられた」と告げた。寺尾は静かに一礼して切腹の支度《したく》を始めたが、『自若常《じじゃくつね》の如《ごと》し（顔色一つ変えず日頃の態度と全く変わらない）』だった。そこで、武蔵はそれを止めさせて、光尚公に「これが、いはをの身であります」と述べたという。死を申し付けられた時でも微動だにせぬ心の姿を、武蔵は「いはをの身」と呼んだ。

兵法三十五箇条は、寛永十七年（一六四〇）に肥後藩に招かれた武蔵が、藩主細川忠利《ただとし》の命によって書き記したもので、その五年後に完成した『五輪書』の元となったものである。

この「いはをの身」は三十五箇条の三十四番目に書かれている。五輪書では「火」の巻の最後に、口伝《くでん》として記されている。

武蔵は「巖の身」について、「動く事が無い、強く大きな心そのものである。そこには自ずと全ての理が備わり、尽きる事の無い境地である。巖に対しては、生ある者は皆避けようとの心が起こるし、心を持たない草木でも根を張る事が出来ない。降る雨や吹き付ける風も同様である。この様な『身』を能く能く吟味して自らのものとしなければならない」と書いている。武蔵の自画像を見れば、怖くて近寄り難い姿がそこには描かれている。しかし、武蔵がいう「巖の身」とは身体の大きさを言うものでは無い。心が巖の如く大きく不動な事を言っているのだ。歴史を繙けば、日露戦争で活躍した小村寿太郎や児玉源太郎などは、身長の低い小男である。だが、心の規模で言うなら大いなる巨人だといえよう。武道で相手に向き合う時、何とも言えぬ威圧感を覚える対手がいる。相対した時の構えや気の強さなど目には見えない総合的な力に圧倒されるのだ。だが、稽古が終わった後の相手の素顔に接した時、思いの外その身体が小さいので驚く事がある。

私達が過している社会の場では、「言葉」や「気」を使った「戦い」が日常的に行われている。相手を呑んでかかる人もいれば、すっかり上気して言いたい事の半分も言えない人がいる。巖の如き強く大きな心を養う事は日常生活に於ても必要とされる目標である。

宮本武蔵

5.「打つ」と「当る」は違う。確乎たる意志を以て相手に当てる事が「打つ」と言う事なのだ

打《うつ》と云事《いうこと》、あたると云事、二《ふた》ッ也。打と云心は、いづれの打にても、何と思ひうけて慥《たしか》に打也。あたるはゆきあたるほどの心にて、何と強くあたり、忽《たちまち》敵の死《しぬ》るほどにても、是はあたる也。打《うつ》と云《いう》は心得《こころえ》て打所也《うつところなり》。吟味すべし。

宮本武蔵『五輪書』水の巻「打とあたると云事」

武蔵は、「打つ」と「当《あた》る」は違う事だと強調する。「打つ」とはこちらが思い描いた通りに太刀を使って見事に相手に当てた技の冴《さ》えを言うのであり、「当る」とは例え相手がその結果死んだとしても、たまたま当った訳で、僥倖《ぎょうこう》に過ぎないのである。剣を修業する以上、「当る」のでは無く、「打つ」為の修練を積まねばならぬと言う。武蔵が佐々木小次郎を倒した後に、「まだ未熟也」と更なる自己修練を課したのは、それ迄の勝利が「当る」勝利であり、「打つ」勝利に至っていなかったと、悟ったからであった。

同様の事を「ねばる」と「もつるる」の違いでも語っている。相手との混戦になった時、それが「もつれ」によって生み出されたならば弱いし、逆に自分の「粘り」によってその状態が齎《もたら》されたのなら強いのだ、と言っている。「ねばるはつよし、もつるゝはよはし」と。

これらの教えは、吾々の日常の仕事に対しても大いに活用できる。ある行事を行う場合、例えば一千名の参加者を確保せねばならない時、その為の様々な方策を考えて手を打って行く、その途中で、ある程度の予測を立て、未だ不十分だと思われたならば、更なる対策を考えて手を打つ、その結果、一千名を超える参加者が確実に集った場合は武蔵の言う「打つ」に当る。ところが、参加促進を様々に行ったが、それがどの程度の効果を生んでいるのか皆目見当がつかない場合、当日一千名が来たとしても、それはたまたま成功したのであり、武蔵の言う「当る」に過ぎないのだ。後者の場合は、次に仕事を任された場合、失敗する可能性が高い。「当る」を「打つ」に迄持って行く為には、自分が行った事を再検証し、確実にする作業が不可欠なのである。

「粘《ねば》る」と「縺《もつ》れる」についても、ある難題に直面した場合、その難題に埋没してがんじがらめになってしまう事がある。その様な時、一歩外に出て、新しい視点から物事を考え直すと、思いの外、難題を生み出した原因が解明出来る事がある。「縺れる」とは難題によって自分の動きを失う事であり、「粘る」とは、あくまでも自らの主体性を確保する事によって難題を粘り強く解決して行く事に他ならない。われわれは「粘り腰」を持っても「縺れ腰」にならない様注意すべきだ。武蔵の『五輪書』には、人生の全てに於て主体者として強い意志で生き抜いた見事な人生観が貫かれている。

6．神や仏は尊いが、神仏に頼るのでは無く、あくまでも自分の力で切り開いていく

仏神は尊し仏神をたのまず

宮本武蔵「独行道」

正保二年（一六四五）五月十九日、宮本武蔵は六十二歳の生涯を熊本の地で終えた。武蔵は亡くなる一週間前に『五輪書』を書き終えて、弟子に伝授した。更に武蔵は自らの人生の信條ともいうべき言葉十九箇条を書いて与えた。それが次の「独行道」である。

一、世々の道そむく事なし
一、身に楽みをたくまず
一、よろづに依（えこ）の心なし
一、一生の間よくしん（欲心）思はず
一、我事におひて（於て）後悔をせず
一、善悪に他をねたむ（妬む）心なし
一、何れの道にも別をかなしまず
一、自他共にうらみかこつ心なし
一、れんぼ（恋慕）の道思ひよる心なし
一、物事にすき好む事なし
一、私宅におひて望む心なし
一、身ひとつに美食を好まず

一、末々什物となる古き道具所持せず　　一、老身に財宝所持もちゆる心なし
一、我身にいたり物いみする事なし　　一、仏神は尊し仏神をたのまず
一、兵具は格別よ（余）の道具たしなまず　　一、常に兵法の道をはなれず
一、道におひては死をいとはず思ふ

正に、孤高の求道者宮本武蔵の生き方そのものが言葉となって記されている。熊本の武蔵塚の売店では「独行道」を刻んだ置物が頒布され、心ある人々を導いている。

先年、私が講師を務める福岡での日本の誇りセミナーで宮本武蔵を取り上げた。五輪書の言葉は青年や学生には難しいかと思われたが、感想文を見ると、それぞれに武蔵の言葉から人生を生きるヒントを得てくれた様だった。その数か月後、時局問題の講師を頼まれて小倉に赴く機会があった。その講演には先のセミナーに北九州から参加していた青年達も参加していた。そこで講演終了後に彼らと共に、手向山《たむけやま》公園を訪れた。手向山一帯は、宮本武蔵の養子・伊織《いおり》の所領となり、宮本家の墓所もある。宮本伊織は、明石・小笠原家に仕え、二十八歳で家老の地位まで上り、子孫は代々家老職を継いでいる。小笠原家は寛永九年に小倉に移封し、武蔵は伊織と共に移り、熊本に招かれる寛永十七年まで小倉の地で過ごした。武蔵が亡くなった九年後に伊織は、この手向山に武蔵の遺骨と遺品を祀り、武蔵の顕彰碑を建立した。私共が顕彰碑を訪れた日は奇しくも武蔵の命日だった。翌日、私は熊本の武蔵塚（武蔵のお墓）にも参拝して剣聖・武蔵を偲んだ。

1. 社会のリーダーとしての道徳的な高みを常に示す事こそが武士の仕事

凡そ士《さむらい》の職といふは、其身《そのみ》を顧《かえり》み、主人を得て奉公の忠《まこと》を尽《つく》し、朋輩《ほうばい》に交りて信を厚くし、身の独《ひと》りを慎《つつし》んで義を専《もっぱら》とするにあり。

山鹿素行『山鹿語類巻第二十一』「士道」

江戸の初期、武士の道を体系的に著述する人物が現われた。山鹿素行《やまがそこう》（一六二二〜一六五八）である。素行は大変な学者で人間コンピューターの様な人物である。二十歳位までに当時出ていた殆どの書物を読破し、兵法・儒学・神道・仏教・古典など全ての学問をマスターしたというのだから凄まじい。その上で、武士のあるべき姿を説いたのである。

素行の武士道観は、『山鹿語類』巻第二十一の「士道」に良く表されている。更に素行は「士道」の内容に沿って、古今内外の具体的な史実を紹介して理解が深まる様に「士談」（巻第二十二〜巻第三十二）を語っている。「士道」は次の項目から成っている。

一、本《もと》を立つ

①己れの職分《しょくぶん》を知る　②道に志す　③其の志す所を勤《つと》め行うに在り

二、**心術を明かにす**

①気を養い心を存す　i気を養うを論ず　ii度量　iii志気　iv温籍《うんしゃ》　v風度《ふうど》　vi義利を弁ず　vii命に安んず　viii清廉　ix正直《せいちょく》　x剛操《ごうそう》　②徳を練り才を全《まった》くす　i忠孝を励む　ii仁義に拠る　iii事物を詳《つまび》らかにす　iv博《ひろ》く文を学ぶ　③自省　i自戒

三、**威儀《いぎ》を詳《つまび》らかにす**

①敬せずということなかれ　②視聴を慎む　③言語を慎む　④容貌の動を慎む　⑤飲食の用を節す　⑥衣服の制を明かにす　⑦居宅の制を厳にす　⑧器物の用を詳らかにす　⑨総じて礼用の威儀を論ず

四、**日用を慎む**

①総じて日用の事を論ず　②一日の用を正す　③財用授与の節を弁ず　④遊会の節を慎む

素行は冒頭で、士《さむらい》に生れたのだから「士の職分《しょくぶん》」とは何かを考えろ、と厳しく求める。農民や工人、商人はそれぞれが、物を生産したり作ったり流通させたりして人々の役に立つ仕事をして生きている。しかし、武士は生産活動に従事しなくても暮らしていける。何故なのか。それは、武士には社会的に重要な役割があるからだ。それが、ここで紹介している「自分自身を常に顧みて、仕えるべき主人を得て奉公の誠を尽し、同輩や友人には信義を篤《あつ》くして交わり、己を慎んで常に正義を貫く事を第一義として生きること」である。即ち社会のリーダーとしての道徳的な高みを常に示す事こそが武士の仕事（職分）だというのである。

2. 勤行━生涯やり続ける事こそが人間を立派にさせる

行《おこな》ふと云へども、一生是《こ》れをつとめて死而後已《ししてのちやむ》にあらざれば、中道にして廃す、道のとぐべき処なし。故に勤行《きんこう》を以て士の勇とする也。

山鹿素行『山鹿語類巻第二十一』「士道」

素行は次の様に述べる。武士としての自分の職分を自覚したならば、その職分を生涯かけて務め果たすべき「道」＝「生き方」を考え、その「道」を生き抜く事を志すべきである。その為には良い師を求めなくてはならない。もし良い師がみつからないなら、自分の良心に問いかけるか、昔の聖人や賢人が残された書物を繙いて「道」の在り処を見つければ良い。だが、職分を自覚して、「道」に志しても、勤め励んでその志す事を行わないならば、言葉だけの志になってしまう、と。

その次にここで紹介した言葉を述べる。

「行なっても、生涯その志を貫いて死して後已《のちや》む（死ぬ迄やり続ける）の覚悟でなければ、途中で放棄してしまい、志は成し遂げる事が出来ない。それ故、勤め行い続ける不断の努力こそが、武士のまことの勇気なのである」

山鹿素行を先師と仰ぐ幕末の志士吉田松陰もこの「死而後已」の四字を自らの信條としていた。志を立てても、それを生涯貫かなければ意味は無い。「百里を行く者は九十を半《なか》ばとす」（『戦国策』）との言葉もある様に、九割方やり抜いても、後の一割で気を抜けば失敗に終わる。最後の一割にこそ力を込めてやり抜く胆力が求められるのである。

修養に求められるのは、継続する「意志力」である。新渡戸稲造《にとべいなぞう》は朝の水行《すいぎょう》と英文日記を生涯続けたという（新渡戸稲造の項参照）。私は毎日寝る前に、修養書の素読、秀歌の拝誦、最も尊敬する二人の先哲（西郷南洲・吉田松陰）いずれかの全集の素読、の三つの「行」を自らに課している。それは安岡正篤《やすおかまさひろ》の「酒後の行（幾ら飲酒してもその後必ず書斎で本に向き合う）」に触発されて、五年程前から始めたのだが、一日も欠かす事無く続けている。

武士とは、精神的高みに生きる者を言う。数年前、新しい制度になれば退職金が減ると言うので、三月末の退職時期を待たずに、早期退職する教職員の事が話題になった。受け持たれていた生徒達はどんなに驚いた事であろうか。彼らは上乗せされる多少の「金」の為に、教育者としての職分を全うする事を放棄した。正に晩節を汚す行為をあえて行ったのである。三島由紀夫が『英霊の聲』の中で述べた「ただ金よ金よと思いめぐらせば人の値打は金よりも卑しくなりゆき」との言葉が思い起こされてやまない。教育者には本来、武士の如き高い人格が求められる。だから「教師」と仰がれたのである。

3. 全ての前提は、気力を充実させる事にある

先《ま》づ気を養《やしな》ひ得《う》るを修身存心《しゅうしんそんしん》の本《もと》とすべき也。

山鹿素行『山鹿語類巻第二十一』「士道」

山鹿素行は四項ある「士道」の第二項で、「心術《しんじゅつ》を明《あきら》かにす」即ち、「日常の心の持ち方」について詳しく述べている。それは更に、①気を養い心を存す、②徳を練り才を全くす、③自省の三つに分かれている。①の「気を養い心を存す」には、「気を養うを論ず」「度量」「志気」「温籍《うんしゃ》」「風度《ふうど》」「義理を弁ず」「命に安んず」「清廉」「正直《せいちょく》」「剛操」という十の徳目を挙げてある。全てが武士の武士たる所以の「心映え」の在り方である。

先ず素行は、「何よりも、気を養う事こそが、身を修め立派な心を身に付ける基本である」と述べる。「気」とは何か。気を使った熟語は、気分・元気・気力・気持ち・病気など多数あり、よく使われる。『広辞苑』を見ると、四つの意味が書かれているが、素行が使っているのは、その内の二番目の「生命力の原動力となる勢い。活力の源」の意味であろう。その「気」を

養う事が修身の根本であるというのだ。「養う」とはどういう事か。素行はこの言葉に続けて「自分が持っている生まれつきの気質には強すぎたり弱かったりする部分があるので、様々な事に常に程良く対応できる様な気質を、日常生活の中で工夫して身に付ける事である」と述べている。

確かに、気が強すぎれば他者を寄せ付けないし、弱ければ他者のペースに呑み込まれてしまう。強すぎる「気」は長続きしない。強さが途絶えたところで、敗北を喫してしまう。素行のこの言葉は孟子の「浩然《こうぜん》の気を養う（『孟子』公孫丑章句上）」を意識して書かれている。「浩然の気」は、かぎりなく広大で、天地に充満し、生命や活力の源になる気を言う。その気を養う事こそが武士にとって最も大切だと述べるのである。孟子は、浩然の気は「義と道とに伴うものであり、正義と人道を失えばしぼんでしまう。正義を貫けば自ずから生じ、心に疚《やま》しいことがあれば直《す》ぐに消えてしまうもの」であると述べている。義＝正義を繰返し実践する事によって、浩然の気は養われるのである。

気を病むと病気になる。気弱な人間は使い物にならない。養った「気」の力によって周りにエネルギーを与え得るサムライとならねばならない。私は、二時間に及ぶ講演をする事があるが、その間、良知《りょうち》に基づく誠心を言葉に乗せて「気」を発して訴えている。それ故、受講者からは「元気を戴いた」と良く言われる。講演後、さすがに身体には疲れも覚えるが、「気」が尽きる事は無い。日頃の養気の為せる業かと密かに自負している。

4. 温籍―内に培われた心の温かさ、包容力が人間の魅力となる

温籍《うんしゃ》と云《い》ふは、含蓄包容《がんちくほうよう》有るの意也。内に徳をふくみ光をつつみて、外に圭角《けいかく》あらはれざるのこと也。

山鹿素行『山鹿語類巻第二十一』「士道」

次に素行は、心の広さ、高さ、深さ、について「度量」「志気《しいき》」「温籍《うんしゃ》」「風度《ふうど》」という言葉を使って述べている。ここでは、「温籍」についてのみ紹介しよう。

「温籍」とは、あまり聞き慣れない言葉だが、「おんしゃ」と読んでも良い。ただ安岡正篤が「うんしゃ」と呼んでいるので、それに倣《なら》う。意味は「心広く包容力があってやさしいこと」（広辞苑）とある。素行は言う。「立派な男子は、度量が広くて気節《きせつ》が大きくなければならないが、その奥には、おのずから温かくて潤《うるお》いのある所が無くてはならない」「温籍というのは、心の奥に含蓄があり、包み入れられているという意味である。何が包まれているのか。それは、内に徳を含み光を包んでおり、外に尖《とが》った角が表われない事を言う」「智恵が少なく、才能が無い者は、心の器が狭いので、自分の知識を誇って、世の中にひけらかす。一方、度量が

広く心映えが良い人は、精神性に於ても他の何者からも傑出しているので、一向に自分が行った功績や名誉を誇る事は無いし、かっとなって人と言い争う事も無い。温和な心が自ずと顔に表れて『仁人君子《じんじんくんし》』の姿となって来る。物事に交わったり、人と一緒に居る時は、陽春のうららかな日ざしが周りの人や物を育むように、周りを明るく和やかにするものである。それこそが立派な人物が備えた『温籍』というものである」

現代では、「オーラがある」などと称する人もいるが、その人物がいるだけで周りが明るくなる事があるし、その反対に周りが暗くなる人もいる。サークルや同好会などで運営が上手く行っている所は、その場が明るい雰囲気に満たされている。人は「徳」の有る人物に惹きつけられる。心のうちに「徳を含み光を包ん」でいるか否かが、人物の魅力を生み出すのである。佐藤一斎が『言志後録《げんしこうろく》』の中で述べ、多くの人物の座右の言葉となった「春風接人《しゅんぷうせつじん》・秋霜自粛《しゅうそうじしゅく》」（佐藤一斎の項参照）に通じる言葉である。『中庸』に「錦《にしき》を衣《き》て絅《けい》を尚《くわ》う」と言う言葉が出て来るが、「きらびやかな錦の着物を着る時は、わざとその上に薄物をかけて目立たないようにする事」の意味で、内に培った徳は決して人目を引かないが、本物は徐々に現われて来る事の例えとして使ってある。

武士は戦士であるが故に、強さや激しさが求められる。だが、いざという時の本物の「強さ」は平時の「穏やかさ」の内に養われる。その穏やかさは、自らの内に対する厳しい修養と本物を身に付けた自信から生まれる。「温籍」を是非備えたいものである。

5. 「正義」と「利益」とを調和できるような判断力を身に付けよ

聖人君子の好み悪《にく》む処《ところ》も亦凡人に異なるべからずして、其《そ》（義と利）の間、惑《まどい》を弁《べん》ずるにあるのみ也。

山鹿素行『山鹿語類巻第二十一』「士道」

更に、素行は「義と利の間《あいだ》の弁《わきま》え」について述べている。「立派な武士が、心を磨いていく上で工夫を要する点は、人としての正しい道を指し示す『義』の道と、物や金、地位などの利益を齎《もたら》す『利』の道とを如何に弁《わきま》えるか、という事である。君子と小人（徳のない人物）の違いや、王道と覇道（権力者）の違いも全てがここから生じる。昔から学問を修める者は、義と利の弁えを詳細に研究して実践したので、正しい道に入る事が出来たのである。『利』は人が甚だ好むものであり、物質的な欲望や安逸さに流れんとする弱い心によって、利益に引きずられて溺れてしまうものである。それ故、生死についても死を厭《いと》い生を求めるし、苦労を嫌って安逸に流れ、衣食住や視聴言動に於ても『利』に流れやすいものである。七情（喜・怒・哀・楽・愛・悪・欲）の発する所、これらの情がつきまとってくるのだ。

聖人君子の教えは、生を嫌って死を選び、みずからは損をして利を捨てよ、苦労をとって安逸を捨てよ、などというものではない。聖人や君子が好み、憎むところも、一般の人と異なる事はない。ただ、義と利の間にある『惑い』をしっかりと弁え、迷わないという点にある。どのような事を『惑い』と言うのか。それは、ただ自分の身だけを利して、他をかえりみない。それを『惑い』と言うのである。聖人・君子は事の軽重を区別して良く判断するのである。」

武士達がテキストにしていた儒学は、孟子の「王何ぞ必らずしも利を曰《い》はん。また仁義あるのみ」の言葉から、仁義を重んじ利を否定している様に誤解されているが、決して利を否定している訳ではない。「利は義の和なり」（『易経』文言伝）と言う様に、義を積み重ねる事によって利は自ずと生まれて来るとの立場なのである。ただ、利（利益）に執着して我利《がり》我利《がり》亡者《もうじゃ》となる事を否定しているに過ぎない。

素行も同様の考え方である。重要なのは、「義」と「利」との調和であり、利によって惑わされ義を踏みにじる醜い選択があってはならない事を言っているのだ。義に基づく利は、自分だけでなく他の人々や社会をも豊かにして行く。一時期、『清富《せいふ》の思想』というのが流行《はや》ったが、豊かで清らかに生きて行く事が出来るなら、それが最も良い。

6．剛毅なる本質に裏打ちされた、節操を守る生き方を目指したい

清廉正直《せいれんせいちょく》も剛操《ごうそう》を以てせざれば立たず

山鹿素行『山鹿語類巻第二十一』「士道」

続けて素行は、「命《めい》に安《やす》んず」「清廉《せいれん》」「正直《せいちょく》」について述べている。「命に安んず」とは、自らに与えられた地位や境遇は「天」が下《くだ》したものであり、貧富や貴賎の差にとらわれることなく、好悪の情に惑わされる事無く、今の境遇を天命と定めて、心安らかに生きよ、と語る。「清廉」とは、賄賂や財貨などに心を惹《ひ》かれずに、普通の人では踏み行う事が難しい高潔な境地に生きる事を言う。内に清廉の徳を養っていなければ、ちょっとした利害に心を奪われて堕落してしまう。「正直」の「正」とは、正義がある所は固く守って心が変わる事のない事を言い、「直」とは、親疎・貴賎や相手の社会的な立場によって自分の態度を変えず、間違っている事があれば改め、糾《ただ》すべきことがあれば糾し、人に諂《へつら》わず、世の中に流されない事をいう。

「清」「廉」「正」「直」、実に良い言葉である。その徳を是非備えたいと思う。その為には、「剛操《ごうそう》」が必要だ、と素行は言う。「清廉正直も剛操によらなければ実現しない」と。「剛」とは剛毅にして物事に屈しない事を言い、「操」とは、自らが正しいとする志を守って、いささかも変じる事がないのを言う。「剛操」とは「剛毅《ごうき》・節操《せっそう》」のことである。剛毅なる本質に裏打ちされた、節操を守る生き方である。その徳が備われば、安んじて死に赴《おもむ》く事が出来るし、困難に平然と立ち向かい、財宝や酒食の誘惑にも何ら迷うことなく断わる事が出来るのである。

「温籍」を説いた素行はここで「剛操」の大切さを強調している。表面の温かさは、その奥にある微動もしない芯の強さに裏打ちされねば実現しない。

平成二十五年二月にグアムで起こった日本人観光客殺傷事件では、二人の女性が刺殺された。私はこの事件を聞いた時、彼女達の夫はどうしていたのだろうかと素朴な疑問を感じた。事情があるにしろ危険を逸早く察知し、妻が暴漢に襲われそうになったなら身を張って戦うのが男としての務めだと思う。暴漢は小柄であり、刃物しか所持していない。近くにある棒でも、石でも持って戦えるではないか。男が戦う意思を放棄した時、被害を受けるのは女性達である。日本人の魂が健全な時代には、真っ当な男達には「剛操」が身に備わっていた。それが失われた時、か弱い者達が暴力の被害を受ける悲劇が襲う。

7．食べ物についてとやかくいわない事が武士の最低条件

飲食においても猶《な》ほ忍ぶことを得《え》ざれば、何を以てか忍ぶことを得《う》べきや。

山鹿素行『山鹿語類巻第二十二』「士道」

山鹿素行「士道」の第三項は「威儀《いぎ》を詳《つまび》らかにす」と題され、武士が重々しい立ち居振舞を身に付けるべき事が述べられている。威厳ある振舞いこそが武士を武士らしくさせるのである。その為には、日常生活での「武士らしい」厳しい自制の訓練が大切であり、言語・視聴・衣食住のそれぞれに於いて武士らしい節度が必要だと説く。「視聴を慎む」「言語を慎む」「容貌《ようぼう》の動《うごく》を慎む（いわゆるポーカーフェイス）」「飲食の用を節す」「衣服の制を明《あきらか》にす」「居宅の制を厳にす」「器物の用を詳にす」「総じて礼用の威儀を論ず」と、具体的な武士の生活の在り方について注意を促している。

素行は言う。「邪《よこしま》な色や声を見聞きする事だけを非礼と言うのではない。邪色邪声は外から来るものだからやむを得ず見聞きする事だってありうる。その場合は非礼の視聴とは言わ

ない。一方、正色正声は非礼の色や声ではないが、それを見聞きする時、自分の威儀が失われて情欲に任せて応対しているならば、それは非礼の視聴になるのだ」と。あくまでも色や声に応対する自分の在り方を問うている。

飲食について。「（生存の為の基本的な欲望である）飲食において『忍ぶ（我慢する）』事が出来なければ、他に何を忍ぶことが出来る様になるであろうか」「世の中が衰え、正しい風俗が廃《すた》れて、人々は皆飲食を好む事に節度を忘れ、グルメに血眼になっている。その結果、美食に耽《ふけ》り身体は肥え太り、大丈夫《だいじょうぶ》たる志は日々失われ空しくなって行く」と。

衣服について。「サムライは身分相応に着衣すべきである。相当の位に立ってまでみすぼらしい衣服を着てそれを恥じる事がないと思っているのは、一見聖人の心の様に見えるがそうではない。それは自分の身を利している事に他ならない。公私それぞれの場に相応しい着替えを面倒がるズボラさから来ている。安逸を好む心がそうさせているのだ。衣服にお金を費やすことを嫌って、身分不相応のみすぼらしい服装をして平気なのは、利害を重んじて礼を失っているからである」と、厳しい。

器物について。「世に名高い大丈夫であっても、道に志が無く聖人の本意を知らないが為に、平静は聊《いささ》かの利害の心が無くても、器物を以って宝としている者が多い。（珍重なる器物〈モノ〉に心を奪われてしまっているのである）尤《もっと》も戒めなければならない」と。

それぞれ身につまされる言葉である。

8．今日一日の姿に全ての人生が集約されている

大丈夫《だいじょうぶ》唯《た》だ一日の用を以て極《きわみ》と為すべき也。

『山鹿語類巻第二十一』「士道」

山鹿素行「士道」の四番目の柱は、「日用を慎む」である。「総じて日用の事を論ず」「一日の用を論ず」「財宝授与の節を弁《べん》ず」「游会《ゆうかい》の節を慎む」から成り立っている。『葉隠《はがくれ》』でも日々死を覚悟して奉公に励む事を説いているが、素行も一日の大切さを強調する。素行の息遣いが伝わる様に、ここでは原文で紹介する。

「大丈夫《だいじょうぶ》唯《た》だ一日の用を以て極《きわみ》と為すべき也。一日を積みて一月に至り、一月を積みて一年に至り、一年を積みて十年とす。十年相累《かさな》りて百年たり、一日猶《な》ほ遠し一時にあり、一時猶ほ長し一刻にあり、一刻猶ほあまれり一分《ぶ》にあり。ここを以て云ふ時は、千万歳のつとめも一分より出で一日に究《きわ》まれり。一分の間をゆるがせにすれば、つひに一日に至り、おわりには一生の懈怠《けたい》（おこたり）ともなれり。天地の生々一分の間もとどまらず、人間の血気一分

もつかふることとなし。――此くの如くして其の天長地久《てんちょうちきゅう》を得《う》、此《か》くの如くして寿命の永昌《えいしょう》をなす」

大丈夫たらんと思う者は、今日の一日を以て、仕事の全てと思い定め、全力で生きていかなければならない。その様に覚悟を定めて全力で生きる一瞬一瞬の積み重ねが一日となり、一年、十年、百年となるのだ。逆に一瞬の気の緩《ゆる》みは一生の怠りに繋《つな》がるのである。武士はこの様な充実した日々をしっかりと歩んでいかねばならない。素行の時代も現代も、その時代に与えられている時間に変わりは無い。素行の時代の平均寿命は今に比べればすごく短いものだった。だが、人生の充実度に於ては優劣を付け難いのではないだろうか。

次に述べるのは、「財宝授与の節を弁ず」「游会の節を慎む」である。ここで注意したいのは「節」の文字である。節制の事である。武士たるものは、お金や遊び、全てにおいて節度を守らねばならない。その節度が自らの「武士らしさ」を確保するのである。素行は、「貨財は貧者を救い、賢人を招く等の効用があり用いる目的があれば宝になるが、用いる目的も無くただ、貨財の収拾が目的になってしまえば、鄙吝《ひりん》（どけち）の情が日々に増して、贅沢が過ぎる事による災いが生じて来る」と戒めている。素行は、爽やかな自然の下、花鳥風月を愛《め》でる事は、「大丈夫の遊会」だと推奨している。しかし、その場での飲食や宴会には自ずと節度が求められると言う。武士は、如何なる場においても強い自制心を忘れてはならない。それを失えば武士ではない。

1. 納得出来ないことは認める訳には行かない

(相手方恙《つつが》なき段之《これ》を承《うけたまわ》り)家中《かちゅう》納得仕《つかまつ》るべき筋お立て下され候

「大石内蔵助より両目付へ差出さんとしたる嘆願書」元禄十四年三月二十九日

寛文六年(一六六六)四十五歳の山鹿素行は、幕府の譴責《けんせき》を受けて赤穂に配流《はいる》された。赤穂《あこう》藩主浅野長直《あさのながなお》は以前から素行を師と仰いでいたので、賓客を扱う様に素行の世話をした。十年後の延宝三年(一六七五)、素行は罪を許されて赤穂から江戸へ戻る際、赤穂藩主浅野長矩《ながのり》公に、自分を国士として扱って下さった事に対する深い感謝のお礼を伝えた後、「せめて万分の一の恩返しにと思い、日頃から御家臣の教育について力を尽して参りました。将来、御家に万一の事が生じた際には、思い当たられる事もあるかと存じます」と述べたと言う(勝部真長『大石内蔵助を見直す』・安岡正篤『ますらをの道』)。

それから二十七年後の元禄十五年(一七〇二)十二月十四日、大石内蔵助《おおいしくらのすけ》を始めとする赤穂藩の浪士《ろうし》達は、苦難を乗り越えて主君浅野内匠頭《たくみのかみ》の仇を見事に打ち果し、赤穂武士道を満天下に示した。世に言う「赤穂義士の討入り」である。その後この快挙は「忠臣蔵《ちゅうしんぐら》」と呼ばれ、歌舞伎や浄瑠璃など様々に演じられ、今日でも十二月中旬になると必ずテレビでも取り上げられ、日本人の心を揺さぶり続けている。その中心にいた人物が大石内蔵助である。

赤穂藩主浅野内匠頭が吉良上野介《きらこうずけのすけ》に江戸城松の廊下で斬りかかった原因については様々な説がある。だが、事情如何に拘らず、江戸城内での刃傷沙汰《にんじょうざた》というだけで、内匠頭は即日切腹、赤穂藩は取り潰《つぶ》された。一方、相手の吉良上野介には「御咎《おとが》めなし（何の処分も無かった）」だった。実は、それ迄にも江戸城内での刃傷事件は幾つか起こっており、当時の法度《はっと》（法律）では「喧嘩両成敗《けんかりょうせいばい》」であり、双方に死が命じられていた。浅野内匠頭の切腹の報を聞いた家臣達は、主君の遺恨の相手も当然成敗（切腹を命じる）されたものと思っていた。

家老の大石内蔵助は、赤穂城の明け渡しを粛々と進め、見分役《けんぶんやく》の目付二人に二度にわたってお家再興の嘆願を行った。その際の嘆願書には、婉曲な表現ながら、大石の強い意志が込められていた。「わが藩の者達は無骨者《ぶこつもの》ばかりで一心に主君の事を思い、相手方（上野介）が無事な事を知り、心安らかでない者が多数おります。年寄りの料簡《りょうけん》ではなだめがたいものがあります。何も上野介様に対するお仕置きを願っている訳ではありませんが、何卒、家中の者達が納得出来る措置を御取り戴きますならとても有り難い事でございます」と。昼行燈《ひるあんどん》と呼ばれた大石内蔵助、礼儀を尽して幕府の目付に応対したが、その心の中には、「納得できない事は許さない」との赤々と燃える思いが秘められていた。

2. 私心を捨てて本質を見定めれば世間の批判など気にする必要はない

私を捨て根元《こんげん》を見《み》候《そうら》えば世間の批判差して貪着《とんじゃく》申すべきことは存ぜず候

「大石内蔵助より三士へ事理を説き自重を望むの状」元禄十四年十月五日

大石内蔵助は、内匠頭《たくみのかみ》の弟である浅野大学による「お家再興運動」と「上野介《こうずけのすけ》処分要求」（討入り準備）の両面を見据えて準備を行っていく。その際、大石には、様々な年代、考え方の同志を如何に束ねて計画を遂行していくか、大変なリーダーシップが要求された。討入り時の大石内蔵助は四十五歳、他の同志の年代は、七十歳代一人、六十歳代五人、五十歳代四人、四十歳代六人、三十歳代十七人、二十歳代十三人、十歳代二人、である。大石の年齢以上の者が十二人いた。これらの者達が、江戸や大坂・赤穂など各地に潜伏していたのである。特に江戸の急進派である髙田郡兵衛《たかだぐんべえ》・堀部安兵衛《ほりべやすべえ》・奥田孫大夫《おくだまごだゆう》の三士からは、討入りの早期決行を求める矢の如き催促が寄せられた。

全てそうだが、追いつめられた際、勢いのある言論の方が勝を制する事が多い。冷静な議論は「弱腰」「軟弱」との評を受け易い。大石は、お家再興運動に批判的な堀部安兵衛に「今度の事はわしに任せろ。此の事だけで終わる事は無い、以後の含みもあるのだ」と述べている。だが、江戸にいる浪士達は、吉良上野介が同地に居り、江戸の庶民達の「赤穂の浪人たちは何をしている。主君の仇討もせず腰抜けばかりではないか」との声にプライドを傷つけられていた。

大石は、急進派三士に次の様に述べる。

「我々が時を待っているのは、大学様（内匠頭の弟）によるお家再興に万一の望みをかけているからではないか。事を急いで私心で物事を行うなら、浅野家の根本まで絶ってしまう事になりかねない。世間の者がとやかくいおうとも、私心を捨てて根元を見据えるならば、世間の批判にはさして頓着《とんちゃく》する事もあるまい。今は、幕府が大学様を如何に扱うのかを見定めているのだ。大学様が如何になられようとも、我々の志さえしっかり立っているなら、その時に応じた対応が出来るではないか。世間の事は気にする必要は無い」

江戸の地では無く、少し距離を置いた京都山科《やましな》に自らの居を構える事によって、大石は状況を冷静に分析する事が出来た。正に深謀遠慮である。

吾々も、日々様々な問題に直面するが、その渦中から少し離れて冷静に考える事でその解決の糸口が見えて来る事が多々ある。それを「間《ま》」という。間をとる事により、より冷静・客観的な議論が可能となるのである。

3. 物事を為すのは、家を建てる様なものであり、念を入れて取り掛からねば成功しない

幾重《いくえ》にも幾重《いくえ》にも地形《ちぎょう》から慥《たし》かに　宜しく念を入れ候《そうらい》て取り立て候儀第一と存じ候

「大石内蔵助より堀部弥兵衛へ三士説得を依頼するの状」元禄十四年十二月二十五日

元禄十四年十二月二十五日、大石内蔵助は「江戸三士へ急挙を誡《いまし》むるの状」「堀部弥兵衛《ほりべやへえ》へ三士説得を依頼するの状」を送っている。その中で大石は、急進派の面々を「下手大工衆《へただいくしゅう》（下手な大工たち）」という言葉で表現している。その内容は次の様なものである。

「主君の遺恨を晴らす事は大変な事業であり、必らず成功させねばならない。それは家や土地の普請《ふしん》工事の様な物である。普請の際は、幾度も幾度も地形《ちぎょう》調査を念入りに行って取り掛かるのが第一である。更には材料準備から始めて、念には念を入れて基礎を固め、設計図を描いて話し合って行わなければならない。いらだって急いで事を行っては、材木も粗末なものとなり出来上がりも不充分な事になりかねない。例え手に入る材木でも十分念入りに検討せねば完成は覚束《おぼつか》ない」

「ご隠居（宿敵の吉良上野介）にお目にかかりたくても、ご隠居は気ままに引き籠っておられ、中々お会いする事も難しい。

どうしてもお会いする事ができないなら若旦那（吉良の継嗣の左兵衛《さひょうえ》）にお会いすればよい。苛立って御普請を急ぐ事はない。下手な大工衆達が色々と物事を進め様とも、大工衆を統括する奉行が確りと落ち着いて物事を進めたなら、大工衆のあせりも落ち着くのだ」

この書簡の二週間前に、吉良上野介が隠居し、後継ぎの左兵衛が吉良家を相続する事が決まっていた。主君の仇である上野介の隠居は、敵の雲隠れという新たな事態を生み出すかもしれず、更に慎重かつ緻密な準備が必要となった。それ故軽挙を厳しく戒めたのである。

物事を為すリーダーは良く「大工の棟梁《とうりょう》」に例えられる。力量ある棟梁は、為さんとする事業の、①構想を描き、②材料を精査して準備し、③力量ある大工を揃え適材適所し、④計画を具体的実行に移し、⑤士気を高めて全力投球させ、⑥日々の進捗《しんちょく》を計って計画を再調整し、⑦大工個々人の癖を相補わせ、⑧最後まで手を抜かず、⑨完成に至らしめる、その全てを手際よく行うと言われる。その意味で、大石が主君の仇討を家普請に例えて、それを統括する棟梁の苦心に対する理解と協力とを長老達に求めたのは、とても上手い比喩《ひゆ》である。

日本人は集団の力（和の力）が他民族と較べて極めて高い。その意味で、集団の成否はその中心者の力量に全てがかかっている。「長」と名のつく役職にある者には、大石内蔵助のリーダーシップはとても参考になると思う。

4．個人の恩讐ではない。同志全員の戦いなのだ。「抜け駆け」は絶対に許さない

一人のあだにてはこれなく候間《そうろうあいだ》　独《ひと》り立ち本意を遂《と》げ申すまじき事

「大石内蔵助の平間村より同志に与えたる第一訓令」十月二十五日から十一月五日の間

リーダーは常に、組織（会社）の行く末に思いを致す中で、自らの身を処す宿命を担っている。組織（会社）には使命があり、そこに結集した数多人材の人生に責任を負わねばならないからである。大石内蔵助もその様な立場にいた。幕府によって取り潰された（解散を命じられた）「お家」を如何に再興するのか。可能性がある限り、その努力を続ける事は、全体に責任を取るべき者の義務だった。同時に、それが叶わない時には、やはり、集団を率いる者として、同志の「無念の志」を晴らさせる責任も負っていた。前者が、浅野内匠頭の弟浅野大学によるお家再興の働きかけであり、後者が、主君の仇・吉良上野介を斃す事だった。

元禄十五年七月十八日、浅野大学の安芸《あき》藩へのお預けが決定し、浅野家再興の望みは断たれた。もはや残された道は後者しか無い。七月二十八日に幹部十九名が集まって京都の円山《まるやま》

で会議を行い、討入りへの具体的な手筈が話し合われた。先ずは、百三十名まで膨らんだ同志の中から生死を共にする本物の人材を選りすぐる事だった。既に、赤穂城引渡しから一年三か月余が経っている。同志の環境や心中にも変化があるはずである。大石は冷静に見ている。そこで、一旦神文《しんもん》（誓いの署名）を返す形を取って相手の真意を探り、不動の決意の者のみを選び出したのである。その結果五十五名が残った。

十月七日、愈々《いよいよ》大石内蔵助は本懐を果すべく京都から江戸へと向かった。途中、箱根で鎌倉時代に仇討を果した曽我兄弟の墓に参り、墓の苔を削ってお守りとした。すぐには江戸へ入らず、川崎の平間《ひらま》村に一旦居を構えた。何事にも慎重を期す大石らしい判断である。そこから既に江戸に潜入していた同志に十箇条の訓令を発した。それは、討入り時の衣服の事、武器はそれぞれ得意の物を用いる事、油断なく無用な事を慎む事、抜け駆けをしない事、敵の情報を集める事、金銭の慎み、集まった時の雑談や言行を慎む事、討入りの配置の事、敵は百人を超えるが必死の覚悟があれば勝利は間違いない事、改めて神文を出してもらう事、である。大石は言う「個人の恩讐ではない。同志全員の戦いなのだ。『抜け駆け』は絶対に許さない」と。本懐を遂げるまで整然と一致団結して行う事を浪士達に確約させたのである。山登りでも頂上が見えた八合目位からが最も大切となる。気を抜けば滑落の危険があるし、個々人の体力差が出て来るのだ。本懐達成までリーダーは全員に心配りをして対応せねばならない。大石はそれが出来る人物だった。

5．心一つに討ち入った以上、吉良親子の首を取った者も、警護の任についた者も、その功績は全く同じである

上野介《こうずけのすけ》屋敷え押し込み候働きの儀　功の深浅これあるべからず　上州（上野介）父子印《しるし》揚《あ》げ候者も　警固一《ひ》と通りの者も同前たるべし

「討入起請文前書」十一月七日・八日

大石は、最後の最後まで同志の団結を徹底させた。一か月前に書いた起請文《きしょうもん》の前書きでは、四箇条の掟を記し、「右四箇条あい背《そむ》き候時はこの一大事成就仕《つかまつ》るべからず」と述べ、背いた者は、大事を前に逃げ出した卑怯者と同罪になると、きつく戒めている。その四点とは、

一、讐敵《しゅうてき》吉良上野介親子を討ち取る志を確認した所、臆病心に駆られて逃げ出す者が出た。彼らを打ち捨てて今や必死の覚悟の者だけが残ったので、必ず亡き主君の霊魂が見ていて下さるであろう事。

二、吉良の屋敷に討ち入る時の働きに於て、功績の深浅は無い。吉良上野介親子の首を挙げた者も、警固の為持ち場を離れなかった者も同様の働きなのである。それ故、グループの組み合わせや与えられた任務に対し、好き嫌いを言ってはならない。前と後ろと

で争う様な事があってはならない。全員が心を一つにして、どんな役割が与えられ様とも少しも難渋したりする事が無い様にすべき事。

三、皆がこのようにすべきだという事に対して我意を貫き約束事を破ったりしてはならない。理の当然に従わなくてはならない。同志の中で、日頃はあまりよく思わない者が居ても、討入りの際には互いに助け合い、急な対応に抜かりなく、勝利を万全の事としなければならない。

四、吉良上野介父子を討ち取った後、自分だけが生き延びようなどと思う者は居ないので、あくまでも同志一同申し合わせて、散り散りに成る様な事があってはならない。手負いの者があったなら、皆で助け合いその場に全員が集合する事。

大石は四十七士全員の心が一つになり、一丸となって目的達成の為に突き進む事を求めた。その事を確認した上で、それぞれの個性が最も生かせる組み合わせや配置を考え抜いて決定した。勝利を導くのは、天の時・地の利・人の和と言うが、最も大事なのは人の和である。目立つ華々しい役割を見事にこなす者もいれば、目立たず地道に下支えする者もいる。与えられた役割には貴賎も上下もない。又、組織の中には「うまが合わない者」も必らずいる。だが、戦いの場に於ては全員が仲間であり、お互い支え合い助け合わなければ、勝利は覚束ない。赤穂浪士の討ち入り成功の要因は、大石を中心に心を一つにして大義を貫いた点に在る。

6. もはや心にかかる雲は全くない。全く澄み渡った心境である

あら楽し思ひははるゝ身はすつる浮世の月にかゝる雲なし

大石内蔵助辞世〈泉岳寺にて〉

討入りの際、大石内蔵助達は吉良邸玄関の前に、「浅野内匠頭家来口上《あさのたくみのかみけらいこうじょう》」と題する書を文箱《ふばこ》に入れ、青竹に結び付けて立てた。この口上書は、討入り趣意書とも言うべきもので、幾度も文言を練り、最終的には儒者の細井広沢《ほそいこうたく》にも相談して確定したものである。何故討入りに至ったのかが簡潔に表現されており、幕府の大目付・老中や将軍綱吉までも、その名文に感嘆したという。その中に「君父《くんぷ》の讎《あだ》共に天を戴《いただ》く可からざるの儀、黙止難《もだしがた》く、今日上野介殿御宅《こうずけのすけどの》へ推参仕《すいさんつかまつ》り候」とある。シナの古典である『礼記《らいき》』曲礼には「父の讎《あだ》は與《とも》に共に天を戴《いただ》かず」とあるが、それを「君父の讎《あだ》」と直して家来としての忠義の志を示したのである（斎藤茂編『赤穂義士実纂』）。この名文によって赤穂浪士は赤穂義士《あこうぎし》となり、武士を始め町人達からもその快挙は称えられる様になって行く。

討入り成就後、訳あって脱落せしめた一人を除いた四十六士は、細川家（肥後）、松平〈久松〉家（松山）、毛利家（長府）、水野家（岡崎）の四家に分かれてお預けになり、幕府の罪人ではあるけれども、「武士の鑑《かがみ》」として、敬意を以て遇せられ、翌年二月四日に切腹し、全員が浅野内匠頭の眠る泉岳寺《せんがくじ》に手厚く葬られた。

この項で紹介しているのは、討入りが成功し泉岳寺に引き上げた際、大石内蔵助が詠んだ歌である。それが辞世にもなった。浅野内匠頭切腹から一年九か月に亘る大石の戦いはここに終結した。物事を成し遂げた者のみが抱く事の出来るすがすがしさがこの歌にはこめられている。

大石は討入り直前に菩提寺の住職に送った手紙の中で、自分達の名誉回復が叶った後の世には、残した次男吉之進によって家を再興させたいものだと漏らしている（片山伯仙編『赤穂義士の手紙』）。吉之進は仏門に入り若死にしたが、三男の良恭《よしやす》は、後に広島の浅野家に引き取られ父内蔵助と同じ千五百石を以て召し抱えられ、大石家は再興した。大石内蔵助の心にかかっていたわずかな雲も一切が晴れ渡ったのである。

大石内蔵助が切腹した旧細川藩下屋敷跡地には、今尚「大石良雄《よしたか》等自刃ノ跡」が囲いをもって保存され、「正義を愛し名節を重んずる者は暫くここに歩を停《と》めよ」と記されている。「節義」とは何か、そしてそれを貫く事の出来る力量とは何かを、大石内蔵助は私達に示し続けている。

『葉隠』

1. 幾度も幾度も鍋島サムライに生れ変わって藩の為に尽すのだ

七生《しちしょう》迄も鍋島侍《なべしまざむらい》に生《うま》れ出《い》で、国を治め申すべき覚悟、肝に染み罷《まか》り在るまでに候。

『葉隠』「夜陰《やいん》の閑談」

『葉隠』が成立したのは、享保元年（一七一六）。戦国の乱世が終焉した大坂夏の陣（一六一五）から百年の歳月が経っている。天下泰平といわれた元禄より後の時代である。当然乍ら大半の武士が平和ボケしていた。その様な時代風潮の中で、本来戦士であるべき武士の、日常倫理と日々の覚悟を説いたのがこの書である。口述者は佐賀藩（鍋島藩《なべしまはん》）藩士・山本常朝《じょうちょう／つねとも》、筆記者は十九歳若い田代陣基《つらもと》である。後に鍋島論語と言われ、佐賀藩の武士に読み継がれて行く。元々は佐賀藩限定の書だった。初の活字化は明治三十九年だが、全国的に広まるのは昭和十五年に岩波文庫となった時からである。

葉隠は全十一巻、一二九九項の咄《はなし》から成り立っている。その根本精神を述べたのが、「はしがき」に当る「夜陰《やいん》の閑談《かんだん》」である。その中で山本常朝は、強烈なる佐賀藩ナショナリズムを主張する。常朝は、「釈迦も孔子も楠木（正成）も（武田）信玄も」佐賀藩の殿様である龍造寺《りゅうぞうじ》・鍋島に仕えた訳では無いから、佐賀藩の家風にはなじまず、手本にはならない」と言い切る。佐賀藩に生れた以上、佐賀藩の殿様のご恩に報いる生き方を貫き、例え切腹を申し付けられても墓の下から、浪人を言いつけられても山の中から、佐賀藩の事・殿様の事を憂い念じ守護し続けるべきであると説く。それこそが「鍋島侍の覚悟の初門、我等が骨髄」だと言い切る。そして、ここに紹介する言葉を述べる。死んだからと言って、成仏など考えるべきでは無い。七度までも「鍋島侍」に生まれ変わって、国に尽くすとの覚悟こそがわれらが骨髄（真髄）であると言う。この強い思いを抱き、藩を一人で背負う覚悟を持てと叱咤している。

勿論、七生滅賊は楠木正成公終焉時の思いであり、『太平記』を通して、この言葉は武士の覚悟として広く流布していた。だが天下泰平の中にあって、ここ迄情念の高みを維持し続けている事は驚嘆に値する。葉隠の真髄は、七生報国ともいうべき、自らが属する集団に対する絶対的な忠誠と奉公の念にあり、その第一人者たらんとの強い志にある。この点に於て、現代日本に於ける生き方にも共鳴を与える。社会生活を送る人間は必ず、何らかの集団に所属する。その時、その集団に絶対の忠誠を抱き、自らをその第一人者と自任する志は、その人物を本物へと磨き上げる。そこ迄の情念の高みを持てるか否かが全ての分かれ目となる。

2. 葉隠精神の凝縮された四つの誓い

四誓願《しせいがん》

一、武士道に於ておくれ取り申すまじき事
一、主君の御用《ごよう》に立つべき事
一、親に孝行仕《つかまつ》るべき事
一、大慈悲を起し人の為になるべき事

『葉隠』「夜陰の閑談」

葉隠精神を端的に表したものが、この「四誓願《しせいがん》」である。山本常朝は「毎朝、神仏に向かって四誓願を念じれば、力は倍増して、少しづつ前進して行く事が出来る」と記している。この四誓願を如何に磨き上げて行くのか、常朝は「聞書第一・十九」で詳しく述べている。

「武士道に於て遅れ取り申すまじき事」とは「わが武勇を天下に表して、他の誰にも決して遅れを取らない、と覚悟する事である」と述べている。武士道とは生き方である。その覚悟は、日々の努力を必然化させ、衝天の気炎を生み出す。葉隠は自己主張や自己宣伝を最も嫌うが、武士道に於いてだけは別で「大高慢であれ」と他の所で述べている。そして、その覚悟の強さが葉隠武士の面目なのである。

「主君の御用に立つべき事」について常朝は、現実主義の立場から独特の解説を加えている。

本当の意味で、主君の「御用に立つ」為には、自分がどの立場にいるかが問題である。トップを支えトップの過ちを正す事が出来るのは、ナンバー2だけである。それ故、「家老の座」につく事が重要であると常朝は考える。何か権力の亡者の様にも見えるが、常朝は真の忠義心からその事を願うのである。家老になってこそ、主人の過ちに対し諫言を行い得るし、主人もその諫言を聞き入れて政道を改める。その結果、国は正しく治まる、それ故家老となるべきだと常朝は言う。

「親に孝行仕るべき事」は、文字通りで、孝と忠とは同じものであり、忠なれば孝であると言う。

「大慈悲を起し人の為になるべき事」も普通の解釈とは違っている。佐賀藩に生れた人間の全てが心を入れ直して、不忠不義の者が一人もいなくなり、悉くお役に立てる人材と為る様に働きかけて行く事である、と常朝は言う。それが「大慈悲」なのだ。常朝は人の過ちを正す際に、細やかな心遣いを重視し、思いやり深く相手が自ずと正しくなる様に仕向けている（「聞書第一・十四」）。全ての藩士が藩のお役に立てる様に知恵を絞った。

私の家の神棚の下には、この「四誓願」を掲げている。昭和四十二年に佐賀県の池田知事が扇に記された書のコピーで、熊本県八代市の方から戴いたものである。毎朝、この四誓願を唱える事で、葉隠の世界と向き合い、心に緊張感を覚えて一日を始めている。

『葉隠』

3. 物事は先を読んで準備すべきである

万事前方に極《き》め置くが覚の士なり。不覚の士といふは、その時に至つては、たとへ間に合はせても、これは時の仕合《しあわ》せなり。前方の僉鑿《せんさく》せぬは、不覚の士と申すなり。

『葉隠』聞書第一・二十一

山本常朝は「覚の士（覚悟の士）」「不覚の士（不覚悟の士）」という事を言う。「覚の士」とは日頃から覚悟を固めた者の事であり。その者こそがサムライと言える。一方「不覚の士」というのは、ただ毎日の生活に追われて何の緊張感も無く生きている者の事である。

「覚の士」は凡ゆる事について、前もって思いを致し、自らの身の処し方に就いて考えを回《めぐ》らしている人物の事を言っている。それ故、いざと言う時に見事な対応と出処進退が出来るのである。「不覚の士」は、ある事が生じて何とか切り抜ける事が出来ても、それは偶然の成功であり、僥倖《ぎょうこう》に過ぎない。必ずいつか破綻が生じる。先々を読む事が出来る力が問われている。宮本武蔵の項で「打つ」と「当る」の違いについて述べたが、その事に通じる話である。

山本常朝は「主君に一大事が生じた時、家来の中でその難局に身を以て当ろうとする者は沢山現われるだろう。しかし、兼てからその事を予測して覚悟を定めている者は稀である。兼てから覚悟を定めていた者のみが即座に対応可能で、一番に名乗り出る事が出来るのである。その即応力は兼てからの覚悟によるのだ。（聞書第十一・八十七）」と述べている。長い時間をかけて培った覚悟が他者に一歩先んじる「対応力」を生み出すのである。山本常朝にとっては、国家の一大事に際し、誰にも負けずに先んじて踏み出す事が出来る自分であるか否かが、武士としての忠義の証であり、誉れなのであった。

いざという時の事を何も考えずに、目先の平和を享受するだけの者には、いつか破局が訪れる。「蟻とキリギリス」の寓話は皆知っているが、平和に酔い痴《し》れたままの戦後社会の中では、殆んどの者がイザという時の事に思いを致す事が出来なくなっている。日本国憲法には緊急事態や対外有事の事は全く書かれていない。平和が続いている下での統治ルールしか書かれていない。大震災や噴火・大洪水・原発災害、中国による尖閣諸島や沖縄侵攻、北朝鮮によるミサイル攻撃、シーレーン危機等、国家リーダーにはあらゆる事を想定して対応出来る力と日頃の覚悟が問われている。そうでなければ、国民の生命と財産を守る事は出来ない。

国の姿は国民精神の現状を表している。日本の各地に「覚悟の国民」が輩出され不断の努力が積み重ねられる様になった時に、初めて日本の国は安泰と言えよう。私達自身が覚悟の定まった万事対応可能なサムライとなるべく、日々磨きあげて行こうではないか。

『葉隠』

4．日々死を覚悟し、腹を据えて生きるならば、生涯落ち度の無い仕事が出来る

武士道といふは死ぬ事と見付けたり。二つ二つの場にて、早く死ぬかたに片付くばかりなり。別に子細なし。胸すわつて進むなり。(略)毎朝毎夕、改めては死に改めては死に、常住死身になりて居る時は、武道に自由を得、一生越度《おちど》なく、家職を仕果すべきなり。

『葉隠』聞書第一・二

葉隠の中で最も有名な言葉である。「武士道とは死ぬ事とみつけたり」としてよく引用される。それ故、死に急ぎするのが葉隠武士道だと誤解されている。勿論、武士道に反する無《ぶ》様《ざま》な生は葉隠の否定するものではある。だが、この聞書の全文を読めば、山本常朝が言いたい事は、武士として当然持つべき「死を甘受する」日々の覚悟だと言う事が解る。死を覚悟した者と覚悟出来ない者が対峙した時には、当然前者に勝利の女神が輝く。

私は、戦記物をよく読むが、「死が怖い」と逃げ回った者程、戦死の確率が高かったそうである。兵法書にも「死を必すれば則ち生き」(『呉子』)「これを死地に陥《おとしい》れて然る後に生く」(『孫子』)などと記されている。葉隠は、元禄太平の世の中で生を貪《むさぼ》る武士達に、「死の覚悟」という劇薬をつきつけた。元来、死は生の裏返しであり、生の終わりは必ず訪れ我々は死か

ら逃れる事は出来ない。死の覚悟が出来た人間は「胸すわって進む」事が出来る様になる。「毎朝毎夕死を覚悟する事により、生が充実して輝き、武士道に自由を得て一生落ち度無く務めを果す事が出来るのだ」と説く。「死」という劇薬こそが「生」を輝かしめる。

今日でも、大病を患ったり大難に出会った人間は、それを乗り越えた後の生の輝きが違ってくると言われる。私は、その様な大病や大難に遭遇した事は無いが、若い頃に死を覚悟して行動した体験は幾度か積んでいる。その事によって現在の「志」が鞏固《きょうこ》なものとなって来た。西郷南洲の言う「幾度《いくたび》か辛酸を経《へ》て志始めて固し」である。

ここで葉隠の中の興味深い逸話を紹介したい。それは、「高木何某打ち果し候時女房働きの事（聞書第九・三十九）」という話である。高木という武士が近所の百姓三人と口論になった末、みじめにも田の中に叩き伏せられて帰って来た。それを見た女房が、夫に対して「御手前は死ぬ事を御忘れ候ては御座なきや」と言った。そして、自分で百姓達の居場所を探り、自ら夫の先に立って松明《たいまつ》を点《とも》し、脇差を差して、相手の所に踏み込み夫婦協力して敵を斬り伏せたという話である。主人たるもの妻から「あなたは、死の覚悟が出来ていないからその様な恥をかくのです」と言われたら立つ瀬が無いが、佐賀の女性の面目が良く表れている。現代でも、私が知っている佐賀生れの女性には確《しっか》り者が多い。葉隠の「覚悟」の精神は佐賀の女性を通して今日に伝えられているのかも知れない。その様な母によって葉隠武士は育まれたのである。

『葉隠』

5．決して言ってはならない言葉がある

まざれにも、たはぶれにも、寝言《ねごと》にも、たは言《ごと》にも、いふまじき詞《ことば》なり。

『葉隠』聞書第一・百十八

山本常朝は、武士が平時にサムライらしさを表す為には、日常の「言葉」によくよく注意せねばならないと繰り返し説いている。戦闘の時に武士は身を擲《なげう》って、勇気と忠誠心を示す事が出来る。だが、平和な世にあっては、その機会は滅多に訪れない。それ故、日常の覚悟を示す言葉如何が武士の勇気の証明となるのである。

常朝が「冗談にでも、かりそめでも、寝言でも、うわごとでも決して言ってはならない」と強く否定している言葉がある。それは、「我は臆病なり、その時は逃げ申すべし、おそろしき、痛い」などという、「弱気」「逃げ」の言葉である。常朝は言う。「武士は全ての事に気を付けて、少しでも人に後れを取ることの無い様にふるまうべきである。特に、物言いに於いて、『自分は臆病である。その時は逃げ出そう。恐ろしい。痛い』などの言葉は決して言っては

ならない」「ざれにも、たはぶれにも、寝言にも、たは言にも、いふまじき詞なり」と。「ざれ」「たはぶれ」「たは言」は全て「戯」を使って書き表す。同じ様な言葉を三回も用いて常朝は武士の「禁句」を示した。

　何故か。この様な言葉は、いざという時の「逃げ道」を用意する最も卑怯な言葉だからである。常朝は言う「心ある者がその言葉を聞けば、その者の心の奥をみすかされてしまうであろう。言葉はよくよく日頃から吟味しておかねばならない」と。同様の事を「聞書第一・百四十三」では、「武士は、仮にも弱気のことを云ふまじ、すまじと、兼々心がくべき事なり。かりそめの事にて、心の奥見ゆるものなり」と端的に述べている。

　心の底は、ちょっとした物言いに必ず現れてくる。言葉の端々で本物か否かは容易に判断がつく。饒舌・多言の者ほど自分の本心を覆い隠している事が多い。最近は、インターネットによって、様々な情報を瞬時に知る事が可能である。それらの情報を何ら検証せずに、物知り顔で語る者の何と多いことか。自分の体験と実感と努力で掴んだ確実な知識を語れる者は、現代では稀になって来ている。ましてや、自らの生き方と覚悟を語り得る者は極めて少ない。三十代で全国の大名から師と仰がれた熊澤蕃山《くまざわばんざん》は、若い時に本物の学問を身に付ける為、三年間書物を読まずに心を錬ったという（『集義外書』巻六）。新しい知識を遮断して、それ迄に学んだ言葉を自分の心に問いかけて自分のものとしたのだ。本物の人物を目指すなら、虚飾の言葉と訣別し、本心から言葉を発する事が出来る様にならなければならない。

6. 物事は総て前向きに受け止めよ

何事《なにごと》を言ひ付けられたる時も、そのまゝ畏《かしこ》まるべし。惣《そうじ》て武士の前疑《まえうたが》ひは臆病《おくびょう》の本《もと》と知るべし。

『葉隠』聞書第十一・二

他の人から物事の要請を受けた時には、常に前向きに考える思考回路を持て、と常朝は述べる。現代風に言えば、「プラス思考」の勧めである。戦闘者である武士には必ず主君から「○○せよ」との命が下される。その時、「いや、出来ません」「ちょっと、難しいです」などと言ってしまえば、武士とは言えない。「何事を言い付けられた時も、そのまま『承知致しました』と畏まって受けるべきである。全ての点で武士の前思案《まえじあん》は臆病の本である事を知らねばならない」、小賢《こざか》しい「前疑《まえうたが》い」（前思案）をする臆病侍《おくびょうざむらい》には決してなるな、と。

この言葉は「戦場で遠慮してはいけない事」という項に出てくる。戦場に於て、「例えば『○○よ、あの堀を渡って攻めよ、あの攻め口の先陣をせよ』と命じられる事がある。その時『どうしたら良いのですか』などと、受け答えで気弱な事を言ってはならない。『解りました、渡りましょう、真っ先に行きましょう。ついては、貴方の方でそのやり方を確《しか》と考えて下さい』との物言《ものい》いをすべきである」と、具体的に述べた後に語られている。

物事を頼まれた時、すぐに「解りました。やりましょう」と言える人間と、「難しいですね」と、弱気な言葉しか発する事の出来ない人間とでは、気力に於いて天と地程の落差がある。難題が与えられた時、難しいなと心で思っても、「何くそ、やってやろう」と決意するなら、そこから種々の知恵が生み出され、自己の限界を超える為の努力が始まり、思わぬパワーが生じて来る。周りにいる様々な人物の能力を、物事を成し遂げる「大目的」の為に大いに活用し、助力してもらう様に働きかける。その結果、物事は達成される。

一方、「前疑い」を起こして、躊躇逡巡《ちゅうちょしゅんじゅん》の言葉を発する者は、全てにおいて消極的となり、自己の限界を突破出来ない。「前疑い」を発した途端にエネルギーが生じ悪《にく》くなる。「マイナス思考」から生じる後ろ向きの言動は、周りの人々に失望を与え、心が離れる原因となる。その結果一人ぼっちになり、物事は失敗する。

かつて熊本の教育界で切れ者と言われたH先生と、先生の退職後に三年間ほど一緒に仕事をさせて戴いた事がある。私が提案をする度に先生も「やるぞ前向き」と言って同意して下さった。その結果、取り組んだ事業は大きな成果を生み出した。物事を完遂するには、数多くの同志、協力者を必要とする。様々な人々を惹きつける力量が問われる。その最も重要な要素が、「前疑い」など決して行わない、決意溢《あふ》れる爽《さわ》やかな日本人となる事である。

『葉隠』

7．仕事ぶりの四つのタイプ

奉公人《ほうこうにん》は四通りあるものなり。急だらり、だらり急、急々、だらりだらりなり。

『葉隠』聞書第四・五十

『葉隠』をテーマとする、私の講演会に参加していたある大手会社の営業業務部長の方が、講演終了後に「葉隠で語られている事は、現代の会社にもそのまま当てはまる事ですね」と感動の面持ちで感想を伝えに来られた。現代では、江戸時代中期に書かれた葉隠の内容を殆《ほとん》ど吟味する事も無く、葉隠は難しい、時代錯誤だとの誤解が広がっているが、決してそうではない。三百年前の日本人も現代の日本人も全く変ってはいない。日本人の生き方は時代を超えて連綿と続いている。

葉隠の中で、初代藩主の鍋島勝茂《なべしまかつしげ》公が藩士を評価する言葉が出てくる。勝茂公は、奉公人には四種類あると言われる。それがここで紹介した「急だらり、だらり急、急々、だらりだらり」である。仕事を言い付けられた者の仕事ぶりを表現している。「急々」とは、言い付けられた時に素早く理解し、仕事を手際よく仕上げる者の事だが、中々その様な者は得難い。「だらり急」とは、言い付けられた時は理解が遅く出足は鈍いが、取り掛かればハイピッチで仕上げる者の事である。「急だらり」は、言い付けられた時は、確かに理解するが、事をなすには時間がかかってしまう。この「急だらり」が多いと勝茂公は述べている。それ以外は「だらりだらり」と、言い付けられた時にもあまり理解が及ばず、仕事も中々捗《はかど》らない者たちである。

良く「仕事を頼むなら忙しい人間に頼め」と言われる。仕事のない暇な人間の方がやってくれるのではないか、と思いがちだが、そうではない。忙しい人間ほど時間の大切さを感じており、物事の処理能力が高い。言われた事はその場で処理し先延ばしを決してしない。一方、暇な者には先延ばしの癖がついている。「だらり」病である。ただ、それでは仕事にならないので、仕事には必ずデッドライン＝締切を定める。そうすると、仕事に当る者は「急だらり」か「だらり急」のいずれかになる。前者は、理解は早いが仕事は遅い。後者は、理解は遅いが仕事は早い。仕事を為し遂げる能力は後者の方が高い。それ故、殆どの者は「急だらり」で最後に無理して残業して仕上げるか、期限を過ぎてしまうかになるのである。

他の講演会場でも、この言葉が出て来ると受講者はニヤッとしていた。誰でも思い当たる節があるのだろう。葉隠では、「急々」は中々得難いが、それに近い人物がいる事を述べている。「急々」と迄は行かなくとも、「だらり急」と称される位にはなりたいものである。

『葉隠』

8. 精神を以て肉体に打ち勝つ事が出来る者こそが他者に勝つ事が出来る

勝ちといふは、味方《みかた》に勝つ事なり。味方に勝つといふは、我に勝つ事なり。我に勝つといふは、気《き》を以て体《たい》に勝つ事なり。

『葉隠』聞書第七・一

戦闘の中にあって武士は、勇武を直接示す事が出来た。だが、元和偃武《げんなえんぶ》以来百年、元禄《げんろく》太平の世に生きる武士には、もはやその様な機会は失われていた。実際の場で敵に打ち勝つ様を示す機会は殆んど生じないのである。

では平時に、如何にして「勝つ」力を養成して行くのか。その事について成富兵庫《なりとみひょうご》が語った言葉が、この言葉である。

「勝つというのは、味方に勝つ事をいうのである。味方に勝つには、自分に勝たなければならない。自分に勝つとは、『気（精神）』を以て『体（肉体）』に勝つことに他ならない。かねてから味方数万の武士に対して、自分に続く様な者が誰も居ないほどに、自らの心身を錬磨して鍛え上げておかねば、いざという時に敵に打ち勝つことなど到底出来ない」

敵に勝ち、味方に勝つ事の究極は、己に勝つ事にある。己に勝つ事をストイシズム（禁欲主義）とも言う。かつては、人を褒める言葉に「あの人はストイックな人だ」というのがあったが、今では殆ど聞かれなくなった。テレビ等のマスコミが率先して、物欲を満たす事ばかりを推奨しており、安逸さ、贅沢さ、グルメ、金満志向の世の中に成り果てている。

古来、人間は「肉体」に対して、「精神」の価値を重んじてきた。目に見える物質ではなく、目に見えない心や魂である。大塩平八郎は、「身の死するを恨まず、心の死するを恨む」（『洗心洞箚記』）と記し、吉田松陰は「世に身生きて心死する者あり、身亡びて魂存する者あり。心死すれば生くるも益なし、魂存すれば亡ぶるも損なきなり」（安政六年七月「高杉晋作宛」書簡）と述べた。王陽明の有名な言葉には「山中の賊を破るは易《やす》し、心中の賊を破るは難《かた》し」（『陽明全書』）とある。

人間には、食欲・性欲・睡眠欲・名誉欲・金銭欲・安逸欲など様々な欲が肉体に付随して生じてくる。その欲望に打ち勝つ事を「己《おのれ》に克《か》つ」という。一例を上げれば、授業や講演を聞いていると眠くなる事がある。吾々の若い頃は釘や押しピンを持っていて、腿《もも》を刺したり、顔を自分で殴ったりして眠気《ねむけ》に打ち勝っていた。気が体に勝っていたのである。名前に「克《かつ》己《み》」という者もいた。武士は「慎独《しんどく》（独《ひと》りを慎《つつし》む）」（『大学』）という言葉を好んだ。周りの誰が見ていなくても、放逸《ほういつ》に流されずに厳しく己を律する事である。日々、自らに何事かを課していく、厳しい心構えを持つ事こそ武士道への第一歩である。

9. 謙虚で威厳があり物静かに

うやうやしく、にがみありて、調子静かなるがよし。

『葉隠』聞書第十一・百八

葉隠には、「風体《ふうてい》」という、「身なり」の事が出てくる。山本常朝は、利発《りはつ》だった風体をしていた。そこで、利発さが表に出ている様では、人々の信用を得ることは出来ないと、毎日鏡を見て風体を直したという。常朝は理想的な風体について「ゆりすわりて、しかとしたる所のなくては、風体宜《ふうていよろ》しからざるなり。（どっしりと落ちついて、しっかりした所が無くては、風体は良くない）」と言う。

そして、その後に続く言葉が、この言葉である。「うやうやしく」とは、礼儀正しく、常に敬意と謙遜《けんそん》を忘れない態度である。「にがみありて」とは、引き締まって威厳《いげん》が伺《うかが》われる様を言う。「苦味《にがみ》走った良い男」などと言う、その苦味である。安岡正篤《やすおかまさひろ》の「煎茶三煎《せんちゃさんせん》」には、煎茶は、先ず一服目《いっぷくめ》に甘みが、二服目には渋みが、そして三服目に苦味が出てくると書かれているが、甘みと渋みを経て苦味は出てくる。現代の大人からは「威厳」が失われて久しい。昭和の四十年代位までは、高校生でさえおじさんの様な風貌をしていて、何となく恐ろしかったものである。現代では、時代劇にさえ軽い現代風の侍が出てくる。彼等には「威《い》」が欠落している。それでは、侍とは言えない。謙遜さと威厳とを兼ね備えた上で、「調子静かなる（ゆったりと静かで落ち着いている）」事が重要である。吉田松陰は江戸にいた高杉晋作が犬を斬った話を聞いて、血気の勇を戒め、諸友に「一言する時は必ず温然和気《おんぜんわき》婦人好女の如し。是《こ》れが気魄《きはく》の源《みなもと》なり」（安政六年二月下旬「諸友宛」書簡）と諭した。日常の静かさの中に、いざという時の気魄の源が存する。

威厳について常朝は、聞書第二・八十九で、「一見した姿に、そのままその人が身に付けた威厳が表われて来るものである。遠慮し慎む所に威があり、物静かにしている所に威があり、言葉数が少ない所に威があり、礼儀深い所に威があり、立ち居振《いふ》る舞いが落ち着いている所に威があり、奥歯を歯がみして目つきが鋭い所に威がある。これらは、皆外に表れたものだが、畢竟《ひっきょう》は、気を強く持って緩《ゆる》めず、正念《しょうねん》（正しい思い）で心を満たしている事が全ての基である」と述べている。山鹿素行の項で紹介した「気を養う」事、孟子の「浩然の気」と同じ事を述べている。気を養う事によって自ずと溢れ出るものが「威厳」となる。

「うやうやしく、にがみありて、調子静かなる」の言葉、サムライたらんと志す者は、是非とも、机上に書き記して日常工夫の目標として欲しい。

『葉隠』

10. 多くの根を張る大木の様に多くの人々の智恵を集めよ

真の智慧《ちえ》にかなひがたき時は、智慧ある人に談合《だんごう》するがよし。（略）大木の根多きが如し。一人の智慧は突つ立ちたる木の如し。

『葉隠』聞書第一・五

山本常朝は、聞書第二の中で、「武士たるものは、先ずは主人に身体と生命を捧げきり、更に内には『智仁勇』三つの徳を身に備えねばならない。三徳兼備などと言うと難しそうだが、実は簡単な事である。『智』は、何事も人に相談し、その事により無限の智慧が身に備わってくる。『仁』は、人の為になる様に常に考えて、自分の事よりも人の事を大切にすることである。『勇』は、歯を食いしばって、あらゆる難題にぶつかって乗り越えて行く事だ」と述べている。常朝の三徳に関する解釈は、簡潔で気持が良い。特に、「智」について、独断を排し、他人のアドバイスを進んで求めよ、と述べているのは、如何にも日本人らしい。常朝は決して独断の人ではなかった。

常朝は「智慧」について『葉隠』の巻頭、聞書第一の五番目に述べている。ここで紹介している言葉はその中の一節である。

「自分の智恵だけで事を運ぼうとするから上手く行かず悪い結果になってしまう。真の智恵に適《かな》い難《がた》い時は、智恵のある人に相談すれば良い。そうすれば、傍目《はため》にも確かに見える。それは、あたかも大木がたくさんの根を張っている様なもので、一人だけの智恵に頼るのは地面に突き刺した一本の木の様なものである」と。

多くの根が巨木を支える。人間も大きくなりたければ、多くの人々から知恵を吸収し続けねばならない。その為には「聞く力」が問われる。人間学でも「聞き上手こそ話上手」「口は一つで、耳は二つある。話す事の二倍聞け」と言う。徳川家康が愛読したと言われている、唐の太宗と忠臣の言行を纏《まと》めた『貞観政要《じょうがんせいよう》』には、太宗が忠臣達に諫言を奨め、その諫言によって自分の過ちを正し、立派な政治を行う様に努《つと》めた事が記されている。地位が高くなればなる程、独断を排して多くの智恵を結集しなければ上手く行かない。

論語には「之れを知るを之れを知ると為し、知らざるを知らずと為せ、是れ知る也」とある。自分が知らない事を知ったかぶりしないで、素直に教えてもらう事が真の「智恵」を生み出す。自分は何でも知っていると思う者はそれ以上成長できない。自分は何も知らないのだと謙虚に教えを乞う者こそ大きく伸びていける。そして、真の智者は、自己主張を繰り返す評論家達より、日頃黙している者達の中に隠れている事が多い。その様な師や友と数多く交わり智慧を集め、支えられて歩む事が出来るならば、正に根を張る大木になれるであろう。

1．人間の価値の有無は「志」による

志有るの士は利刃《りじん》の如し。百邪辟易《ひゃくじゃへきえき》す。志無きの人は鈍刀の如し。童蒙《どうもう》も侮翫《ぶがん》す。

佐藤一斎『言志録』三十三

明治維新の志士達の生き方に大きな影響を与えた書物の一つが佐藤一斎《さとういっさい》が著した『言志四録《げんししろく》』である。薩摩の西郷隆盛（南洲）は、この著書を愛読し、その中から百一条を抜き書きして座右の戒めとした。世に言う『西郷南洲手抄言志録《しゅしょうげんしろく》』である。

佐藤一斎は、文化二年（一八〇五）三十四歳で朱子《しゅし》学の宗家林家《りんけ》の塾長（私塾）となり、幕府の学問所を統轄する大学頭林述斎《だいがくのかみはやしじゅっさい》と手を携えて、多くの門下生の指導に当たった。その後、天保十二年（一八四一）に林述斎が七十四歳で歿したため、一斎は幕府の学問所昌平黌《しょうへいこう》の儒官（総長）を命じられた。七十歳の時である。現代風に例えれば、三十代で早稲田大学総長と東京大学教授を務め、後に東京大学総長に就任した様なものである。それ故、全国から江戸に集まった俊秀達の殆んどが一斎の謦咳《けいがい》に接し、教えを受け、その数は千名を

超えている。佐久間象山《さくまぞうざん》や山田方谷《やまだほうこく》、渡辺崋山《わたなべかざん》、横井小楠《よこいしょうなん》なども一斎の下で学んだ。

一斎は、素晴らしい教育者かつ求道者だった。経書《けいしょ》（儒学のテキスト）を講じつつ自分の生き方を問い続けた。そして、人生追求の中で自得する所を書き綴り、『言志四録』として結実させた。それは四十二歳から始まり八十二歳まで、実に千百三十三条に及ぶ箴言《しんげん》であり、全てが自得した言葉だった。著作は四回に分かれ、最初の「言志録」が四十二歳～五十三歳で二百四十六条、「言志後録」が五十七歳～六十六歳で二百五十五条、「言志晩録」が六十七歳～七十八歳で二百九十二条、最後の「言志耋録《てつろく》」が八十歳～八十二歳で三百四十条ある。

「言志」の文字に表わされている様に、総《すべ》てが一斎の「志」を記したものと言って良い。それは、人格の完成を目指す一斎の激しい求道心の迸《ほとばし》りからの叫びである。『言志四録』に刻まれた言葉の数々は、借り物では無く、一斎が体得し血肉化した言葉になっている。中国の儒教の経典の言葉が、一斎を通じて「日本人の教え」として結実した。それ故に、『言志四録』は幕末の志士達の生き方のバイブルとなり、かつ現代でも多くの人々に愛読され続けているのである。

一斎は言う。「志を抱く武士は、鋭い刀の様な物で、多くの邪悪な物事は恐れて立ち退いてしまう。一方、志の無い人間は、なまくら刀の様な物で、子供にだって馬鹿にされる」と。人間の価値を決めるのは「志」である。心をどこに定めて向かわせるのか。一斎のこの言葉を肝に銘じて生きるならば、必ずや人生は輝いてくるであろう。

2. 人には暖かく、自分には厳しく

春風《しゅんぷう》を以て人に接し、秋霜《しゅうそう》を以て自ら粛《つつし》む。

佐藤一斎『言志後録』三十三

佐藤一斎の『言志後録』に記されているこの言葉、漢文で記すと「以春風接人、以秋霜自粛」となるが、「以」を略して、「春風接人《しゅんぷうせつじん》、秋霜自粛《しゅうそうじしゅく》」を座右の銘としている人物は数多く存在する。有名なのは、元首相で東京裁判にて処刑された広田弘毅《ひろたこうき》である。同時に処刑された元軍務局長の武藤章《むとうあきら》の遺墨《いぼく》にもこの言葉が書かれている（佐久協『将軍たちの遺墨』）。

春風の様に暖かく人に接し、秋の霜の様に厳しく自分を慎む事は、中々難しい。とかく、人間は自己正当化を図り、物事が上手く行かないのを他人のせいにしがちである。『孟子』離婁章句《りろうしょうく》上に「行いて得ざるものあれば、皆反《かえ》りてこれを己《おのれ》に求む」とある。意味は、「行って上手く行かない事があれば、その原因は自分の未熟さにあるのだと、自分を省みなさい」である。他にも「仁者は射《しゃ》の如し。射《い》る者は己《おのれ》を正しくして後に発《はな》す。発《はな》して中《あた》らざるも己

に勝てる者を怨みず。これを己に反求するのみ」（公孫丑章句上《こうそんちゅうしょうく》）とある。意味は、「仁を行う者は弓を射るのに似ている。弓を射る時には、射手《いて》の心技体の完成が求められる。的に当たらなくとも試合で自分に勝った者を怨む様なことは無い。自分を反省して更なる向上を目指すだけである」である。修養の学では「反求《はんきゅう》」という言葉が良く使われ、人間学を「自《じ》反修己《はんしゅうこ》（自らに反りて己を修める）」の学などとも言う。

西郷隆盛の「敬天愛人《けいてんあいじん》」も同様の精神である（薩摩武士道の項参照）。私は二十歳前後の頃は知力・体力共に充実していたので、「自分にも厳しいが、それ以上に人には厳しい」人間だった。しかし、様々な体験の中で「人は自分だけの力で生きているのでは無く、生かされているのだ」と気付き、更には「自分は多くの友に支えられて今が有るのだ」と痛感した時に、その奢《おご》りが氷解した。それでも直《す》ぐに暖かくなった訳ではないが、この佐藤一斎を始め自己修養の書を日々繙《ひもと》く様になって、少しづつ改善されて来た様な気がする。

一斎は、五十歳を過ぎて記した「言志後録」の中で、人間は五十歳位になると世の中の事にも習熟し一廉《ひとかど》の事を身につけるので驕慢《きょうまん》になり易い。そうすると晩節を穢す様になると、注意を喚起している。尚、女性については四十歳位をその時期として、そこで自分を省みる事を忘れると今日で言う「オバタリアン」になってしまうと述べている。

心は無限に広く、強く、高く、深くして行く事が可能である。生涯を貫く自己研鑽（秋霜自粛）の営みの中で「春風接人」の人格は涵養《かんよう》されて行くと思う。

佐藤一斎

3．頭は冷静に、背中は暖かく、心にわだかまりなく、腹を据えた生き方を

面《おもて》は冷ならんことを欲し、背は煖《だん》ならんことを欲し、胸は虚《きょ》ならんことを欲し、腹は実《じつ》ならんことを欲す。

佐藤一斎『言志録』十九

江戸時代の武士は、文武両道《ぶんぶりょうどう》を目指し、「文は仁道」「武は義道」（中江藤樹『翁問答』）として、文によって人々に対する深い思いやりある生き方を磨き、仁愛に基づく統治を理想とし、武の発動としての勧善懲悪《かんぜんちょうあく》によって正義が実現される社会を目指した。その担い手として、武士には高い精神性とその実践力が求められたのである。武士の素養の基礎には儒学があり、儒学の経典である四書（『大学』『中庸』『論語』『孟子』）五経（『書経』『詩経』『易経』『礼記』『春秋』）などが基本テキストであり、自己修養の鏡とも言うべきものであった。

『論語』に「徳は孤《こ》ならず、必らず隣《となり》あり。」（里仁《りじん》篇）「政を為すに徳を以てすれば、譬《たと》えば北辰《ほくしん》の其《そ》の所に居て、衆星《しゅうせい》の之《これ》に共《むか》うが如し。」（為政《いせい》篇）とある様に、徳を身に付けた者には必ず協力者が現われ、徳を中心に据えた政治は、譬《たと》えれば北極星を中心に多くの星が回っ

ている様に、秩序だった統治を実現出来る、というものだった。

それでは、徳は如何にすれば身に付くのか。それが江戸時代の武士道の根本命題とも言うべきものだった。佐藤一斎は『言志録』の中でより具体的な人間の在り方に言及している。ここに紹介した言葉を意訳すると、「頭は冷静で正しい判断が出来る様にありたい。背中は暖かく人を動かす様な熱気を蓄えていたい。胸中にはわだかまりなく全てを受け入れる事の出来る度量を持ちたい。腹は据わっていて物事に動じない内実を持っていたい」となる。頭の「冷」と背の「煖」、胸の「虚」と腹の「実」、見事なコントラストの中で、一見矛盾する概念を自己修養の課題として包括的に表現している。

人間学の泰斗《たいと》である安岡正篤は自己習錬の目標として「内に火山の熱火は蓄えても、外には湖水の平静を保たなくちゃいかん」（神渡良平『安岡正篤の世界』）を掲げていたと言うが、この言葉に通じるものがある。安岡は「見識を具体化させる識のことを『胆識《たんしき》』と申します。」（『干支新話』）と、実行できる胆力に裏打ちされた見識の必要性を説いている。一斎の「腹は実ならんことを欲す」に繋がる考えである。

これら全てを備えた人間となる事は至難の業だと思うが、この様に在りたいと強く思い、中々そうならない日常生活での自分の在り方を反省する事によって、徐々に人格の向上が計られ、「徳」が自ずと備わって来るのではないだろうか。この様に、自己を磨く言葉が『言志四録』には沢山記されている。

4．重要な役職にある者は、「重職」の意味を考え決して軽々しくあってはいけない

重職と申すは、家国《かこく》の大事を取り計らふべき職にして、此の重之字《じゅうのじ》を取り失ひ軽々しきはあしく候。

佐藤一斎「重職心得箇条」一

文政九年（一八二六）、それまで佐藤一斎が教育の任に当っていた松平乗美《まつだいらのりよし》が、岩村藩（一斎の出身藩）の新しい藩主に就任し、一斎を老臣の列に加えた。一斎五十五歳の時である。そこで一斎は、藩政の中心に立つ家老達の心得を「重職心得箇条《じゅうしょくこころえかじょう》」として著し、政治の指針として指し示した。それは十七箇条あった。その後、この心得箇条は他藩にも伝えられ、様々な藩で筆写されて重宝され読まれた。政治の指南役たる一斎の政治哲学及び人間学が凝縮された文章である。

その第一条で一斎は言う。

「重職と申すは、家国《かこく》の大事を取り計らふべき職にして、此の重之字《じゅうのじ》を取り失ひ軽々しきはあしく候。大事に油断ありては、其職を得ずと申すべく候。先づ挙動言語より厚重にいたし、

威厳を養ふべし」。意味は、「重職というのは、国の大事を立案協議すべき役職であるから、『重』の字をよくよく考えて決して軽々しくしてはならない。大事に遭遇して油断が有ったら役職を全うできない。それ故、先ずは挙動や言葉を重厚にして威厳ある態度を身に付けなければならない」である。その後も素晴らしい文章が続く。

「重職心得箇条」は現代の経営者や組織の幹部の心得としても十分通用する。十七箇条の要点を平凡社から出されている『誰でもわかる重職心得箇条』の各条のタイトルで紹介する。

《①重職は、それにふさわしい威厳が必要である。②重職は、自分の好みでない部下をこそ尊重して使え。③重職は、時に応じて、改めるべきことを改めよ。④重職は、前例や規則にとらわれてはいけない。⑤重職は、チャンスを逃してはならない。⑥重職は、渦中にのみこまれてはならない。⑦重職は、無理強いや押しつけをしてはならない。⑧重職は、忙しいと言ってはならない。⑨重職は、託された重大な権限は自ら執行せよ。⑩重職は、目先の事にとらわれてはならない。⑪重職は、広く大きな心を持て。⑫重職は、他人の意見にも謙虚に耳を傾けよ。⑬重職は、部下同士の調和に心を配れ。⑭重職は、仕事に手をかけすぎてはいけない。⑮重職は、裏表があってはならない。⑯重職は、公開すべき情報は公開せよ。⑰重職は、部下の気持ちを明るく保たなければならない。》

どれも、リーダーたる者にとって重要な心得である。佐藤一斎の学問は、実学であり、国を治め人民を救う経国済民《けいこくさいみん》の学であった。

【コラム①】山鹿素行の『中朝事実《ちゅうちょうじじつ》』と吉田松陰・乃木大将

山鹿素行が赤穂に流されたのは、四十五歳の時だった。それから十年間、素行は赤穂の地で過ごす。素行は静謐《せいひつ》な環境を得て独自の思索を深め、多くの名著を生む。その代表的なものが『中朝事実《ちゅうちょうじじつ》』である。この本は後に、乃木大将が殉死《じゅんし》する直前に遺書代わりに、当時学習院生だった裕仁親王《ひろひとしんのう》殿下（昭和天皇）に贈った事で有名である。何が書かれているのだろうか。江戸時代の学問は儒学《じゅがく》が中心だった。儒学はシナの孔子《こうし》や孟子《もうし》を聖人賢人と仰いでいたので、学者の中には「シナこそが聖人君子《せいじんくんし》の国である。日本は文化の度合いが低い。シナ人に生まれれば良かった。」などと考える者までいた。それに対し素行は「シナを中華・世界の中心の国だと言うが、実際の歴史はどうなのだ。シナでは暴君が跡を絶たないし、革命の連続で後世《こうせい》一度たりとて理想の聖人君子の国など実現していない。孔子や孟子は理想を掲げたが結局は挫折《ざせつ》し失意の生涯だった。」「それに比べて日本の歴史はどうだ。日本書紀を繙《ひもと》けば、万世一系《ばんせいいっけい》の天皇様を中心に仁慈《じんじ》深い政治が連綿《れんめん》と続いているではないか。聖人・賢人が綺羅《きら》星《ぼし》の如く輩出《はいしゅつ》されている。聖賢の国・理想の国はシナではなく日本なのだ。仁徳が高くて世界から仰がれる国、即ち『中朝』は、わが日本である。それは、歴史の『事実』が示している。」と考え、日本書紀の記述を元に著《あらわ》したのがこの『中朝事実』だった。吉田松陰も言う「素行先生は、世の学者達が外国を貴《とうと》んで日本を貶《おとし》める風潮の中で、ただ一人その様な説を排して、古代から受け継がれた神聖の道を極められて、中朝事実を撰述《せんじゅつ》されたのである。」と。

✻第二章　幕末激動期の武士道

①吉田松陰（松浦松洞／画）

②西郷隆盛
（佐藤均・画／致道博物館蔵）

④佐久良東雄（江川茂利／筆）

③白虎隊自刃の図（佐野石峰／筆）

1. やむを得ぬ大和魂の発露としての行動

かくすればかくなるものと知りながら已《や》むに已まれぬ大和魂

吉田松陰「幽囚録」附録

山口県萩市の松陰神社境内には幕末維新史を牽引した吉田松陰《よしだしょういん》と門下生達が学んだ松下《しょうか》村塾《そんじゅく》が保存されている。私は、大学三年生の時にサークルの仲間と初めて訪れ深い感動を覚え、その後幾度もこの地を訪れて、自分の志を励ましている。松陰神社の入口には明治維新百年を記念して建立された「明治維新胎動《たいどう》之地」と記された大きな石碑が立っている。実際、幕末維新史を変革の方向へと引っ張って行ったのは長州藩であり、その牽引役は松下村塾の俊英達であった。

吉田松陰は、山鹿流軍学師範の家を継ぎ、幼い頃から長州藩を守り、日本国を守り抜く事を自分の使命と考えて育った。松陰が十歳の天保十年（一八四〇）に、アヘン戦争が起こり欧米列強によるアジア侵略の野望が顕在化する。嘉永三年（一八五〇）には、長崎・平戸へと遊学し、翌年には江戸へ、更には藩の許可を待たずに東北遊歴を敢行する。帰京後その罪を問われ萩に戻されるが、十年間の諸国遊学を許され、再び江戸へと向う。

松陰が江戸に到着した直後、浦賀《うらが》にペリーが来航、松陰は浦賀に駆けつけ「危機の実態」を自分の目に刻み込む。そしてペリー艦隊が再び来航した安政元年（一八五四）の三月、金《かね》子重輔《こじゅうすけ》と共に、黒船に漕ぎ付けて密航を企てるが失敗する（下田踏海）。松陰二十五歳の時である。この事が罪に問われ、松陰は行動の自由を奪われる。しかし松陰の祖国を思う熱情は消える事が無い。それが周りに集う萩の青年達の魂に火を点じて行くのである。

黒船への密航に失敗して下田で自首し、囚われの身となった松陰は、江戸へ護送されるが、江戸の南西の入口に当る芝高輪の泉岳寺の門前で次の歌を詠んだ。

かくすればかくなるものと知りながら已《や》むに已《や》まれぬ大和魂

泉岳寺には、主君浅野内匠頭の仇を討った大石内蔵助を始めとする赤穂義士の霊が眠っている。山鹿素行を唯一の「先師」と仰いで来た吉田松陰にとって、素行の教えのままに「義」を貫いた赤穂義士達は、生き方の規範でもあった。それ故松陰は死罪を覚悟で仇を討ち果たした赤穂義士達の心中を偲び、失敗に帰し処刑されるであろう自らの身の上と重ね合わせてこの歌を生み出したのである。胸中に湧き起る「已《や》むに已まれぬ」思いの発露、それこそが大和魂である、大和魂の発露としての私の行動には一点のやましい所も無い、と叫んだのである。

2. 単なる評論家には決してならない

紙上の空言、書生の誇る所、烈士の恥づる所なり。

吉田松陰書簡「兄杉梅太郎と往復」安政元年十二月五日

下田踏海《しもだとうかい》に失敗し、萩の野山獄《のやまごく》に入れられた吉田松陰に対し、兄の杉梅太郎《すぎうめたろう》は、「お前の国家を思う大志や豪気は素晴らしいが、今後は法を犯す様な危険な行動は慎み、時勢を研究して建白したらどうか。会沢正志斎《あいざわせいしさい》の『新論』の様な著述は人々を鼓舞《こぶ》して居るではないか。」と勧めた。それに対して松陰が返答した言葉がこれである。

単なる著作で世の中を変えたつもりになっているのは「紙上の空言」に過ぎない。それは、「書生」なら良い気になっていても、私が目指す「烈士」にとっては恥じる行為である、と。松陰はあくまでも「烈士」を自任し、行動家として生きる事を志していた。

松陰は獄中で夢を見て自らを「二十一回猛士《もうし》」と称する様になる。その事を、自分の姓や名、生れ年などが二十一や回、猛、と関わりが深いからだと「二十一回猛士の説」に纏めている。その中で松陰は既に三回の「猛（挙）」を行ったが、まだ十八回の「猛」を遂げねばならないと述べて、兄を驚愕させている。

松陰は、十二月十二日の兄梅太郎宛書簡でも「扠《さて》も扠も思ふまいと思ふても又思ひ、云ふまいと云ふても又云ふものは國家天下の事なり。（それにしても、もう思うまいと思っても又思い、言うまいとしても又言ってしまうのが国家と天下の事である。）」と記している。

松陰は、失敗に帰した下田踏海について、決して悔いる事はなかった。十二月五日の書簡で、兄が「何故禁を犯したのか」と詰問するのに対して「禁は是れ徳川一世の事、今時の事は将《まさ》に三千年の皇國に関係せんとす。何ぞ之れを顧みるに暇《いとま》あらんや。（鎖国の禁制はたかだか徳川治世下の事に過ぎない。今日の問題は三千年来続いてきた日本国の自主独立・存亡に関する問題である。その様な時に、一時の禁制などに拘束されようか。）」と答えている。

松陰は三千年の我が国の有り方を考え、徳川二百五十年の限界を突破する事が出来ている。それは、松陰の日本史研究に基づいている。東北遊歴後の野山獄の中で松陰は、日本書紀を始めとする日本の史書を徹底的に学習していた。下田踏海失敗の直後に詠んだ歌。

世の人はよしあしごともいはばいへ賎《しづ》が誠は神ぞ知るらん

世間の者は、私の行動の良し悪しを言いたければ如何様にでも言えば良い。私は日本の将来の為にこの道しか無いと思って行動したのである。私の誠心は神様だけは御存知である、何の悔いるところがあろうぞ、との心からの叫びだった。

3. 勇気に裏打ちされた正義の実践こそが武士道の真骨頂

士の道は義より大なるは莫《な》し。義は勇に因《よ》りて行はれ、勇は義に因りて長ず。

吉田松陰「野山獄文稿『士規七則』」

吉田松陰が最も好んだ言葉は「義」である。松陰は字《あざな》として「義卿《ぎけい》」や「子義《しぎ》」を使用している。「義」は「我」と「羊」に分解される様に、「我」（自分）を「羊」（生贄《いけにえ》）にする事の出来る程の「正しさ」を意味する。正義や大義と言われる所以である。

安政二年（一八五五）正月、野山獄中の松陰が、従兄弟《いとこ》の玉木彦介《たまきひこすけ》の元服《げんぷく》を祝して贈った「サムライの心得」が「士規七則」であり、松陰の武士道観が良く表われている。その三番目の言葉が、ここに紹介している「士の道は義より大なるは莫《な》し。義は勇に因《よ》りて行はれ、勇は義に因りて長ず。」である。

士規七則を意訳する。

(1)人間が禽獣と異なる所以を考えよ。それは主君への忠義と、親への孝行にある。

(2)日本に生まれたのだから日本が世界に卓越している所以を考えよ。天皇様は万世一系であり、我々の祖先は代々録を食《は》んで来ている。日本では、主君と臣下は一心同体であり、主君への忠義と親への孝行は同じ事なのである。その様な国は日本以外には無い。
(3)士の道は正義を貫く事に在り、正義は勇気によって行われ、勇気は正義によってより強いものへとなって行く。
(4)士の行いは、質実で他者を欺かない事が肝要で、嘘偽《うそいつわ》り、過《あやま》ちを飾《かざ》る事を恥とする。公明正大な生き方はそこから生れる。
(5)人は古今の歴史に通じて聖人賢人を師と仰がなければ卑しい人間に落ちてしまう。読書や歴史上の人物を友とする「尚友《しょうゆう》」は立派な人間の行いの本である。
(6)徳を身に付け才能を開花させるには、師の恩、友の益が大きな要因となる。それ故、立派な人物になろうと思うならば交友を慎んで大切にしなければならない。
(7)「死而後已（読み＝死して後やむ・意味＝死ぬ瞬間まで志を貫き、死んで初めて止める）」の四文字は言葉が簡単だが意味は広い。確乎不抜の生き方はこの言葉を心に刻みつける事で生まれて来る。
これらを要約すると「三端《さんたん》（三つの端緒）」となる。志を立てる事が全ての事の源である。交友を選んで良き行いが出来るように助ける。書物を繙いて聖人や賢人の教えの意味をよく考える。これらの事が出来て初めて立派な成人と言えるのである。

4．人としての「道」は高くて美しいものだが、それは簡単であり身近な所にある

道は則《すなわ》ち高し、美し。約なり、近なり。

吉田松陰『講孟餘話』

吉田松陰の代表的な著作が、野山獄及び自宅幽閉時の『孟子』講義録を纏めた『講孟《こうもう》餘話《よわ》』である。シナの戦国時代の思想家である孟子は、儒学の祖である孔子の後継者として、「仁義」に基づく徳治政治の実現を理想に掲げて諸侯を遊説して回った。その言行録が『孟子』であり、江戸時代儒学（朱子学）の基礎テキスト「四書（大学・中庸・論語・孟子）」の一つに入っている。戦国の謀略《ぼうりゃく》渦巻く弱肉強食の争いの中で、「仁義」を説く孟子は時には激しく諸侯の非道を攻め立てる。孟子は譬《たと》え話が上手く、孟子を典拠とする言葉は現代でも「五十歩百歩」「助長」「恒産恒心《こうさんこうしん》」「浩然の気」など多数使われている。『論語』に比べて『孟子』の文章には長いものが多いが、言葉の奥に垣間見られる強烈な理想主義が理想に燃える若者達を鼓舞してやまない。

吉田松陰もその一人だった。野山獄にあって他の囚人達との学習会（俳句など）を始めた松陰は、囚人達からあなたも何か教えて欲しい、と乞われて『孟子』をテキストに選んだ。『講孟餘話』の「序」の冒頭で松陰は「道は則ち高し、美し。約なり、近なり。人徒らに其の高く且つ美しきを見て以て及ぶべからずと為し、而も其の約にして且つ近く、甚だ親しむべきを知らざるなり。（人の踏み行なうべき「道」は高く美しい。そして簡単であり身近にある。人はともすれば道が高くて美しいのを見て自分は到底及ぶ事が出来ないとあきらめ、「道」が簡単で身近にあり、日々親しむ事が出来るものである事を知らないでいる。）」と記している。高く美しい「人の道」（武士道）は、誰でも身近に日常的に踏み行なえる簡単なものだ、共にその道を求めて研鑽し合おうと呼び掛けたのだった。更に松陰は言う。境遇が順調な者ほど怠り易い。我々の様に牢獄という「逆境」にある者こそがより励む事が出来るのだ、と。

『講孟餘話』本文の冒頭で松陰は、シナの経典《けいてん》に学ぶ際に、決して聖人賢人（孔子や孟子等）に阿《おもね》ってはいけないと注意を喚起する。そして、孔子や孟子が自分の生国を離れて他国に仕えた事を批判し、あくまでも日本人の主体性を以て学ぶ事を述べている。

『講孟餘話』で松陰は、孟子の言葉の学問的解説も行っているが、それ以上に、欧米列強が迫り来る時代情勢の中で、その言葉を如何に生かして世の中を救うかとの強い問題意識を持って語りかけている。文章の至る所に松陰の憂国の情が迸《ほとばし》っている救国の書である。

5．私も楠木正成公の如く七生報国の生き様を後世に残す

必ずや後の人をして亦余《またよ》を観て興起《こうき》せしめ、七生《しちしょう》に至りて、而《しか》る後可と為《な》さんのみ。噫《ああ》、是《こ》れ我れに在り。

吉田松陰「丙辰幽室文稿『七生説』」

現在の私達が明治維新の志士達の活躍に胸を躍らせる様に、幕末の志士達は建武《けんむ》の中興《ちゅうこう》（新政）の歴史を学び、後醍醐《ごだいご》天皇に忠義を尽くした忠臣・楠木正成《くすのきまさしげ》公を理想の生き方として仰いでいた。吉田松陰もその一人である。松下村塾には「三餘読書《さんよどくしょ》」と共に「七生滅賊《しちしょうめつぞく》」の書が掲げられていた。松陰は、初めて江戸に向かう途中、湊川《みなとがわ》にある楠木正成公のお墓にお参りし、感激して漢詩を作っている（嘉永四年三月十八日『吉田松陰日録』）。

安政二年（一八五五）十二月五日、松陰は野山獄を出る事が許され、実家である杉家の幽室に移る。その四か月後の安政三年四月十五日、松陰は「七生説」を著し、自分の志を述べた。当時、松陰は頼山陽《らいさんよう》の『日本外史』を愛読していた（『吉田松陰日録』）。

「七生説」で松陰は、朱子学の人間観である「理気二元論」に基づいて考察を加え、「湊川

にある楠木正成公の墓前で涙が溢れて止まらないのは、大楠公と自分とが心で繋がっているからに他ならない」と述べ、「楠公を始めとする人々と心を一つにしている以上、死んでも決して亡びる事は無い。」と書いた後、最後にこの言葉が記されている。

「必ずや後の人をして亦余《またよ》を観て興起《こうき》せしめ、七生《しちしょう》に至りて、而《しか》る後可と為《な》さんのみ。噫《ああ》、是《こ》れ我れに在り。七生説を作る。」（丙辰幽室文稿「七生説」）

意味は、「必ずや後世の人が私の生き様を見て、心が燃え上がり国の為に尽す様に導き、幾度も生まれ変わって国の為に尽し、七回の生に至って良いとしよう。それが出来るか否かは、今の私自身にかかって居るのだ。それ故、自分の志を励ます意味でこの七生説を作る。」である。最後の「噫、是れ我れに在り」に、大楠公を仰ぐ松陰の固い決意が込められている。

現代人には、七生報国等と言うと、懸《か》け離れた世界の如く感じられるが、現代でも親は死ぬ時に「子供達を守り続けるからね」と言い残し、子供達も「何時迄も天界から見守っていてね」と述べる。肉体の死を以て親子の絆が消えるとは思わないし、優れた人物の魂は永遠に残された者達を見守り導いてくれると信じている。

吉田松陰の祖国への熱い思いが、幾度生まれ変わっても国を守るとの強い志となって表現されているのである。松陰は遺書『留魂録《りゅうこんろく》』の最後にも「七たびも生きかへりつつ夷《えびす》をぞ攘《はら》はんこころ吾《わ》れ忘れめや」と記している。時代を超えて私達は、吉田松陰の国を思う熱い生き方に感動し魂が揺さぶられる。松陰の魂も大楠公と同じく永遠に生き続けているのである。

6．私は誠心を以て全ての人を感化して行く

一誠兆人《いっせいちょうじん》を感ぜしむ

吉田松陰書簡「黙霖と往復」安政三年八月

吉田松陰が生涯の指針とした言葉は、『孟子』の離婁《りろう》章句上に出て来る「至誠而不動者、未之有也」即ち「至誠《しせい》にして動かざる者は未《いま》だ之《こ》れ有《あ》らざる也《なり》」である。

安政六年（一八五九）五月、幕府は松陰に倒幕の嫌疑をかけ、長州藩に江戸への護送を命じる。その時、松陰は松下村塾の同志達に対して「これは死出の旅では無い、私の誠を試す機会なのだ」（東行前日記「小田村伊之助に与ふ」）と語り、更に、自分には護身の符としてこの孟子の言葉がある（東行前日記「五月十六日」）と述べている。

野山獄にいた時、松陰は安芸国（広島県）の僧侶宇都宮黙霖《うつのみやもくりん》と幾度も書簡のやり取りをして思想を深めて行った。その書翰《しょかん》の中で松陰は、黙霖のやり方は「一筆姦権《かんけん》を誅《ちゅう》す（文章で邪悪なる者達を悉《ことごと》く批判し尽す）」というやり方だが、私のやり方は「一誠兆人《いっせいちょうじん》を感ぜしむ」

だと記している。それは、「若《も》し僕幽囚の身にて死なば、吾れ必ず一人の吾が志を継ぐの士をば後世に残し置くなり。子々孫々に至り候はばいつか時なきことは之なく候。(これからも幽閉されたままで死ぬ様な事になれば、私は必ずわが志を受け継ぐ人材を後世に残したいと思う。それが子々孫々迄受け継がれれば、何時かは私の志が成就する時が来るであろう。)」と考えるからであると、その前の文章で述べている。

松陰は周りの者達に常に至誠を尽して接し、松陰の至誠に周りの多くの者達が感化されて行った。「至誠の人」という言葉こそが吉田松陰を称するに最も相応《ふさわ》しいと思う。松下村塾に集う若者達は、松陰を限りなく慕い、松陰の刑死後も尚、その志を受け継ぎ、遂には明治維新を為し遂げたのである。

松陰の松下村塾は、普通の学校とその根本を全く異にしている。行動の自由を失った松陰が、自分の已むに已まれぬ憂国の思いを、学問を通し、至誠を込めて伝えて行く中で、最高の教育力を発揮したのである。教育とは、教師の志と情熱と誠心の中に生れて来る。松陰は『講孟餘話《こうもうよわ》』の中で「師道を興《おこ》さんとならば、妄《みだ》りに人の師となるべからず、又妄りに人を師とすべからず、必ず真に教ふべきことありて師となり、真に学ぶべきことありて師とすべし(教師の道を興す為には、妄りに人の先生に成るべきでは無いし、人を先生にしてもいけない。本当に教えるべき事があって先生となり、本当に学ぶべき事があって先生とすべきだ)。」と述べているが、教育に従事する者の心魂に刻むべき名言である。

1．国家危急の時、国を救う為には我が身はどうなろうと構わない

正に是《こ》れ存亡危急の秋《とき》　唯邦君《ただほうくん》の為家国の為　焦心砕骨又何ぞ愁《うれ》えん

高杉晋作「焦心録に題す」元治元年秋

明治維新四年前の元治元年（一八六四）の秋は、長州藩にとって最大の危機を迎えていた。前年に下関海峡を通る外国船に砲撃を加えた事（攘夷《じょうい》断行）に対し、英仏米蘭四か国連合艦隊が報復の為に来襲、下関砲台を破壊して占領してしまう。更には、夏の禁門《きんもん》の変（蛤《はまぐり》御門《ごもん》の変）で御所を守る薩摩藩や会津藩等に敗北した結果、「朝敵《ちょうてき》」の烙印《らくいん》を押され、その罪を問う為に幕府は三十五藩十五万人を動員して、長州に迫っていた。

絶体絶命の長州藩を救ったのが松下村塾の精鋭・高杉晋作《たかすぎしんさく》だった。高杉はその前年に奇兵隊を組織して藩の武力を強化していた。更には、四国連合艦隊との講和交渉の任を藩から任され、見事に乗り切った。長州征討に対しては、長州藩内で幕府恭順《きょうじゅん》派（俗論党）が力を握り、松下村塾等の尊皇攘夷《そんのうじょうい》派を弾圧し、責任者の三家老《かろう》を切腹させて幕府軍と和議を結ん

だ（十一月十二日）。この間、高杉は九州に難を避けていたが、十一月十五日には長州に戻り、遂にひと月後に決起する。世に言う「功山寺《こうざんじ》義挙」である。

形勢は圧倒的に不利だった。高杉が生みの親の奇兵隊の諸隊でさえ躊躇《ちゅうちょ》して付いて来なかった。高杉に同調したのは伊藤俊輔（博文）が率いる力士隊と石川小五郎が率いる遊撃隊の約八十名だけだった。十二月十五日、晋作等は功山寺に閉居する五人の公卿《くぎょう》を訪れて、「もはや口先だけではどうにもなりませんので、これから長州男児の腕前をお目にかけます」（『回天実記』）と決意を披瀝《ひれき》して別れを告げ、下関に向った。晋作は、先ず下関、三田尻で勝利を収め、要衝の地を押さえた。漸《ようや》く奇兵隊の諸隊も蹶起《けっき》し、連戦連勝する中、翌年一月の大《おお》田絵堂《たえどう》の戦いで勝利して萩へと進撃し、遂に藩政の主導権を取り戻した。風雲児《ふううんじ》高杉晋作の面目躍如《めんもくやくじょ》たる場面である。

当時の覚悟を詠じた漢詩が「焦心録に題す」（元治元年晩秋）である。

内憂外患迫我洲　（内憂外患我が洲に迫る）　正是存亡危急秋　（正に是れ存亡危急の秋）

唯為邦君為家国　（唯邦君の為家国の為）　焦心砕骨又何愁　（焦心砕骨又何ぞ愁えん）

（藩内では俗論党が跋扈《ばっこ》し、外には幕府軍が迫っている。今こそ危急存亡の時である。主君の為、国家の為に行動を起こし、例え心を焦がし骨が砕けても何の憂える事があろうか。）

高杉は親をも子をも顧みず藩の為、国の為に、圧倒的少数にも拘《かかわ》らず起《た》ち上がったのだ。そして勝利した。断固たる決意が歴史をも変えたのである。

2. 風流（文）と節義（武）兼備の士

風流と節義と　兼ね得るは即ち英豪　今日花を描くの手
何の時か快刀を提《さ》げん

高杉晋作「東行遺稿」慶応元年七月十八日

慶応元年（一八六五）の長州は、予想される幕府の「第二次長州征討」に備えて、国力と軍備とを充実させる準備期間だった。高杉晋作は海軍の総督や諸隊の総軍監となって準備に奔走した。高杉は武器弾薬の補給の為には海外との貿易を盛んにする必要があると考え、下関を開港する事や英国視察なども考えた。高杉は「防長の腹を五大州に押出して大仕事するので無ければ迚《とて》も幕府と対抗、大独立、大割拠《かっきょ》を完《まった》くすることは出来ぬ」と、当時山県《やまがた》等の諸隊長に送った手紙に書いている（横山健堂『高杉晋作』）。

英国視察は、当の英国人に反対されて諦めた。時代を先読みできる晋作は下関開港を企《くわだ》てるが、一二年前に攘夷を実行して気勢を上げた藩士達は猛反発し、晋作は一時四国に難を逃れ、大坂も視察して帰国した。上方では未だに長州藩の人気は落ちていなかった。割拠している長州藩が軍備を充実させたなら、必ず天下に事を為す日が来るであろうと確信した。

帰藩後、高杉は下関にいて武備の充実に力を注ぎ、吉田の奇兵隊陣所にも往来した。七月十八日、吉田にて奇兵隊諸士と会し、総督《そうとく》の山県素狂（狂介・有朋）との席で、山県が書画を描きその上に和歌を詠《よ》んで記した。そこで高杉も漢詩を詠んでその絵に題した。

風流兼（與?）節義　　風流と節義と
兼得即英豪　　兼ね得るは即ち英豪
今日描花手　　今日花を描くの手
何時提快刀　　何の時か快刀を提《さ》げん
（『東行詩集』「東行遺稿」下）

（風流と節義を兼ね備える、それが出来るのが英雄豪傑である。今日花を描いているこの手だが、来るべき時には刀を引っ提《さ》げて戦いに赴《おもむ》くのである。）

高杉晋作も山県有朋も文武両道の士であった。彼らは長州藩を担い、迫り来る危機の中で死を覚悟している。それ故にこそ、ひと時の文雅の営みに心を込めたのである。彼らは文と武を、国を思う「志」で結びつけていた。「詩」は「志」であり、「歌」は「訴え」である。高杉は生涯で三百篇の漢詩を残している（『東行詩集』まえがき）。

今日でも「文」や「武」は盛んで、多くの日本人が向上心に燃えて学んでいる。だが高杉達の様な「公」の為に尽くすとの高い「志」が育まれる事は稀である。「文」と「武」を「志」で統合できる者こそ真の武士と言えよう。

1．赤き誠心を歴史に留めて私は逝く

人生古《いにしえ》より誰か死無からむ　丹心《たんしん》を留取《りゅうしゅ》して汗青《かんせい》を照さむ

文天祥「零丁洋を過ぐ」の最期の二段、白虎隊士達が自刃に際し合吟した

幕末の日本では、国家の在り方について、幕府の存続を巡る鋭い対決が生まれた。幕府を支える側の旗手は会津藩であり、倒幕側の旗手は長州藩だった。共に、優れた教育力によって人材を輩出し、時代の担い手として登場したのである。

私は、会津藩の悲劇を偲びながら、その国難に殉じた生きざまは、沖縄戦に酷似《こくじ》していると思われて仕方がなかった。自らが愛する藩や祖国が滅ぼされんとする時、人々は同一の行動を取る。それが、長い間民族が育んできた文化だと思う。日本人は敵に降参するより徹底して戦い抜く、国に殉じる生き方を選択して来た。

会津藩では、国難に際し、成人男子は言うまでもなく、少年や婦女子までもが、節義を貫く生き方を選択した。会津戦争では二本松少年隊《にほんまつしょうねんたい》や会津白虎隊《あいづびゃっこたい》・娘子隊《じょうしたい》、籠城時の婦女子の

献身となって表われ、沖縄戦では鉄血勤皇隊《てっけつきんのうたい》やひめゆり部隊等で少年・少女達は戦い抜いた。会津藩では家老西郷頼母《さいごうたのも》一族二十一人の自刃《じじん》を始め殉難婦女子《じゅんなんふじょし》は二百三十八名に及んでいる。沖縄戦でも離島の渡嘉敷《とかしき》や座間味《ざまみ》などで、住民達は集団自決の道を選んだ（軍の命令でなく）。

白虎隊出身で明治を代表する教育家である山川健次郎は、大正十五年に白虎隊墳墓を拡張した際、「白虎隊士と殉難節婦《せっぷ》とは、戊辰《ぼしん》当時の会津藩の双璧ともいふべきものにして、同じく教育の資料となるものなれば、特にこれを域内に建設すること、せり」と述べているが、白虎隊と殉難婦女子の精神は「節義を貫く」生き方として、多くの日本人の心に刻まれた。

飯盛山《いいもりやま》で自刃した白虎隊士達は最後に、シナの南宋時代の愛国者・文天祥《ぶんてんしょう》の漢詩「零丁洋《れいていよう》を過《す》ぐ」を合吟《ごうぎん》した。戦いに敗れ元《げん》に護送された文天祥は、最後まで節義を貫いて元に仕える事を拒み処刑された。その護送途上の詩である。「人生いかなる者でも必らず死を迎える。私の念願は赤い誠心を留めて、歴史を照らす事である」という最後の二段の言葉は節義を貫かんとした白虎隊士の魂の叫びに通じるものだった。

平成二十六年六月二十三日、大河ドラマ「八重の桜」は「白虎隊出陣」と題し、会津を守る為に戦いを決意する八重の姿が描かれていた。その一方でテレビは、沖縄戦終結の日という事で戦争の悲惨さばかりを強調していた。会津の人々が藩の危機に立ち向かった姿は、大東亜戦争末期に米軍に立ち向かった沖縄県民の姿と同じではないのか。昭和の時代にも白虎隊は数多誕生したのである。

2. わが藩は幕府への忠誠を第一とする。他藩を見て右顧左眄《うこさべん》する必要は無い

一、大君《たいくん》の儀《ぎ》、一心《いっしん》大切に忠勤《ちゅうきん》を存ずべく、列国の例を以て自ら処《お》るべからず。

会津藩祖保科正之「家訓」

会津武士道を語る場合、会津藩に育まれた独特の精神を抜きにしては語る事が出来ない。会津藩の初代藩主保科正之《ほしなまさゆき》は、慶長十六年（一六一一）に二代将軍徳川秀忠の庶子《しょし》（母親はお静）として誕生した。秀忠の正室《せいしつ》於江与《おえよ》の方《かた》は極めて嫉妬深く、庶子の存在など決して認めない女性だった。そこで、子供の誕生は極秘とされ、武田信玄の二女に当る見性院《けんしょういん》に預けて養育された。正之七歳の時、見性院は人物を見込んだ信州高遠《しんしゅうたかとう》藩主保科正光《ほしなまさみつ》に事情を話し、秀忠の内意も得た上で、保科家に正之を養子として預けた。

寛永三年（一六二六）に於江与の方が亡くなった為、保科正光は秀忠の二男・忠長に異母弟に当る正之を引き会わせ、秀忠との仲介を依頼した。だが、寛永九年に秀忠は薨去、翌年、忠長も死去する。その様な中、三代将軍に就任した徳川家光は、異母弟である保科正之に注

目し、その人柄に深い信頼を寄せて行く。正之はそれ程の人物だった。後に家光は日光参詣には必ず正之を供奉《ぐぶ》させ、自らが江戸城を留守にする時は、必ず正之を留守居役《るすいやく》に指名した。庶子として闇に葬られるかも知れなかった自分に絶大なる信頼を寄せる将軍家光に対し、正之は深く恩義を感じ、絶対の忠誠を心に刻んだのである。

慶安四年（一六五一）四月、家光は四十八歳で薨去。臨終の場で家光は正之に、十一歳で将軍となる幼君家綱の輔佐を託した。それ以来、六十歳となる寛文十年までの十九年、正之は会津に一度も戻る事無く、江戸で幕政の舵取りに全力を傾注した。文治と民政に力を注ぐ保科正之の政治によって「パクストクガワーナ」とも言うべき江戸泰平が生み出される。

寛文八年（一六六八）五十八歳を迎えた正之は、子孫の為に「家訓」を定めた。それは、幕府の第一の藩屏《はんぺい》たらんと努めてきた正之の留魂《りゅうこん》の思いが込められたものだった。その冒頭に掲げられたのが、この言葉である。「大君《たいくん》」とは徳川幕府の将軍の事を指している。幕府に対する絶対の忠誠を子孫に示し、「列国」他藩の姿を見て、自らの忠誠を曲げてはならない、と固く言い残した。この藩祖正之の「家訓」第一によって、会津藩は徳川将軍家と運命を共にする事が定まったのである。

幕末・文久二年、幕府の要請で会津藩が京都守護職を引き受けた際も、この家訓が最終決断を迫った。第九代藩主松平容保《まつだいらかたもり》は、保科正之の遺命を奉じて、尊王攘夷運動で混乱する京都の治安維持という「火中の栗」を、あえて拾ったのである。

3. 心の捻じ曲がった者を採用してはならない

一、士を選ぶに、便辟便佞《べんぺきべんねい》の者を取るべからず。

会津藩祖保科正之「家訓」

会津藩の「家訓」には十五条が記されている。全てが会津藩の中心に立つ武士達に対する戒めの言葉である。《①前項の「大君の儀云々」②武の備えは決して怠ってはならない。立派な士を選ぶことを基本とし、上下の分を乱してはならない。③兄を敬い、弟は愛さなければならない。④婦人や女子の言葉は一切聞いてはならない。⑤主人を重んじ、法を畏れなくてはならない。⑥家中が風儀《ふうぎ》（行儀・作法）を励むようにしなければならない。⑦賄賂《わいろ》を授受したり、媚《こび》を売ってはならない。⑧依怙贔屓《えこひいき》をしてはならない。⑨心の捻《ね》じ曲がった者を採用してはならない。⑩賞罰を定める場合、家老以外は参加させてはならない。位《くらい》を乱す者には厳格に対応せよ。⑪近侍者《きんじしゃ》（お側近くで使える者）に人の善悪を告げさせてはならない。⑫政治を行う際、利害によって道理を曲げてはならないし、物事の評議を行う場合、私意をさしはさんで人の意見を拒否してはならない。思う所を隠さずに堂々と争わねばならない。いくら相争うからといって我意《がい》を通してはならない。⑬法を犯す者は許してはならない。⑭社倉《しゃそう》は民衆の為、人々の永久の利益の為に置いてあるのだから、飢饉の年にはすぐに放出して人々を救わねばならない。他の事に流用してはならない。⑮もし、これらの志を失って、遊びや安楽を好み、権勢に奢《おご》り贅沢《ぜいたく》に耽《ふけ》って士民を治める事が出来なくなってしまえば、何の面目あって封土《ほうど》を戴き土地を領しているか解らなくなってしまう。その時は蟄居謹慎《ちっきょきんしん》すべきである。》

　これらの十五箇条は全てが、保科正之の体験から生まれた政治哲学であった。儒学（朱子学）を学び、最高哲学である「仁」の体現者たらんとした正之の、公平無私の精神が全体に漲っている。その中でも、⑨に言う「便辟便佞《べんぺきべんねい》の者を取るべからず」には正之の武士観が良く表されている。便辟とは「人の嫌う事を避けて媚《こ》びる事」、便佞とは「口先が巧みで人の気に入るように立ち回り、心の拗《ねじ》けている事」の意味である。共に「心の捻《ね》じ曲がった者」の事だ。論語に言う「巧言令色《こうげんれいしょく》少なし仁（言葉が巧みでうわべを取り繕う者には仁の心、則ち他人を思いやる心が少ない）」の徒である。その様な者達は、主君が好む主君の身近な者の中から現われて来る。それ故、正之は④で婦人・女子、⑩で位を乱す者、⑪で近侍者の、分を越えた発言を厳しく戒めている。

4. 忠孝・武芸・礼儀が会津藩の教育理念

忠孝を専《もっぱ》らにし、常に武芸に心懸《こころが》け、礼儀を乱《みだ》すべからざる事

寛永十四年十一月・教育に関する布告

『会津藩教育考』によれば、保科正之の教育に関する布告の初出は、会津に国替《くにが》えされる前の山形藩主の時代、寛永十四年(一六三七)十一月の事である。その内容は「忠孝を専《もっぱ》らにし、常に武芸に心懸け、礼儀を乱すべからざる事」という極めて簡潔なものだった。この「忠孝」「武芸」「礼儀」こそが、会津藩の武士道を形作って行く大きな三本柱に他ならない。

武士が着装する「袴《はかま》」の折り目は、前が五つ、後ろが二つになっている。それは、前の五折が仁・義・礼・智・信の五常《ごじょう》を表し、後ろの二折は忠・孝を表していると言われている。「忠」は「心+音符の中」で、「中身が充実して欠けることのない心のこと」を言い、「まごころ・偽りのない誠意・すみずみまで欠けめのないまごころ・君主に対して誠意を尽すこと」を言う(『漢字源』)。「孝」は「老人の姿を示す老の字の上部+子」で、「子が心から親を大切にする。

又、そのさま。又、親に仕える行為」を言う（同）。忠も孝も共に、真心が基礎となって表われて来る。その意味で、「忠孝を専らにする」とは、真心を尽して生きる事に他ならない。幼い頃から自分に愛情を注いで育んでくれた、身近で大恩ある親に、真心を尽す素直な生き方が「孝」であり、社会に出て、自分が属し世話になる組織の中心者（武士にとっては藩主）に真心を尽す生き方が「忠」である。「忠臣《ちゅうしん》は孝子《こうし》の門から生れる」と言われるように、孝心篤い子供こそが忠臣となり得る。

正之は、忠孝にひたすら励む真心の篤い人物、更には、武士の職務とも言うべき武芸を常に心懸けて自己を磨き続ける努力家、しかも、自分の実力をひけらかす事のない、「礼儀」を決して乱さない、落ち着いた士を求めたのである。

今日風に言えば、忠孝とは内面の真心であり、親や会社・組織の中心者に対して裏表無く真心を尽くす事を言う。武芸とは、武道やスポーツ等を嗜《たしな》み心身を鍛えると共に、現代社会での交渉力や統括力、その為の知識力・文筆力・演説力などを磨く事でもあろう。その上で、礼儀作法と言う対人関係の「型」を身に付け、自己主張を抑えた心の慎みを持つ事である。

武士道を志す者には、「忠孝」「武芸」「礼儀」の有無が常に問われている。幕末激動期に会津藩が頼りとされたのは、その様な武士らしい武士を多数輩出していたからに他ならない。

現代に生きる吾々も、真心の溢れる様な対応が出来、いざという時に備えて常に心身を鍛え、日常生活に於いては礼儀正しい、真日本人を目ざしたいものである。

5. 絶対的な社会規範の存在

ならぬことはならぬものです。

会津藩「什の掟」

会津藩と言ったら、この「ならぬことはならぬものです」との厳しい掟《おきて》が有名である。会津の武家社会には、絶対的な社会規範＝掟が存在していた。それは「什《じゅう》の掟《おきて》」と呼ばれたもので、何と、六歳から九歳までの子供達が毎日唱えていたのである。

会津藩は、地域を区割りしてそれを「什」と呼び、その地域の中で年長者が年少者を教え導いていく社会を築いていた。六歳から九歳を「遊びの什」と言って、什の子供達は毎日集まって遊び学んだ。十歳になると藩校日新館に通うが、その際も同じ什の少年達は常に行動を共にしていた。十歳〜十八歳は「学びの什」と呼ばれた。その什で厳しくしつけられたのが「什の掟」である。（中元寺智信『会津藩什の掟』の解説をかっこで表示。）

一、年長者《としうえのもの》の言うことに背《そむ》いてはなりませぬ。（↓従順・忠誠↓「忠」）
二、年長者には御辞儀《おじぎ》をしなければなりませぬ。（↓礼儀・秩序↓「礼」）
三、虚言《うそ》を言うてはなりませぬ。（↓誠実・信頼↓「信」）
四、卑怯な振舞《ふるまい》をしてはなりませぬ。（↓正義↓「義」）
五、弱い者をいじめてはなりませぬ。（↓優しさ・仁愛↓「仁」）
六、戸外で物を食べてはなりませぬ。（↓品格↓「品」）
七、戸外で婦人と言葉を交《かわ》してはなりませぬ。（↓自覚）
ならぬことはならぬものです。

忠・礼・信・義・仁・品格・自覚を、解り易い言葉で、幼少の頃から生き方の柱として涵養《かんよう》している。見事な教育である。「弱い者をいじめてはなりませぬ」を忠実に守った少年達の社会には陰湿なイジメなど存在しなかった。「弱きを助け、強きを挫く」事は当然のふるまいだった。

この様な単純明快な道徳の規範は、大人が身を以て実践しなければ子供たちの身に付くことは出来ない。現代では、価値観の多様化を名目とした無価値教育が行われ、家庭も社会も学校も子供たちに明快かつ断固たる価値観を教えることを放棄している。大人達自身に「ならぬことはならぬものです」との言葉を回復する事が求められている。

6．大義は会津にある。もし戦争になったら力を合わせ、心を一つにして敵を倒し大いに武勇を天下に轟かそうではないか

力を合《あわ》せ、心を一にして、兵起らば早く国家の敵を討滅《とうめつ》し、武を益々天下に輝かさん

慶応四年正月会津藩「布告」

歴史は残酷である。慶応二年（一八六六）七月に将軍家茂《いえもち》が薨去し、十二月には会津藩に強い信頼を寄せられていた孝明天皇が崩御になられた。時代と人心は激変し、徳川幕府は孤立し、薩摩は長州と結び幕府に代る新しい政治勢力が生み出されて行った。そして、慶応四年（一八六八）の鳥羽伏見の戦いで敗北した幕府と会津藩には「朝敵」の汚名が着せられる事となったのである。その結果、官軍が江戸に、更には会津に向けられる事となった。

幕府軍が敗北した鳥羽伏見の戦いでも会津藩は良く戦っている。陣地を死守して玉砕した会津藩士白井五郎太夫《だいふ》の言葉として「此の地破れなば何の面目かあらん、一歩も退くなかれ寧《むし》ろ進んで死せよ」「恥を知り君恩を思ふものは須《すべか》らく此処に死すべし」との言葉が『會津戊辰戦争』には記されている。

　鳥羽伏見の戦いの直後、会津藩では長文の布告が出された。それは、松平容保公が京都守護職を引き受けられた理由と、京都での精忠の姿、天皇の御信任の様、天皇崩御後の状況の激変は先帝及び今上天皇の御志と違っている事等が熱く語られ、それでも薩長が会津に兵を差し向ける事態が起こるのであれば、会津藩は上下一心となってその汚名を雪《そそ》ぐために戦い抜く覚悟を記している。正に、「会津の大義」を明らかにした文章である。

　その最後の決意の一文を意訳して紹介する。

「我が藩の者は貴賤に関係なく代々の殿様のご恩を受けて来ている。それ故この意味を了解して、力合わせ心をひとつにして、もし戦争になったらすぐに敵を倒し、大いに武勇を天下に轟《とどろ》かそうではないか。日夜この事を肝に銘じて一時も忘れること無く、国論を一つに定め全ての人々の心が一つになるならば、殿様の精忠が天地を貫き、神々のご加護もあって再び、会津藩の正義が天下に明らかになる事は疑いがない。たとえ死んでも鬼となって敵に崇《たた》りを加え、邪《よこしま》な賊軍を絶滅するとの心が無い者は天地の神々が滅ぼされるであろう。」

　すさまじい気魄《きはく》の文章である。この文章が会津藩の藩士全員の家に配布され、老若男女全てがそれを心魂に刻みつけた。その三か月後に会津戦争が開始され、八月二十二日には城下に攻め込まれ、降伏まで一か月の籠城戦を戦い抜く。降伏の決断は容保自らが下した。自らの身を擲《なげう》って会津藩の全滅を阻止した。孤城よく耐えて戦い抜いた会津藩の姿は、勝敗を超えて人々を感激せしめた。

会津武士道

7．時代の激流に翻弄されるか弱い女性であっても、守るべき操は決して失わない

なよ竹の風にまかする身ながらもたわまぬ節《ふし》はありとこそきけ

会津藩家老西郷頼母夫人千重子辞世

会津武士を育てたのは、会津の女性達である。会津藩の危急存亡の戦いに際して、会津の女性達は果敢に立ち向かった。城に籠った女性達は食事の世話や弾丸の製作、負傷者の看護など献身的に銃後を支えた。更には自ら武器（薙刀《なぎなた》や銃）を取って戦った女性もいた。又、城に籠《こも》れば足手まといになると考え自ら命を絶った婦女子も多数存在した。会津藩の殉難《じゅんなん》婦女子は二百三十八名に及んだ。

家老西郷頼母《さいごうたのも》の家では、一族二十一人が自刃した。母・律子（五十八歳）は「秋霜《しゅうそう》飛んで金風《きんぷう》冷《すず》し　白雲《はくうん》去りて月輪《げつりん》高し」と詠み、妻・千重《ちえ》子（三十四歳）は「なよ竹の風にまかする身ながらもたわまぬ節はありとこそきけ」と辞世を記した。妹・眉寿《みす》子（二十六歳）は「死にかへり幾度《いくたび》世には生《うま》るともますら武夫《たけお》となりなんものを」、妹・由布《ゆう》子（二十三歳）は

「武士《もののふ》の道と聞きしをたよりにて思ひ立ちぬるよみの旅かな」と記した。次女・瀑布子《たきこ》（十三歳）は「手をとりて共に行きなば迷はじよ」と、長女・細布子《たいこ》（十六歳）は「いざたどらまし死出の山路《やまみち》」と、二人で一首詠んだ。三女・田鶴子《たづこ》（九歳）四女・常盤子《とわこ》（四歳）五女・季子《としこ》（二歳）も共に自害した。

中野こう子（四十四歳）・竹子（二十二歳）・優子（十六歳）・依田《よだ》まさ子（三十五歳）・菊子（十八歳）ら二十余人は若松郊外涙橋の戦いに参戦し、「娘子隊《じょうしたい》」と呼ばれた。その時戦死した中野竹子の薙刀には次の辞世がつけられていた。

武夫《もののふ》の猛《たけ》き心にくらぶれば数にも入《い》らぬ我が身ながらも

ここまで記し、涙が溢れて止まらない。会津の女性達は世に言う女傑では決してなかった。女性としての嗜《たしな》みを身に付け、母となっては子供達に強さと優しさとを兼ね備えた精神を涵養して行った。凛《りん》とした気高い女性達であった。西郷千重子の「なよ竹」の歌は、日本女性のつつましやかだが毅然とした高潔なる叫びを、気負う事無く静かに表している。中野竹子の歌は、女性としての会津を思う已《や》むに已まれぬ思いを表現し、余韻を漂わせている。

日本国の精神の再建は、女性の心映えの再建から行われなくては難しいのではないだろうか。そして日本女性が甦った時、その下から真の日本男児が陸続として生れて来るのだろう。

新選組

1. サムライの道を決して踏み外してはならない

士道《しどう》ニ背《そむ》キ間敷事《まじきこと》

子母沢寛『新選組始末記』「局中法度書」

新選組《しんせんぐみ》は京都守護職である会津藩主松平容保の配下に置かれていた。幕末京都の治安を守る為に腕の立つ浪士達を集めて組織されたのが新選組である。局長の近藤勇《こんどういさみ》、副長の土方歳三《ひじかたとしぞう》、局内随一の剣の使い手である沖田総司《おきたそうじ》など現代でも人気が高い。

新選組は浪士の集りであるから烏合《うごう》の集団だった。それ故、ともすれば力を笠に着ての暴力沙汰に及ぶ事もあった。新選組は近藤達の江戸三多摩《さんたま》の試衛館《しえいかん》出身者と水戸《みと》浪士芹沢鴨《せりざわかも》の一派との共同経営で始まった。その新選組の鉄の規律を生み出した掟《おきて》が「局中法度《きょくちゅうはっと》」と言われるものである。だが、それは現存していない。隊士だった永倉新八《ながくらしんぱち》が「是《これ》を統率するには何か憲法があらねばならぬ。乃《そこ》で芹沢は近藤、新見の二人と共に禁令を定める。第一士道を背くこと、第二局を脱すること、第三勝手に金策を致すこと、第四勝手に訴訟を取扱ふこと、四箇条を背くときは切腹を申付くること、又その宣告は同志の面前で言渡すと定めた。」（『永倉新八』）と語った事が根拠となり、それを元に作家の子母沢寛が『新選組始末記』で「局中法度書」と名付け、「私の闘争を許さず」を加え箇条書にしたという（『土方歳三日記』上）。

一、士道《しどう》ニ背《そむ》キ間敷事《まじきこと》　（士道に背いてはいけない）
一、局ヲ脱スルヲ不許《ゆるさず》　（局を脱走する事は許さない）
一、勝手ニ金策致不可《いたすべからず》　（勝手に金集めをしてはならない）
一、勝手ニ訴訟取扱不可《とりあつかうべからず》　（勝手にもめ事を扱ってならない）
一、私ノ闘争ヲ不許　（私事で争う事は許さない）

近藤達は、芹沢達の勝手放題の乱行を元に会津藩と計り、「法度」違反として芹沢一派の粛清《しゅくせい》を断行する。それ以来、近藤局長、土方副長の統制が強まり、強固な武闘集団となり京都の治安維持に当ったのである。特に、隊士の規律維持を担当したのが副長の土方である。土方は法度違反者を次々と切腹に処している。それ故「鬼の副長」と呼ばれた。

組織にはこの憎まれ役が必ず必要となる。その事をトップにさせては為《な》らない。ナンバー2があえてその役を引き受ける必要がある。そうでなければ、組織は弛緩《しかん》し崩壊して行く。土方があえて嫌われ役を引き受ける事によって、近藤は新選組全体を統括するリーダーたり得たのである。現代では、誰もが他者に嫌われたくないという自己保身から、この厳しい統制役を引き受ける人物が極めて少なくなっている。憂慮すべき時の流れだと思う。

2．私は蝦夷の地に渡って、最後まで戦い抜き国家に殉じたい

ただ我儕《わがせい》の如き無能者は快戦《かいせん》、国家に殉ぜんのみ

土方歳三蝦夷地渡航決意の言葉・松本良順『蘭疇自伝』

私は高校二年生の頃（昭和四十五年）にテレビで放映された「燃えよ剣」（全二十六話）を、毎回感動しながら見ていた。それ故、大学生になって自分の生き方を求める時、原作の司馬遼太郎『燃えよ剣』を繙き、その中の土方歳三の言葉に深い感動を覚えていた。当時の私の日記には、土方の多数の言葉が書き写されている。

「歴史というものは変転してゆく、その中で万世に易《かわ》らざるものは、その時代その時代に節義を守った男の名だ」「男の一生というものは美しさを作るためのものだ、自分の。そう信じている。」「時勢などは問題ではない。勝敗も論外である。男は、自分が考えている美しさのために殉ずべきだ。」等々。

勿論、これらの言葉は司馬遼太郎の創作だが、いかにも土方らしい言葉である。時代の流

れからすれば圧倒的な劣勢の中で土方は最後まで節義を貫き通した。

幕府軍は鳥羽伏見の戦いで敗れ、江戸は無血開城し彰義隊《しょうぎたい》も潰滅、最後の拠点会津藩も降伏を余儀なくさせられる。新選組局長の近藤は関東の戦いで出頭し処刑されるが、土方は東北から更に蝦夷（北海道）に渡って抵抗せんとする榎本武揚《えのもとたけあき》等と行動を共にする。土方は死に場所を求めて転戦した。

土方は仙台で、京都時代から親交があり幕府の医学所頭取を務めていた松本良順《まつもとりょうじゅん》と会った時に、蝦夷地に渡る決意を述べ、その言葉を松本が『蘭疇《らんちゅう》自伝』の中で紹介している。明治元年（一八六八）九月十五日頃の事である（『土方歳三日記』下）。

「元来今日の挙は、三百年来士を養うの幕府、一蹶《いっけつ》倒れんとするに当たり、一人のこれを腕力に訴え死する者なきを恥ずればなり。到底勝算の必ず期すべきあるにあらず。（略）ただ我儕《わがせい》の如き無能者は快戦《かいせん》、国家に殉ぜんのみ」

土方は函館五稜郭《ごりょうかく》に依って新政府軍を迎え撃ったが、明治二年五月十一日、戦闘指揮中に被弾して亡くなった。享年三十五歳である。土方の辞世として俳句「早き瀬に力足りぬか下り鮎」、短歌「よしや身は蝦夷が島辺に朽るとも魂は東の君やまもらむ」が伝えられているが、確証は無い。土方は京に上る前に俳句集『豊玉発句集』を纏めている。その最後の句は「梅の花咲《さけ》る日だけにさいて散《ちる》」というものであるが、この句にこそ、与えられた活躍の機会を精一杯に生き抜いて、そして見事に散った土方の生涯が詠み込まれている様な気がする。

1．郷中内では何事であっても心をこめて話し合う事が大切である

咄《はなし》相《あい》中《ちゅう》何色《なにいろ》によらず、入魂《じっこん》に申合《もうしあわ》せ候《そうろう》儀《ぎ》肝要《かんよう》たる事

薩摩藩・二才咄格式定目

江戸時代は藩ごとに教育が行われ、その優劣が人材の有無につながり、幕末維新期のリーダー藩を生み出した。坂野潤治・大野健一『明治維新1858〜1881』によると、維新を主導した薩摩・長州・土佐・肥前・越前を比較すれば、「柔構造」の面で薩摩が最も優れていたという。薩摩藩士の場合、京都で他藩と交渉に当る者には全権が委任され、独断専行が可能だった。その後藩論が変更になった場合でも、薩摩藩士は自分の意見には執着せず、藩の方針を背負って交渉に当っていた、と言う。その背景には「薩摩武士の同志的結合」があった。『西郷隆盛全集』を読むと、京都で活動していた西郷が、薩摩にいる大久保に頻繁に手紙を出している事に驚かされる。一日三通の日もある。情報は完全に共有されていた。

この一体感あふれる薩摩藩の気風を生み出したものが、薩摩藩独特の教育システムだった。

それは「郷中教育《ごじゅう》」と呼ばれ、青少年の年長者が責任を以て、その地域の年少者を育てて行くシステムで会津の「什《じゅう》」にも似ているが薩摩の方が歴史は古い。

郷中教育は、小団体の学習活動であり、四～五町四方を単位とする「方限《ほうぎり》（郷《ごう》）」を基盤として、そこに含まれる区画や集落に居住する青少年を年齢によって四つのグループに編成、それぞれのグループで「頭《かしら》」（稚児頭《ちごがしら》、二才頭《にせがしら》など）が選ばれ、頭は郷中での生活の一切を監督し、その責任を負った。郷中のメンバーは「舎《しゃ》」に集まり武術や学問に励んだ。六歳から十歳を小稚児《こちご》、十一歳から十四歳を長稚児《おせちご》、十四～五歳の元服後から二十四～五歳を二才《にせ》と称した。妻帯した先輩は長老《おせんし》と呼ばれた。西郷隆盛は下加治屋《しもかじや》町郷の二才頭を務め、この郷からは大久保利通や大山巌等維新期の数多の人材を輩出した。

郷中教育では、青少年の人格形成の目標を具体的に示した。それは、素朴主義・鍛錬主義・価値主義の教育だった（北川鐵三『薩摩の郷中教育』）。教育方針の中心となったのが、文禄五年（一五九六）に制定された「二才《にせ》咄《ばなし》格式定目《かくしきじょうもく》」である。その中に、自らの郷に対する絶対なる帰属意識を養うべく「他の郷中のものと心を打ち解けてつきあうな」「郷中内でしっかり話し合え」「他郷の人と会った際、判らないことがあったら、郷中に帰って問題解決しろ」と記してある。薩摩の青少年は、幼い頃から、自分の郷と他の郷との弁別を学び、付き合い方を身に付けていた。その事が、維新期の他藩との付き合いの際、薩摩の団結力と、藩士に対する絶対信頼を生み出したのではなかろうか。

2．日頃から山や坂を歩き回って足腰を鍛えておけ

山坂《やまさか》の達者《たっしゃ》は心懸《こころが》くべき事

薩摩藩・二才咄格式定目

薩摩武士の規範となった「二才咄格式定目」は、「まず、武道をたしなむこと」に始まり、「武士はいかにあるべきかを常に考えていなさい」「おしゃべりは慎め」「うそをつくな」「日頃は自分のことを大げさにいうな。ただ、咄嗟《とっさ》の時に遅れをとらないよう心がけよ」「見かけより、中身を重んじろ」等の具体的な生活の在り方が示されている。更に、九番目に記してあるのがここに紹介する「山坂の達者は心懸くべき事」である。薩摩の青少年は幼い頃から山や坂を歩き回って足腰を鍛え上げていた。「山坂達者《やまさかたっしゃ》」でなければ一人前の武士とは見なされなかった。西郷隆盛が、鹿児島に引き揚げた後も、常に山道を駆け回って猟をしていたのは、この様な教えが身に付いていたからであろう。

薩摩の剣術では示現流《じげんりゅう》と薬丸自顕流《やくまるじげんりゅう》が有名だが、この剣術は「肉を斬らせて骨を断つ」満

身の気合を込めた一太刀《ひとたち》で相手を制するものである。かつて鹿児島でのセミナーの際、南洲神社で薬丸自顕流の稽古が行われており、有志で少し体験させて戴いたが、後で、腿《もも》の筋肉が痛みで震えた覚えがある。足腰の恒常的な鍛錬がなければ示現流・自顕流は使えない。その稽古は生木を太刀の代わりに持って、横に組んだ木の束を気合の続く限り何度も打ち続けるものであった。この剣術を少年達は毎日毎日励んで鍛錬していたのである。

郷中教育では、四書五経の素読を指導したり、真田三代記や太閤記、武王軍談・三国志・漢楚軍談等の会読会が行われていた。更には、年中行事として、五月二十八日に曽我物語《そがものがたり》輪読会、六月二十三日に日新寺参詣《にっしんじさんけい》（島津中興の忠良（日新公）・貴久父子敬慕・十里）、七月十八日に心岳寺《しんがくじ》参詣（島津歳久が豊臣秀吉に自刃させられた日）、九月十四日に妙円寺《みょうえんじ》参詣（島津義弘の関が原苦戦回顧・四里半）、十二月十四日に赤穂義士伝《あこうぎしでん》輪読会、が行われた。これらの日には、それぞれのお寺に徒歩で参詣し、先君と祖先の偉業を偲ぶのだった。

この様にして薩摩の青少年には、「質実剛健」の気風が養われて行った。しかし江戸時代といえども、天下泰平の中では華美を求める風潮が浸透し、薩摩も決して例外ではなかった。それ故薩摩藩では時代に応じて様々に教訓状や掟書・諭達《ゆたつ》書などを出して、教育の形骸化を防止している。武士道の義を実践せよ・心身を鍛錬せよ・嘘を言うな・弱い者いじめをするな・質実剛健たれ、これらの価値観が決して揺らがなかった。その意味で、泰平の誘惑から毅然と薩摩士風を守り抜いた藩の信念が、明治維新を生み出したと言って過言ではない。

3. 平和な時でも、乱れた世の中にあっても、勇断の出来ない人間は役に立たない

勇断《ゆうだん》なき人は事を為すこと能《あた》はざるなり、治乱《ちらん》共に勇断なき人は用に立たざるなり。

『島津斉彬言行録』巻之五

薩摩武士の家庭で、母親が子供の教訓として教え諭《さと》す教材としたものに「島津日新公《にっしんこう》いろは歌」がある。島津日新公・忠良《ただよし》は島津分家の当主だったが、長子貴久が第十五代藩主となり、貴久は島津中興の名君となった。その子が十六代義久・十七代義弘である。これらの子や孫は日新公の薫陶を受けて育った。日新公は、若い頃から儒学を学び、宗教心が篤く禅宗に帰依した。和歌の道にも優れ、天文十四年（一五四五）五十四歳の頃、人生訓を択《えら》び解り易い和歌の形で人々に示した。その中に「やはらぐと怒るをいはば弓と筆鳥に二つの翼とを知れ」と、鳥の二つの翼に例えて文武両道を諭す歌がある。又、「いにしへの道を聞きても唱へてもわが行《おこない》にせずばかひなし」と実行を重んじる歌もある。

幕末期に薩摩がリーダーシップを発揮できたのは、時代の先を読み、それに対応すべく藩

を方向付けた名君・第二十八代藩主島津斉彬《しまづなりあきら》が出たからに他ならない。斉彬は、その先見性、構想力、実行力に於てずば抜けた人物だった。嘉永四年（一八五一）に藩主となった斉彬は、西欧列強の圧迫により、わが国は数年の後には必ず乱世になると予見し、藩の富国強兵に着手する。斉彬は安政五年（一八五八）七月に急逝するが、この間、西欧の軍事・技術力の積極的な摂取に尽力した。精錬所・反射炉の建設、写真、電信機、電気、ガス灯、紅色ガラス精錬、綿火薬、鉱山調査開掘等を行い、様々な物産の開発に取り組んだ。西洋の軍事力の根元は、軍艦に有りとして、蒸気船雛形《ひながた》を創建し、オランダ人から蒸気船製造等の伝習、更には琉球を仲介として仏国から軍艦と小銃製造機械を購入せんとした。もし、フランスが売らないなら、シナの福建まで藩士を派遣して他の外国から購入する事まで考えた。軍制も改革し、洋式砲を採用、鹿児島湾の堡塁《ほうるい》建設、水軍建設も志した。琉球と奄美大島と山川港を拠点として対外貿易に着手する事も考え、藩士の英米仏への留学迄企画した。

現在吾々が飲んでいる芋焼酎も斉彬の考案による。元々は軍事上の要請で、鉄砲の発火に必要な雷粉《らいふん》製造に多量のアルコールが必要だった為、食糧として不足がちな米に代って甘藷（芋）からの製造を命じた。それが芋焼酎を生んだ。欧米文明の積極的摂取には膨大な財源が必要だった。心配する家臣に斉彬は、琉球貨幣の鋳造権を幕府から承認してもらっている、とその手の内を示し、最新式の銃を自力生産出来れば、国内諸藩のみならずシナでも需要があり、販売で利益が上がると答えている。総てが、斉彬の「勇断」力が為した業である。

4. 正義のある所だけを見定めて立ち、信念を持って動かない

義を以て立ち確乎《かっこ》として動かず

西郷隆盛・慶応元年十一月十一日書簡

島津斉彬によって抜擢され、その教を受けて成長し、後に薩摩の支柱となったのが西郷隆盛である。二度の島流しを経た西郷が、薩摩藩を背負い京都の政局の中心に立ったのは、元治元年（一八六四）の三月である。西郷は藩の軍隊の責任者に就任する。その四か月後に禁門の変が起った。長州藩が、前年の京都からの追放に対する無罪を訴えて軍隊を京都周辺に集結、幕府は長州に対する征討を薩摩藩に要請するが、西郷は、「この戦は、会津と長州の私闘である」として中立の立場を主張して動かなかった。但し、天皇様の居られる御所が危くなった時は、断固守護するとの立場を取った。実際、御所に長州藩が攻め入った際に、西郷は薩摩軍を動かし反撃して打ち破った。長州藩が敗走するや、幕府は長州の残兵に対する掃蕩《そうとう》を薩摩藩に要求するが、西郷は断る。西郷の立ち位置はあくまでも御所の防衛である。

その後、朝廷の勅許によって長州の罪を糺す征討軍が編成され、西郷は参謀に就任した。だが西郷は国内で相争っている場合では無いと考え、長州藩の親戚筋である岩国藩を通じて長州藩の謝罪恭順を実現し、戦火を交える事無く征討軍を解兵した。

慶応元年（一八六五）三月、幕府は帰順降伏した水戸天狗党の志士達の多くを斬罪に処し、残りを流罪・追放処分として、薩摩藩にも三十五人を受け取る様に通告してきた。西郷は「古来より降伏した者達を苛酷《かこく》に扱う事は聞いたことが無い」「わが藩では降伏した者達を厳しく扱う事は出来かねるので断乎お断りする」とその申し出を拒絶している。西郷は幕府の姿勢に驕りと非道とを感じ取ったのである。更に幕府は自分の力を誇示する為に、再び長州征討を発令する。幕府の私心と慢心とを見て取った西郷は、幕府の征討軍出兵要請も断固はねのける。もはや幕府にはわが国を動かす資格は無いと判断した西郷は、薩長同盟に動き始め、かつ斉彬公が構想した雄藩連合（列藩会議）によるわが国の舵取りを構想して推進する。

ここで紹介した言葉は、慶応元年十一月に、京都の西郷が鹿児島にいる側役《そばやく》の蓑田伝兵衛に送った手紙の一節である。西郷は、幕府衰亡の予兆を記し、「この時に当っては理を尽して進み、勢いを詳《つまび》らかにして動くべきと思っています。当分の所、一言発するには大義名分を明かにして、義を以て立ち、確乎として動かずに、諸藩を圧倒している姿にあります」と述べて居る。西郷の面目は、正義正論を断固として主張し、決して曲げない所にある。その姿が人を惹きつけ、維新の主導権を生み出した。

5. 人を相手にせず天を相手にして、自分は誠を尽しているかだけを省みよ

人を相手にせず、天を相手にせよ。天を相手にして、己《おのれ》を尽《つくし》て人を咎《とが》めず、我《わ》が誠の足らざるを尋ぬべし。

『大西郷遺訓』

薩摩武士道の精華は西郷隆盛という人格に表れている。西郷はその大度量で幕末の雄藩連合を成就させ、明治維新を為し遂げた。更には、敗者に対しても西郷は寛大に対応した。会津藩と共に最後まで抵抗した荘内藩では、降伏の際、敗者である自分達に対して思いもよらない寛大な措置が取られ、それが西郷隆盛の指示によるものである事が解り、人々は西郷に師事するようになる。荘内からは西郷の下に教えを乞う為に次々と青年達が派遣されて行った。明治三年（一八七〇）十一月には十八歳の青年藩主酒井忠篤《ただずみ》自ら、選抜した藩士七十六名を率いて鹿児島に赴き直接西郷に教えを仰いだ。家老の菅実秀《すげさねひで》は鹿児島に赴く藩士達に「国辱をそそぐと云うことは、天下を覆して幕府を再興すると云うことでは無い。一同が志を立てて道を学び皇国の為め身命を抛《なげう》ち、あっぱれ武士の手本天下の模範となるならば是をこそ

辱をそそぎ得たと云うものだ。」と語ったと言う（長谷川信夫『西郷先生と荘内』）。

明治十年（一八七七）の西南戦争と西郷の死は荘内の人々に衝撃を与えたが、逆に西郷隆盛（南洲）の真精神を受け継ごうと、慰霊祭が行われかつ西郷の教えを血肉化すべく遺訓の学習が積み重ねられて行く。明治二十二年（一八八九）大日本帝国憲法発布と共に西郷に正三位が贈られ賊軍の汚名が雪がれる。そこで荘内の人々は、今こそ西郷先生の真精神を日本国中に広める好機であると、「南洲翁遺訓」の編纂事業に着手し、翌年一月に刊行された。更には、二十三年四月、酒井忠篤公は六名の旧藩士を選び、二名づつ三隊（東日本・東京周辺・西日本）に分けて『大西郷遺訓』千部の訪問配布活動を命じた。かくて、大西郷を慕う輪は全国に広がり、その際に得た新しい「遺訓」も増補されて、『大西郷遺訓』は心ある人々の座右に置かれ日本人の規範の書となって行くのである。

西郷隆盛と言えば「敬天愛人」である。その言葉は遺訓の中で次の様に語られている。「道は天地自然の物にして、人はこれを行ふものなれば、天を敬するを目的とす。天は人も我も同一に愛し給ふゆゑ、我を愛する心を以て人を愛する也。（二四）」「人を相手にせず、天を相手にせよ。天を相手にして、己れを尽《つくし》て人を咎《とが》めず、我が誠の足らざるを尋ぬべし。（二五）」。この言葉の中には、起こった全ての出来事を自分の責任として受け止めて、自分の足りない点を反省する、という「自反の学」の極致が示されている。西郷という人物の偉大さは、それを実践した所にある。

6．梅の花や紅葉の様に風雪＝困難に耐えてこそ人間も美しい花を咲かせるのだ

雪に耐へて梅花麗《うるわ》しく、霜を経て楓葉《ふうよう》丹《あか》し。

明治五年西郷南洲漢詩「外甥政直に示す」

西郷隆盛の号の「南洲」は南の島という意味である。西郷は安政の大獄の後に幕府に追われる清水寺の勤皇僧・月照《げっしょう》上人を薩摩に匿《かくま》おうとするが果たせず、共に薩摩湾で入水《じゅすい》自殺を図る。ところが月照だけが亡くなり、西郷は蘇生する。藩は幕府の追及を恐れて西郷を奄美大島に島流しとする。三年後、島津久光の命で呼び戻されるが、情勢対応のため独断で上京した事で久光の怒りを買い、再び沖永良部島《おきのえらぶ》に罪人として流される。西郷は死を覚悟したが、牢役人の土持政照《つちもちまさてる》の好意によって一命を取り留める。一年半後の元治元年（一八六四）、幕末の政局が激動する中で薩摩藩は西郷の力を必要とし、再度西郷は呼び戻され、その後は維新成就に向けて実力を発揮して大活躍するのである。

二回の島流しの期間、西郷は学問に励むと共に、死生観が深まり、何事にも動じない無欲

の人物となって行く。西郷の残している漢詩には西郷の死生観が良く表わされている。

獄中感有り

朝《あした》に恩遇《おんぐう》を蒙《こうむ》り夕《ゆうべ》に焚阬《ふんこう》せらる、人世《じんせい》の浮沈《ふちん》は晦明《かいめい》に似たり。縦《たと》ひ光を回《めぐ》らさずとも葵《あおい》は日に向《むか》ふ、若《も》し運を開く無くとも意は誠を推さむ。洛陽の知己《ちき》皆鬼と為り、南嶼《なんしょ》の俘《ふ》囚独生《しゅうひとりせい》を竊《ぬす》む。生死何ぞ疑はむ天の附与なるを、願はくは魂魄《こんぱく》を留《とど》めて皇城《こうじょう》を護らむ。

（朝には主君の恩を被《こうむ》るが、夕方には罪を得て獄に入れられる。人生の浮き沈みは月の満ち欠けの様に変転する。曇って光が射していなくても、葵の花は太陽の方向に向いている様に、運命が開かれる事が無くても、意思は誠を推《お》して尽くしていこう。都で共に奔走した同志は皆、処刑されて亡くなり、南の島に流された私だけが一人生をぬすんでいる。人間の生死は天が定め与えられているに相違《そうい》ない。ならば、与えられた命を尽くして朝廷をお守りする為に全心身を捧げよう。）

外甥政直《がいせいまさなお》に示す

一貫す唯唯《いい》の諾《だく》、従来鉄石《てっせき》の肝《かん》。貧居傑士《けっし》を生み、勲業《くんぎょう》多難に顕《あら》はる。雪に耐へて梅花麗《うるわ》しく、霜を経《へ》て楓葉丹《ふうようあか》し。如《も》し能《よ》く天意を識《し》らば、豈敢《あにあえ》て自《みず》から安《やす》きを謀《はか》らむや。

（武士が一旦承諾したなら貫き通すべきだし、これ迄培って来た鉄や石の様な肝は決して動かしてはならない。貧しい境遇が傑物を生み出すし、勲ある業績は多くの困難の中で顕される。それは梅の花が冬の雪に耐えて美しく花開き、紅葉が秋の霜で赤く色づく様なものだ。天が自分に与えた使命を知るならば、日常を安易に流れる様な生活を考えてはならない。）

7. 因循姑息な議論を述べられたので、幾度も繰返して反論し、遂にご了解頂いた

因循《いんじゅん》の御論相立居《ごろんあいたちお》り候に付《つき》、反復御議論《はんぷくごぎろん》申上げ、数刻《すうこく》に及び候処《そうろうところ》、御了解《ごりょうかい》あらせられ

「大久保利通日記」慶応三年十二月一日

西郷と表裏一体となって維新を為し遂げたのが三歳年下の大久保利通《おおくぼとしみち》である。西郷と大久保は同じ「郷中」の加治屋町で生まれ育った幼馴染みでもある。大久保利通というと、権力至上主義の冷酷な才子のイメージが強いが、実際は薩摩武士らしい胆力ある人物だった。明治維新に向う時、西郷と大久保は分身の様に志を共にして薩摩藩を引っ張って行く。島津久光の側近となった大久保は藩論を固め、その間西郷が京都で他藩との折衝に当った。西郷が鹿児島に戻れば入れ代り大久保が京都に入った。二人の間には状況を報告し合う手紙が頻繁にやり取りされている。重大な事態の生じた時には二人共京都に詰めてそれぞれの役割を担った。見事な連携である。二人が頻繁に京都と鹿児島を行き来出来たのは薩摩藩が蒸気船を持っていたからである。慶応二年以降は、大久保も京都での政治工作に従事する事が多く

なる。大久保は幕府の老中を相手にしても、朝廷の関白や公家を相手にしても、全く臆《おく》する事もなく、持論を曲げずに相手を説得する迫力と意志の強さを備えていた。

慶応三年（一八六七）十月十五日、徳川慶喜《とくがわよしのぶ》は大政《たいせい》を奉還《ほうかん》する。その結果十三日に出された倒幕《とうばく》の密勅《みっちょく》は効力を失い、薩摩藩の工作はじり貧となって慶喜が政局の主導権を握る。そこで大久保は岩倉具視《いわくらともみ》と計り、十二月八日の「王政復古《おうせいふっこ》の大号令」による情勢逆転を計画した。だが、この間、同意したはずの公家達に動揺が走る。十二月一日の大久保日記には「中山《なかやま》卿《きょう》（忠能《ただたか》）の所に伺った。ご意見をお聞きした所、因循《いんじゅん》の論を立てられるので、反復して議論を申し上げ数刻に及んだ結果、漸《ようや》くご了解戴く事が出来た」とある。大久保の説得の力が公家達の動揺を抑え、王政復古まで持って行く。土佐藩の後藤象二郎は「大久保と議論を上下するときは、丸で巌石《がんせき》にでもぶつかるような心地がし」たと、大久保の信念の強固さを述べている（毛利敏彦『大久保利通』）。

明治維新後の話だが、東京遷都を実現する為に大久保が東京に先行した所、京都では公家達が反対運動を起し混乱が生じた。そこで大久保はすぐに京都に戻った。大久保が現われただけで、反対論は萎み、翌日には東京遷都が実行されたという。大久保の人物力、言論力を物語るエピソードである。

大久保は決して弁舌爽やかな方ではなかった。だが、信念に裏打ちされた言論は遂に国家を動かしたのである。

8．一筋の道を貫いて年を重ねてきた生き方は、青柳の細い枝葉が風に乱れない様に、か細くとも決して他に乱される事はない

一筋《ひとすじ》の道に年《とし》ふる青柳《あおやぎ》の糸は風にも乱れざりけり

薩摩藩士の妻・山田歌子

鹿児島のジャーナリストの日高旺《ひだかうまし》は、薩摩の女性の生き方を「勁節《けいせつ》」という言葉で表現している（『女たちの薩摩』）。それは、精神的にしなやかだが、少々の事では折れない内面的な勁《つよ》さをもった女性という意味である。

島津斉彬が藩主になる前に薩摩藩では内争があり、斉彬派が大量に弾圧される事件があった。その時首謀者の一人の山田清安は切腹に処せられ、妻の歌子は種子島に流された。歌子は和歌を良くし、歌子を迎えた種子島では歌壇の歌風が変ったという。種子島で生涯を終えた歌子のこの歌には「勁節」が良く表されている。

桜田門外の変に加わり、井伊大老の首級を挙げた薩摩藩士・有村次左衛門《ありむらじざえもん》の母・れんが次左衛門に宛てた手紙と和歌も有名である。れんは次左衛門に「江戸表が何かと難しくなり、

事に臨んでは一歩も引かないと申されたことは、良く解りました、嬉しく思います」と励まし、次の歌を詠んだ。

雄々しくも君に仕《つか》ふるもののふの母てふものはあはれなりけり

明治十年、西南戦争が勃発し、薩摩の男たちは西郷隆盛に従って多数が出陣し、その内の多くが戦場に倒れた。自分の夫や肉親の所在が解らない薩摩の女性達は、戦場まで歩いて探し回り、遺骨を故郷の地に連れ帰っている。その中でも種子島から熊本まで夫を捜しに赴いた武田ツルの話は壮絶である。夫・精一の戦死の報を伝え聞いたツルは、周囲の反対を押し切り、老父母と子供を実家に預け、生後六か月の四男を背に負って種子島を出発した。船に乗って鹿児島まで渡り、更に熊本郊外の戦場までは徒歩で向かった。長嶺《ながみね》の現場に到達したツルは、おびただしい遺骨を葬った穴を一つ一つ人夫を雇って掘り起して行った。唯一の手掛かりは夫が家を出る時に身に付けた木綿の綿入《わたい》れの柄《がら》であった。そして、遂に見つけ出し、遺骨を持ち帰ったのである。種子島に戻るまで三十七日の行程であった。ツルの歌が残されている。

打ちむれて蛙《かわず》鳴くさへ恨めしや君に離れし我身と思へば
ぬば玉の今宵も月は澄みぬれど露と消えにし君は帰らず
（『女たちの薩摩』）

この様な薩摩女性の情愛の深さと内面の強さが、薩摩武士の魂を育み、維新を主導する立派な人材を生み出したのだ。

1．私も大君の恵みを受けて、武士としての花を咲かせよう

梓弓春野《あずさゆみはるの》わけつゝ武士《もののふ》の花をさかせむ君のめぐみに

『佐久良東雄歌集』

幕末の志士の中で、自らの志と祖国・天皇に対する熱い思いを和歌に詠み込み、多くの人々の魂を揺り動かした第一人者は常陸国生まれの志士・佐久良東雄《さくらあずまお》だと私は思う。東雄は当時歌人としても高い評価を受けていた。私は、学生時代を福岡の地で過ごした事もあって、平野國臣《ひらのくにおみ》の和歌を愛唱していた。だが、『維新の歌』（田中卓編）を繙き、佐久良東雄の和歌の数々に出会って以来、すっかり東雄の和歌の虜になってしまった。古本屋で『佐久良東雄歌集』を買い求め、何度も拝誦し、筆ペンで毎日筆写していた時もあった。東雄の吐く一つ一つの言の葉が私の魂に共鳴を与えるのだ。

佐久良東雄は常陸国（茨城県浦須村）の豪家・飯島家の跡継《あとつぎ》として生れたが、九歳で出家して良哉《りょうさい》と称した。万葉法師と呼ばれた康哉《こうさい》の弟子となって国学を学び、水戸藩の志士とも

交わり、師の憂国の志を継いだ。天保十四年（一八四三）三十三歳にして、仏門にある事を悔い、鹿島神宮に詣でて潔斎《けっさい》祈願して還俗《げんぞく》した。その時に、自分の名前を佐久良靫負東雄《さくらゆきえあずまお》と改めた。佐久良は桜であり、日本精神の体現を名字に籠め、東国生れの男児と自負して東雄と名乗った。靫負は、弓矢を背負う武士の意味である。その後、江戸に出て、更に弘化二年（一八四五）には京都に上り、大坂に居を移して坐摩《いかすり》神社の神主となって国事に奔走した。

この歌は、故郷を離れ江戸に出る時に詠んだものだが、「武士の花を咲かせむ」との強い決意に漲っている。七首の歌が残っており、東雄の強い決意がうかがわれる。

思ひなく筑波の峰にさく花を見捨てゝいまは旅に立つなり
梓弓春野わけつゝ武士《もののふ》の花をさかせむ君のめぐみに
身に受けし君が恵みと国のため惜《おし》まずに散るこのさくら花
こゝろあるひともあらむをすべなきはこのよのなかのさまにぞありける
ふたゆかぬあたらこの世をいかにせばいたづらならず過ぎ果たすべき
おきふしもねてもさめても思ひなば立てしこゝろのとほらざらめや
現身《うつそみ》の人なるわれやとりけもの草木とともにくちはつべしや

後ろの三首には、自らの生死をみつめる確固たるまなざしが表されている。幼き頃に仏門に入り、世の無常を観じる中で自分の人生を考えて来たのだった。たった一度の人生を決して無駄には終わらせたくないという東雄の生死一番の決断が、江戸への旅立だった。

2. 大和魂を磨きに磨いて光を発するような人間になるのだ

皇祖《すめろぎ》のさづけ置かれし日本魂《やまとだま》磨けやみがけひかり出《い》づるまで

『佐久良東雄歌集』

東雄は鹿島神宮に詣で、潔斎して絶食し、皇国復興を七日七夜祈願した。

みそぎして汝《な》がねぎごとは大神のうけつとしかのなくぞうれしき

「祈《ね》ぎ事」とは「祈願したことがら」である。祈願最後の夜に、鹿島の神の化身である鹿が鳴き、東雄は祈願成就の確信を抱いたのだった。

三十三歳の東雄をしてかかる行動に踏み切らせたのは、祖国日本に生れた喜びと幸せを魂の底から実感していたからに他ならなかった。

たぐひなき神の御国《みくに》にうまれいでしかひあるひととなるよしもがな

東雄は日本を「類ない神の国」だと表現し、その様な国に生れた以上、生を享《う》けた幸せに応え得る、生き甲斐の有る人生を送るべきだと言っている。東雄の長歌に次の歌がある。

わが君にまさるきみなし、わが祖《おや》にまさる祖《おや》なし、わが君は今の現《うつつ》に、天照す日の大御《おおみ》神《かみ》の珍《うづ》の御子《みこ》、わが祖《おや》は日の若宮におはします、神伊弉諾《かむいざなぎ》の大御神、わが君に勝る君なし、わが祖《おや》に勝る祖《おや》なし、尊き此の身、嬉しき吾が身

「日本人が中心と仰ぐわが大君・天皇様は天照大御神の珍の（貴く立派な）御子孫であり、吾々日本人の祖先はイザナギの命である。わが君である天皇様に勝る主君は無い、そしてわが祖先に勝る先祖も無い。その事を思えば何と自分の身が尊く思われる事であろうか。わが身が何と嬉しい事であろうか。」の意味である。この長歌を、心静かに声に出してゆっくり心を込めて拝誦すると、日本人に生れた喜びが心底から湧き起こってきて涙が溢れて来る。その実感を東雄は、しかと持っていた。

東雄は、日本人として生れた者は、総《すべ》てが天照大御神の授けられた日本魂《やまとだま》（大和魂）を持っているのだ。それを眠らせてしまって良いのか。自分の中にある大和魂を磨き出して、大君の為、日本の為に役に立つ人生を送るべきだと考えたのである。「磨けやみがけ」と重ねて自己練磨の必要性を述べている。

東雄にとっては、全てが自分の目指す日本一の忠臣への道標と感じ取っていた。勿論、日本一の富士山を仰いで心境を詠んだ歌も残っている。

富士の嶺《ね》の高く貴くみやびなる心を持ちて人はあらなむ

ふじの嶺《ね》の高き心を常に持たばふもとの塵《ちり》にけがれざるべき

3. 鍛錬の全てが天皇様に忠義を尽くす為であると思って精魂を傾けよ

かりそめに木太刀《きだち》とるとも大皇《おおきみ》のおほみためにとおもへ大丈夫《ますらお》

『佐久良東雄歌集』

私は学生時代、早朝に下宿の前の路上で、鍛錬用の大きな木刀である八角棒《はっかくぼう》の素振りをしていた。上半身裸で素振りに励む姿を見て、下宿屋の老夫婦が「多久さんは元気がいい」と微笑まれていた。八角棒の表面にはマジックで「力なき正義は無能なり！」「破邪顕正」「剣魂歌心」「尊皇討奸」と記していた。更には、この「かりそめに木太刀とるとも大皇のおほみためにとおもへ大丈夫」を知り、毎朝の素振りはこの精神でやるべきだと強く思った。

東雄は生活の全てを、忠臣として生きる為の、自己鍛錬の場だと覚悟していた。武の修練と共に、文の修練としての書道についても次の様に詠っている。

皇《きみ》がため記さむ文《ふみ》を美しく書かむと思ひて手習《てなら》ひもせよ

文字の一つも美しく書けずして、何の忠義かと、現代人の悪筆に東雄の怒りの声が聞こえて来る様な歌である。

東雄の真骨頂は、この生真面目さ、思いの強さに表れている。それは次の歌々に直截に詠まれている。

いかにして国にいさをたてましとねてもさめてもおもへますらを

ますらをの東《あずま》をのこの一筋におもふこゝろは神ぞ知るらむ

かくまでにおもひつめたる武士《もののふ》の心はなどかとほらざるべき

「寝ても覚めても思え」「一筋に思う」「かく迄に思い詰めたる」全てが、東雄の求道心から発せられた真剣な思いのたけに他ならない。幕末の志士達に体現されていて、現代の私達に失われているのはこの「一途さ」なのではないだろうか。ある時『太平記』の「天皇、笠置《かさぎの》山《やま》落ちさせ給ふ」の段を読んでいた東雄は、自分がその場にいたならこんなみじめな事には決してしなかったのに、と歯噛みして悔しがった。その時に詠んだ歌。

わがあらばかくはあらじとちりひぢ（塵泥）のかずにもあらぬみをばわすれて

「私がいたならばそうはさせなかった」との強い思いを持ち得るかどうかが「心の熱さ」の証明となる。東雄は書物を繙きながらその心を練って行った。それが、志士達の学問だった。自分の人生を雄々しく導いていく術を志士達は身に付けていた。

一方現代の吾々にはその切実さが欠落している。身体を鍛え、技能を磨くに当っても、東雄の如き一途さと迫力とを是非身につけたい。

維新の歌 ―― (1)佐久良東雄

4．天皇陛下に、一心に仕え奉ろうと赤き心を固めている友こそが、魂の惹かれ合う真の友である

死に変《かは》り生《いき》かはりつゝ、現神《あきつかみ》吾《わ》が大王《おおきみ》に、無比赤心《たぐいなきあかきこころ》を、一筋《ひとすじ》に仕へ奉《まつ》らむと、かためたる友は我が友、東雄がうるはしき友、魂合《たまあ》へる友

『佐久良東雄歌集』

東雄の歌の中に「魂合《たまあ》へる友」という言葉が出て来る。魂が一つになるような心から惹《ひ》かれ合う友という意味である。物質的な欲望の世界だけで生きている人間には真の友人は生まれない。物質は有限であり、ゼロサムの世界となる。一方、精神的な価値の世界で生きている者の間には共感と共鳴とが生まれて魅《ひ》かれ合う様になる。精神的な高みで繋がる人間関係は長続きする。それは上司と部下においてもそうだし、夫婦でもそうである。芸能人の中には結婚離婚を繰り返す者が多いが、幾ら美貌・多才の持ち主であってもそれでは、欲望のままに生きている動物と何ら変わりは無い。

維新の志士達は、高い志を貫く為にも真の「同志」を求め、生死を共にする事を誓った。東雄の歌には「友」を詠んだ歌が数多くある。

友といへば茶のみ酒のむ友はあれど神習ふ友ぞまことわが友
　思ふどちこゝろの花をさかせつゝ春をつねなる宿ぞ楽しき
志を共にする者同士の集いの愉快さを東雄は「心の花」が咲き薫る春の様であると表現している。東雄の長歌に「忠臣集会飲酒の歌」というのがあり、楠木正成公が亡くなった五月二十五日に尊皇心の篤い同志達が集まり、高殿に登って清らかな月の下で酒を酌み交わした喜びを歌に詠んでいる。東雄は書簡に「今日ハ楠公打死ノ日、嗚呼《ああ》。平生申ス如ク拙ガ志ハコレニ候。御深察相願。是ハ忠臣集会飲酒ノウタニ候」と記して次の歌を紹介している。

　忠臣集会飲酒歌
剣太刀《つるぎたち》磨《と》ぎしこゝろを、死に変り生きかはりつゝ、天皇《すめらぎ》に仕へまつると、かためたる大《ま》丈夫《すらお》のとも、山河《やまかわ》の清くさやけき、高殿《たかどの》にいより集ひて、天《あま》の原わたらふ月の、鏡なす清き月夜に、飲むがうれしさ

その一方、次の様な歌がある。
　しにびとに似たる男《お》の子にむかひをればあさのあひだもねぶたくぞある
「何ら心が躍動していない、目の輝きの失われた者と対面しておれば、爽やかな朝でも眠気を催す」と。
　東雄の心は常に活き活きと働き、元気が張っていた。そのピンと張った心の琴線によって様々な歌が奏《かな》でられたのである。

維新の歌 ―― (1)佐久良東雄

5. 天皇様が物思いに沈まれている今年の春は、桜の花までも涙ぐんでいる

大皇《おおきみ》の物《もの》を御念《おもほす》この春はさくらの花も泪《なみだ》ぐみてあり

『佐久良東雄歌集』

維新の志士達の天皇様への熱い思いを「恋闕《れんけつ》」という言葉で表現する。「闕」とは「御所の門」の事である。天皇様を直接表現せずに、皇居の門を恋い慕う事で天皇様への熱い忠誠の思いを間接的に表現したのである。志士達はわが国の古典を繙き、国学を学ぶ中で、天皇を中心に戴くわが国の「国体（国がら）」に対する確信を深めて行った。現代の日本では、公教育で皇室を戴く有難さに付いて殆ど教えないが、被災地を視察される天皇皇后両陛下の慈愛溢れるお姿を拝見したり、両陛下の御言葉や御製を知れば、その有難さに自ずから気が付く。

佐久良東雄は、恋闕の思いを大和言葉で高らかに歌いあげた。還俗して江戸へ出た東雄は更に弘化二年（一八四五）九月、天皇おわします京都を恋い焦がれて、京を目ざして旅立った。

ここもまたみやこへのぼる旅なれば一日一夜《ひとひひとよ》もこゝろゆるすな

一歩《ひとあゆ》み歩めば歩む度ごとに京《みさと》へ近くなるがうれしさ

京都に近づく一歩一歩、一日一夜の緊張と悦びがあふれ出て歌となっている。だが、京都で真近に拝した御所の姿は、垣が壊れ修繕さえままならぬ様な朝廷の衰微の様を表していた。東雄は涙ながらに朝廷の復興を己が任とする事を誓ったのである。

天地《あめつち》のいかなる神をいのらばかわが大君《おおきみ》のみよはさかえむ

幾千度《いくちたび》命《いのち》死ぬとも大皇《おおきみ》の大御《おおみ》ためにはをしからなくに

東雄は、日々祈り、自らを磨きつつ国事に奔走する。親の事を思う時にも、我が親は天皇様に仕え奉れと祈念を込めて私を生んでくれたのだと深い感慨を抱いた。

天皇《すめろぎ》につかへまつれとわれを生みし吾《わ》がたらちねぞたふとかりける

天皇様の為に生きる事は、尊くかつ嬉しい事ではあるが、様々な困難に直面しそれを乗り越えて行く時に生じるであろう悲しみも背負って行かねばならない。

君がため朝しもふみてゆく道はたふとくうれしく悲しくありけり

東雄は、自らを桜の花に比えて心境を詠《たぐ》った。

大皇《おおきみ》の物《もの》を御念《おもほす》この春はさくらの花も泪《なみだ》ぐみてあり

日々天皇様に思いを寄せる東雄は、そのお苦しみを敏感に感じ取って涙した。それを「さくらの花も泪ぐみてあり」と表現した。東雄の恋闕の心が、大皇の御憂いと春の桜の泪という美しくも切ない絶唱を生み出したのである。

6．武士は天皇様をお守り申し上げる為に大太刀・小太刀を腰に差しているのだ

何の爲《ため》に、二本さし候ふやと申せば、天子を守り奉る爲めにさす也。弓矢も同じ事也。

「佐久良東雄遺書」

茨城出身の佐久良東雄は水戸藩士と深い交友を結んでいた。時代は、安政の大獄、その反動として井伊《いい》大老暗殺（桜田門外の変）へと動いて行った。それには水戸藩が強く関わっていた。計画の首謀者として幕府に追われていた水戸藩士・高橋多一郎等は、上方の東雄に庇護を求め、東雄も協力した。その事で東雄は逮捕拘禁され、江戸に護送された。東雄は自分で食を断ち、万延元年（一八六〇）六月二十七日伝馬町の獄にて憤死した。享年五十歳である。

亡くなる三か月程前に東雄は、一子石雄《いわお》（巖）宛に遺書を書き残した。東雄は、先祖から受け継いだ恩と日本に生まれた喜びを語り、天皇様に忠義を尽くす事の素晴らしさを諄々《じゅんじゅん》と説き、更に「天皇様に一大事という時には一命を捨ててでも報いなければならない。そうしなければ私の子孫ではない。忠義に生きるなら父が天界から助けて大功を遂げさせせよう。も

し逆臣《ぎゃくしん》の手助けをするようだったら、たちまち取り殺すであろう」と訓戒している。その上で「学者や詩人や歌人になろうなどと思う事は愚かな心であって、唯々唯々楠木正成公の様な忠臣になって天皇様にお仕えする、その事だけを思え。思って日々修行せよ」と述べ、次の二首を記している。

人丸《ひとまろ》や赤人《あかひと》の如《ごと》いはるとも詠歌者《うたよみ》の名はとらじとぞおもふ

一筋《ひとすじ》に君に仕へて永世《ながきよ》の人の鑑《かがみ》と人は成るべし

更に、自分が書き残した様々な短歌や長歌を参考とする様に諭した後に、ここで紹介した文章を含む武士論が展開されている。武士が刀を差し、弓矢を持つのは天皇様をお守りし忠義を尽くす為に許されているのである。その根本を忘れたなら武士とは言わないのだ、と。

最後に東雄は、「何時までも生きると思うのは大愚人である。私は無禄の身で残すものは何もない。この言葉のみを残す。この言葉さえ心得たならば、生まれてきた甲斐を感じるであろう。よくよく味わい、感じて欲しい」と訴えている。

志士には四つの「し」（志・師・詩・死）があった、と言われるが、「詩」は「志」であり、「歌」は「訴え」である。師の志を受け継ぎ、生死観に裏打ちされ、熱い思いを直截に歌い込んだ東雄の和歌はその代表的なものであり、その壮絶なる生き方・武士道が表現されている。

江戸時代の武士道は、維新の志士達に見事に結実し、彼らの武士道の実践が、わが国を甦らせ時代の危機を救った。天皇様に一筋に忠義を尽くす、そこに幕末武士道の精華があった。

1．夜に輝く星の光よ、私の道だけは照らし導いて欲しい

闇夜《やみよ》行く星の光よおのれだにせめては照らせ武士之道《もののふのみち》

伴林光平『南山踏雲録』

佐久良東雄と同じ様に、僧侶から還俗して国事に奔走した人物に、河内国出身の伴林光平《ともばやしみつひら》がいる。光平は仏典を講究すると共に、儒学や国学・和歌を学び、国学では伴信友《ばんのぶとも》の門に入った。尊皇の大義を説くと共に、御陵《ごりょう》の調査に従事した。文久元年（一八六一）、時勢が切迫するや、「本是《もとこ》れ神州清潔《しんしゅうせいけつ》の民《たみ》、謬《あやま》つて佛徒となり同塵《どうじん》を説く、如今佛《じょこんほとけ》を捨つ、佛恨むをやめよ、本是れ神州清潔の民」と詠じて寺を去り法隆寺村に移り住み、国事に奔走した。

文久三年（一八六三）八月、大和行幸《ぎょうこう》に応じて倒幕の軍を挙げようと、天誅組《てんちゅうぐみ》の志士達が中山忠光《なかやまただみつ》卿を首領に大和五條《ごじょう》で挙兵する。光平もすぐに駆けつけ、記録方軍議衆として各地に転戦する。だが、八・一八政変により大和行幸は中止となり、情勢が逆転して天誅組は征討を受けて敗北する。九月二十五日、光平は生駒《いこま》山中で捕えられ、奈良の獄に入れられる。

やがて京都の六角獄に移されるが、奈良を去るに当たり、獄吏《ごくり》等を集めて古典を講じた。六角の獄にあっても国典を講じた。光平は学問の素養が深く、信念溢れる人物だった。文久四年（元治元年）二月十六日、光平は同志と共に獄で斬られた。五十二年の生涯だった。

光平は数多くの和歌を詠み、歌論も残している。『南山踏雲録《なんざんとううんろく》』は天誅組の義挙に駆けつけ奈良の獄に入れられる迄の事を奈良の獄中で記したものである。戦いの中で詠まれた歌は「悲壮壮絶かつ率直真摯」な佳作が多い（土橋眞吉『伴林光平』）。

　闇夜行く星の光よおのれだにせめては照らせ武士之道《もののふのみち》

捕縛され暗闇の中を護送される時の即吟だが、自分の「道」＝生き方への確信が無ければこの様な歌は詠めない。

　我が霊《たま》はなほ世にしげる御陵《みささぎ》の小笹《おざさ》の上におかむとぞおもふ

南山の陣中であの世の事を尋ねられた事への返しの歌である。光平の尊皇の信念が迸《ほとばし》る絶唱である。

　大丈夫《ますらお》の世を嘆きつる男建《おたけび》にたぐふか今も峰の木枯《こがらし》

吹き荒ぶ峰の木枯らしに、自らの憂国の思いを重ねた深く雄々しくも悲しい歌である。

　身を棄てゝ千代はいのらぬ大丈夫《ますらお》もさすがに菊はをりかざしつつ

九月九日重陽の節句、銀峰山で彦根藩の兵に立ち向かう時、光平は谷陰の菊を折り取ってかざして出陣した。勇ましさの中にも風雅の情を忘れぬ文武兼備の人物だった。

2. 一旦立てた志は七度生まれ変わっても決して揺らぐ事はない

もの丶ふの思ひこめにし一筋《ひとすぢ》は七代《ななよ》かゆともよし撓《たわ》むまじ

平野國臣辞世『平野國臣伝記及遺稿』「旭櫻遺芳」

平野國臣《ひらのくにおみ》は福岡（筑前）藩の足軽の家に生れたが、幼時より聡明で、儒学や国学を学び、和歌や書も勝れ、武家の故実にも詳しく、武術にも優れていた。父や兄は藩の神道夢想流《しんとうむそうりゅう》杖術《じょうじゅつ》師範を務めていた。二十六歳の時、國臣は京に上り、皇居を拝して感激している。だが、福岡藩の藩政は中央情勢に左右され、幕府の威力が強まると勤皇派に対する弾圧が行われたりもする。安政五年（一八五八）、國臣は意を決して脱藩、上京して勤皇の志士達と交わる。安政の大獄に際しては僧月照を守り、西郷隆盛を頼って薩摩へと赴く。その後も、肥後・筑後・佐賀などを巡り尊皇の大義を説き、同志を糾合して行く。天草に潜居していた時に『尊攘英断録《そんじょうえいだんろく》』を著し、天下に先駆けて倒幕論を主張した。

國臣は、「天下を動かす為には、雄藩の薩摩藩を動かす必要がある」と考え、薩摩に三度も入って建白を試みるが成功しなかった。その時の胸の内の憤懣を詠んだ歌が次の歌である。

我胸《わがむね》のもゆる思《おもい》にくらぶれば煙はうすし桜島山

國臣は久留米《くるめ》藩の真木《まき》和泉守《いずみのかみ》と心交を結び、真木も遂に脱藩して国事に奔走する。真木は國臣の事を「禁闕《きんけつ》を慕ふ事第一等の人也」（『真木和泉守遺文』）と評している。福岡の獄に一年間繋がれた後、文久三年（一八六三）三月に朝廷の意向で解放され上京する。大和行幸の供奉員に列せられるが、政変で挫折、大和五条の天誅組に呼応して生野《いくの》で挙兵するが、敗北して捕われ京都六角獄に入れられる。翌年、禁門の変の際に獄中で斬られた。享年三十七歳だった。筆硯《ひっけん》が許されない獄中でも國臣は紙こよりの文字で文章や和歌を綴り続けた。國臣は多数の歌を残し、それらの歌には國臣の恋闕《れんけつ》心が溢れ出ている。

君がよの安けかりせばかねてより身は花守《はなもり》となりけんものを　（「囹圄消光」）

平和で穏やかな時代なら、花を愛で花を守って生きたいと、適《かな》わぬ願いを謳《うた》った。

なげきつゝ今年もくれぬ御心《みこころ》のやすけき春をいつかむかへむ

孝明天皇の御憂念を自らの憂慮として、勤皇に生きたのだった。

菰《こも》きても網代《あじろ》にねても大丈夫《ますらお》の日本魂《やまとだましい》なに穢《けが》るべき

獄に入れられても決して穢《けが》される事の無い大丈夫の信念だった。辞世は次の二首の歌である。

みよや人嵐の庭のもみぢ葉はいづれ一葉《ひとは》も散らずやはある

もの丶ふの思ひこめにし一筋は七代《ななよ》かゆともよし撓《たわ》むまじ

3．一筋の道を貫く生き方をすれば、女性でも決して男性に劣る事はない

一すぢの道を守らばたをやめもますらをのこに劣《おと》りやはする

『維新の歌』

福岡の地で維新の志士達を手厚く保護し、励まし続けた女性がいた。野村望東尼《のむらぼうとうに》である。望東尼の住む平尾山荘には多くの志士が訪れた。安政の大獄で九州に渡った月照もここに匿われた後に薩摩へ向かった。平野國臣は幾度も訪れ、望東尼は國臣に期待した。高杉晋作は功山寺義挙の前にこの山荘で潜伏していた。福岡藩が望東尼を姫島に流した際には、晋作が救い出して長州で保護した。肺結核で病床に伏した高杉を、望東尼は幾度も見舞っている。

野村望東尼は文化三年（一八〇六）生れ、二川相近に国学・歌道を学んだ。後に夫と共に大隈言道《おおくまことみち》の門に入った。安政六年（一八五九）、五十四歳で夫と死別し剃髪《ていはつ》して向陵院招月《こうりょういんしょうげつ》望東尼《ぼうとうに》と称した。昭和十一年に編纂された『愛国百人一首』には望東尼の歌も選ばれている。

もののふのやまと心をより合せただひとすぢの大綱にせよ

望東尼は長州と薩摩との連携を強く願っていた。『維新の歌』の解説によれば、慶応元年五月二十七日の望東尼の手紙に「皇國の御危きさま、まことにまことに風の前の燈火のごとく、畏《かしこ》くも伺ひ奉るこそ、骨身も砕くばかりになむ。……せめて九州なりとも、正義にかたまり、長州を救ひ、皇國の御為を盡《つく》（尽）すやうにならばとのみ、神かけて祈り侍るばかりになむ。」と記され、九州の正義の志士達が一致結束して長州を助けて国を興して行く事を願っている。望東尼を訪れた志士達の素晴らしい大和心を今こそ縒《よ》り合わせて国を動かす大きな綱にすべきではないのか、との深い願いが込められた歌である。

仏神に祈り続ける望東尼の歌には勤皇に生き抜いた女性の深い願いが込められている。次の歌は姫島に流されていた時の歌である。

わが為に祈るにはあらず神ほとけ御代のみ為の人の為なり　（「夢かぞへ」）

安政二年十月二日、江戸で大地震が起った。それを伝え聞いた望東尼は「大地震七度ばかりゆりければ」と題して次の歌を詠んでいる。更に十月十七日には、一度一歌のお百度参りをし、百首の歌を詠み祈願している（『夢かぞへ』掲載「野村望東尼略年譜」）。

天地《あめつち》の神の心やさわぐらむ秋津《あきつ》しまねの道のみだれに

ある時、「若き女のいましめになる歌を」と人に乞われて望東尼が詠んだ歌がここに紹介している歌である。志士達に母の如く慕われた勤皇歌人野村望東尼の面目躍如たる歌である。

一すぢの道を守らばたをやめもますらをのこに劣《おと》りやはする

4. 天皇をお守りする事はこの様なものであると、真っ先掛けて進み行け

大皇《おおきみ》の醜《しこ》の御楯《みたて》といふ物は如此《かか》る物ぞと進め真前《まさき》に

橘曙覧『志濃夫廼舎歌集補遺』「福壽艸」

明治時代、短歌革新を主導した正岡子規《まさおかしき》が絶賛した幕末の歌人に橘曙覧《たちばなあけみ》がいる。曙覧は越前福井藩の紙商人の家に生れたが、仏典や国学・和歌を学び、特に万葉調を好んだ。三十三歳で本居宣長《もとおりのりなが》の弟子である田中大秀《たなかおおひで》を飛騨高山に訪ねて入門した。弘化三年（一八四六）家業を異母弟に譲って学問に専念し、子弟を教えた。安政の大獄で藩主松平《まつだいら》春嶽《しゅんがく》が幽閉された際、依頼により万葉集から三十六首を選んで春嶽に贈った。春嶽は曙覧を師と仰ぎ、元治二年（一八六五）には曙覧の家を訪れ、その清貧な中で高雅な心境を持している様に「顔赤らむ心地」がしたと『春岳自記』に記している（正岡子規「曙覧の歌」）。

曙覧の歌は岩波文庫に『橘曙覧全歌集』として千二百五十八首が収められている。その中で有名なのが「独楽吟《どくらくぎん》」五十二首である。全ての歌が「たのしみは」から始まり、日常の生

活の喜びを歌い上げている。曙覧に学び松平春嶽公も「たのしめる歌」五十首を「たぶれ歌（狂歌）」として詠んでいる（福井市『全訳註　独楽吟』）。

「独楽吟」の中にも曙覧の「雄心」を感じさせる歌がある。

　たのしみは戎夷《えびす》よろこぶ世の中に皇國《みくに》忘れぬ人を見るとき（志濃夫廼舎《しのぶのや》歌集「春明艸」）

外国崇拝の時代風潮の中で、日本の尊さを忘れない立派な武士を曙覧は望んだ。

「赤心報国」と題する七首の中の二首の歌には、曙覧の憂国の思いが迸り出ている。

　真荒男《ますらお》が朝廷《みかど》思ひの忠実心《まめごころ》眼を血に染《そめ》て焼刃《やいば》見澄《みすま》す

　國汚す奴《やっこ》あらばと太刀抜《ぬき》て仇《あだ》にもあらぬ壁に物いふ（志濃夫廼舎歌集「君来艸」）

「贈正三位正成公」と題する歌。曙覧は、建武の中興の忠臣楠木正成公とその一族が南朝に忠義を尽くした事を思い、自己の家風もかくあるべしと願った。

　一日《ひとひ》生《い》きば一日《ひとひ》こゝろを大皇《おおきみ》の御《み》ために尽《つく》す吾家《わがいえ》のかぜ（志濃夫廼舎歌集「襁褓艸」）

慶応四年、門下生達が戊辰戦争に従軍すべく、越後に出兵し会津征討に赴く際、曙覧は一人一人に餞《はなむけ》の歌を贈った。その中の小木捨九郎に贈った歌。

　大皇《おおきみ》の醜《しこ》の御楯《みたて》といふ物は如此《かか》る物ぞと進め真前《まさき》に（志濃夫廼舎歌集補遺「福壽艸」）

万葉集の防人《さきもり》の歌「今日よりは返り見なくて大君《おおきみ》の醜《しこ》の御楯《みたて》と出《い》で立つ我れは」を受けて曙覧はこの歌を詠んで激励したのだった。尚、この曙覧の歌は、時が過ぎて大東亜戦争の時代に、人間魚雷回天《かいてん》を開発した黒木博司海軍大尉が共感し自分の信条を重ねた歌となる。

【コラム②】会津の少年（山川健次郎）を助け育てた長州・薩摩の寛容

明治元年九月に会津が落城し、会津藩士達は猪苗代《いなわしろ》に幽閉《ゆうへい》されていた。その時、新潟に居た官軍参謀・長州藩士の奥平謙輔《おくだいらけんすけ》は、旧知の会津藩重臣の秋月悌次郎《あきづきていじろう》に長文の手紙を送り、その奮闘を讃え、力になる事を申し出た。秋月は、会津の将来を託すべく二人の優秀な少年を密かに脱出させて奥平に預けた。それが山川健次郎と小川伝八郎だった。少年達は越後の遠藤家にて和漢の古典を繙いた。翌年奥平は越後府権判事として佐渡に赴き、少年達を同行した。だが、その事が憚《はばか》られる様になった為、山川達は東京に出て土佐藩邸兵士教授方の沼間守一塾に学ぶ。明治四年に会津藩が斗南《となみ》藩として再興された後、薩摩藩出身の開拓使次官の黒田清隆《くろだきよたか》は、開拓使役人養成の為に国費で米国に留学生を派遣する事とし、薩摩・長州からそれぞれ四〜五人と寒国の青年として戊辰《ぼしん》戦役で勇敢に戦った会津と荘内からも一人ずつ選抜した。会津から選ばれたのが山川だった。山川は太平洋を渡った時理学研究の志を立て、日本人の全く居ないノールウィッチの中学校で語学を身に付け、エール大学・シェフィールド理学校に進学、三年間の苦学の末、日本人初の理学士の学位を得た。帰国後山川は東京大学で教鞭《きょうべん》を執り日本人初の理学博士となる。山川は奥平への恩を終生忘れず、大正七年に九州下向の途次萩に寄り墓前祭を斎行した。山川の尽力で会津藩は名誉を回復するが、その山川が明治を代表する教育者になる道筋を助けたのが、長州の奥平や薩摩の黒田だった。戊辰戦争の敗者に対しても明治日本は再起の道を与えた。武士道が貫かれていた。

第三章　明治の武士道

①山岡鉄舟

②水師営の会見（中央左が乃木希典大将）

③新渡戸稲造

④河原操子

1．軍人精神の根本は誠心

之を行はんには一《ひとつ》の誠心《まごころ》こそ大切なれ。抑此《そもそもこの》五ヶ条は我《わが》軍人の精神にして一《ひとつ》の誠心《まごころ》は又五ヶ条の精神なり。

「軍人勅諭」

フランス革命から始まった国民国家は、それ迄の傭兵制度から国民全てを対象とする徴兵制度を生み出した。国民は国家から様々な保護を享受すると共に、国家を守る権利と義務とが与えられたのである。自分達の国家を守る為に編成された国民軍が世界モデルとなった。

近代国家を目指した明治国家も、当然国民皆兵《こくみんかいへい》を取り入れて軍隊を組織した。それ迄武士だけに許されていた「武装」が、軍隊に入った国民全てに許される事となったのである。徴兵制度が公布されたのは明治六年（一八七三）一月、その後、明治十年には西南戦争が勃発、旧武士を中心とする薩摩軍に対し、徴兵による政府軍は、薩摩武士の不屈の闘志と団結による武勇に苦戦したが、兵器の新鋭と補給の豊富さ、組織力で勝り、勝利する事が出来た。

西南戦争の教訓は、徴兵された兵隊を如何にして精強な部隊へと育てて行くのかという課題を残した。明治十一年八月には、近衛砲兵大隊の兵二百名が暴動を起こす竹橋事件が起こった。帝国陸軍は普仏戦争に圧勝したプロシアを手本に制度を確立して行く。軍人は、組織上・精神的にも天皇に直属し、大元帥である天皇の統帥下、一糸乱れぬ鉄石の軍として外敵に対する事が求められた。その体制に血を通わせる為に、天皇は明治十五年（一八八二）一月四日に「陸海軍軍人に賜《たまわ》りたる勅諭《ちょくゆ》（軍人勅諭《ぐんじんちょくゆ》）」を示された。

それは、わが国固有の武士道精神を明治の近代軍隊の支柱としたものであった。

軍人勅諭で天皇は、軍人に五つの徳目を求められている。それは

一　軍人は忠節を尽すを本分とすべし。

一　軍人は礼儀を正《ただし》くすべし。

一　軍人は武勇を尚《とうと》ぶべし。

一　軍人は信義を重んずべし。

一　軍人は質素を旨とすべし。

の五箇条で、それぞれに丁寧な説明の言葉が副えられている。その上で天皇は、これらは全て「誠心《まごころ》」に帰一する事を仰せられている。そして、軍人がこの教えに従って道を守り行い、国に報いる務めを果たすならば、日本国の蒼生《そうせい》（国民）全てが悦ぶであろう、私だけの喜びではない、と勅諭を結ばれている。日本軍の精強さは、様々な戦史に詳しい。それは将兵の中に、この勅諭の武士道精神が涵養《かんよう》されていたからに他ならない。

2．わが国を汚すものは決して許さず

四百余洲《しひゃくよしゅう》を挙《こぞ》る　十万余騎《じゅうまんよき》の敵　国難ここに見る　弘安《こうあん》四年夏の頃　なんぞ怖《おそ》れんわれに　鎌倉男子《だんじ》あり　正義武断《ぶだん》の名　一喝《いっかつ》して世に示す

「元寇」明治二十五年

明治武士道の精神が良く表されているのは、明治時代に作られ、その後の日本人に愛唱された「軍歌《いくさうた》」の歌詞である。

明治二十七年に始まった日清戦争当時、清国は「眠れる獅子」と恐れられ、その経済力によって、欧米から巨大戦艦を購入するなど、わが国の国力とは比較にならない巨大国家だった。それでも明治の日本人は、未来への道を切り拓く為に戦いを決意した。

その時、国民は鎌倉時代の対シナ戦「元寇《げんこう》」の故事を想起し、先人達の心意気に負けない必死の覚悟を定めた。その国民の心意気が結実したのが、明治二十五年に永井建子《ながいけんし》によって作詩・作曲された愛唱歌「元寇」である。

一、四百余洲《しひゃくよしゅう》を挙《こぞ》る十万余騎《じゅうまんよき》の敵、国難ここに見る弘安四年《こうあんよねん》夏の頃、なんぞ怖《おそ》れんわれに

二、鎌倉男子《だんじ》あり、正義武断《ぶだん》の名一喝《いっかつ》して世に示す
多々良浜辺《たたらはまべ》の戎夷《えみし》そは何蒙古勢《もうこぜい》、傲慢無礼者《ごうまんぶれいもの》倶《とも》に天を戴《いただ》かず、いでや進みて忠義に鍛えし我が腕《かいな》、ここぞ国のため日本刀《にっぽんとう》を試《ため》し見ん

三、こころ筑紫《つくし》の海に浪《なみ》おし分《わけ》て往《ゆ》く、ますら猛夫《たけお》の身仇《みあだ》を討ち還らずば、死して護国の鬼と誓いし箱崎の、神ぞ知ろし召《め》す大和魂《やまとだま》いさぎよし

四、天は怒《いか》りて海は逆巻《さかま》く大浪《おおなみ》に、国に仇《あだ》をなす十余万の蒙古勢《もうこぜい》は、底の藻屑《もくず》と消えて残るは唯三人《ただみたり》、いつしか雲晴れて玄海灘《げんかいなだ》月清し

と、元寇当時の奮戦の様を懐古し、鎌倉武士の心意気を高らかに謳ったのである。

私が学んだ九州大学は元寇の古戦場に位置する事もあって、夕方になると大学の応援団が「元寇」の曲を良く吹奏していた。本当に力が漲《みなぎ》ってくる楽曲である。

元寇の時には、亀山上皇・後宇多《ごうだ》天皇を始め執権・北条時宗《ほうじょうときむね》、関白・近衛基平《このえもとひら》と、朝廷も幕府も心を一つにして国難に立ち向かった。特に文永の役《えき》から弘安の役までの七年間には、元寇防塁《ぼうるい》建設を始め水軍の集結・訓練など、次の来襲に備えて万全の対策を講じた。その結果、弘安の役では元・高麗軍を二か月間も博多に上陸させず、逆に海上に漂う敵船への攻撃まで行っている。その結果、元軍は台風の難に遭い潰滅する事態に追いやられたのだ。

現代でも中国は軍事大国として海軍力を増強し、南シナ海の軍事基地化、わが国の領土・尖閣《せんかく》諸島への公船による領海侵犯を繰り返している。「元寇」は過去の事では無いのだ。

3. 戦死する直前に発した一水兵の憂国の情

「まだ沈まずや、定遠《ていえん》は」此の言《こと》の葉《は》は短かきも、皇国《みくに》を思う国民《くにたみ》の、胸にぞ長くしるされん。

「勇敢なる水兵」の最後の歌詞

日清戦争は、清国（中国）の属国だった朝鮮を、宗主国《そうしゅこく》の勢力圏から独立させて、自主独立の国家として近代化に導き、アジア防衛のパートナーとする為に戦われた。朝鮮半島を巡る戦いである以上、戦いの場は大陸である。わが軍が大陸で勝利を収めるには、海路で兵隊や軍需物資を安全に輸送する為の日本海や黄海の制海権を確保しなければならなかった。

その制海権を巡り、明治二十七年（一八九四）九月十七日に黄海で、わが国の連合艦隊十二隻と清国北洋艦隊十四隻とが激突した。最強を誇る甲鉄艦《こうてつかん》の保有数は、日本一隻に対し、清国六隻だった。その中でも排水量七千三百三十五トンで東洋一を誇る甲鉄艦の定遠《ていえん》・鎮遠《ちんえん》は最大の脅威だった。連合艦隊は大口径砲の数では劣っていたが、艦隊の速力や中口径砲の数では勝り、練度の違いが勝利を招き、清国海軍の主力艦五隻を大破して勝利を収めた。

甲鉄艦同士の砲撃では、双方に多大な被害を生じたが、わが国の水兵達は勇敢に自分の任務を全うして戦い抜いた。連合艦隊の旗艦《きかん》松島に、定遠の三十センチ砲弾が命中して死傷者八十余名を出した。その時、三等水兵三浦虎次郎は瀕死の重傷を負いながらも、かたわらの副長向山少佐に敵艦の情勢を問うた。

その時の様子を聞き知った歌人の佐佐木信綱は、気品の高い十連の叙事詩にその模様をまとめて、明治二十八年「大捷軍歌《たいしょうぐんか》」に発表した（後に八連に改詞）。それが軍歌「勇敢なる水兵」である。三浦三等水兵が戦死の間際に発した「まだ沈まずや、定遠は」の言葉は、日清戦争に賭けた日本人の心意気を示すものであり、名も無き民の愛国心に日本中が泣いた。

一、煙も見えず雲もなく風も起こらず浪立たず、鏡のごとき黄海は曇りそめたり時の間に。
二、空に知られぬ雷《いかずち》か浪にきらめく稲妻か、煙は空を立ちこめて天《あま》つ日影《ひかげ》も色暗し。
三、戦い今かたけなわに務《つと》め尽せるますらおの、尊き血もて甲板はから紅《くれない》に飾られつ。
四、弾丸《たま》のくだけの飛び散りて数多《あまた》の傷を身に負えど、その玉の緒を勇気もて繋《つな》ぎ留《と》めたる水兵は。
五、間近く立てる副長を痛むまなこに見とめけん、彼は叫びぬ声高に「まだ沈まずや定遠《ていえん》は」。
六、副長の眼はうるおえりされども声は勇ましく、「心安かれ定遠は戦い難《がた》くなしはてぬ」。
七、聞きえし彼は嬉しげに最後の微笑《えみ》をもらしつつ「いかで仇《かたき》を討ちてよ」というほどもなく息絶えぬ。
八、「まだ沈まずや定遠は」此の言の葉は短かきも、皇国《みくに》を思う国民《くにたみ》の胸にぞ長くしるされん。

4. 敗北した敵将に示した伊東長官の礼と誠心

僕は世界に轟鳴《ごうめい》する日本武士の名誉心に誓い、閣下にむかいて暫《しばら》く我邦《わがくに》に遊び、もって他日、貴国中興《きこくちゅうこう》の運、真に閣下の勤労を要するの時節到来するを竢《ま》たれんことを願うや切なり。閣下、それ友人誠実の一言を聴納《ちょうのう》せよ。

連合艦隊司令長官伊東祐亨が清国北洋艦隊丁汝昌提督に送った降伏勧告

日清戦争の黄海海戦で敗北した清国北洋艦隊は、基地のある威海衛《いかいえい》に逃げ込んでいた。明治二十八年（一八九五）二月、わが国は海陸双方から威海衛を攻撃、海軍は史上初の水雷艇《すいらいてい》による夜襲を敢行し、清国艦隊を次々と沈めて行った。清国の軍営では水兵の叛乱《はんらん》が起こり、北洋艦隊の丁汝昌提督《ていじょしょうていとく》は窮地に陥っていた。

そこで連合艦隊司令長官伊東祐亨《いとうすけゆき》中将は、旧知でもあった北洋艦隊丁提督に、礼を尽して降伏を勧めた。伊東長官は丁提督に対し、囚われても後に軍功を立てた幾多の先例を示しながら、「世界に轟く日本武士の名誉心に誓って、閣下が降伏され、暫く日本に来られて、後に清国が再興し、再び閣下の勤労を必要とする時節が到来する時を待たれてはいかがでしょうか。閣下の友人の誠から発するこの言葉をお聞き容《い》れ下さい。」と切々と訴えた。だが、丁総督は伊東長官の至誠に深謝するも、申し出を拒んで服毒自殺し、北洋艦隊は降伏した。伊東は丁総督の棺が粗末なジャンク船で送られる事を聞き及び、運送船「康済丸」を捕獲せずに清国に提供して、丁の棺の運送に当てさせ、多数の日本軍艦で見送った。タイムス誌はこれを「丁汝昌提督は祖国よりも却《かえ》って敵によってその戦功を認められた」と報じた。伊東提督の示した武士道を世界が絶賛した。

「勝敗は時の運」との言葉があるが、明治の将軍達は、自分が勝利を収めても決して奢《おご》り高ぶる事はなかった。勝敗が逆転すれば自分が敵の虜《とりこ》となっていたかも知れないのである。それ故に、敗軍の将を思いやる誠心《まごころ》を有していた。武士道の世界では、礼儀が重んじられ、それは現代に続く武道でも守られている。

剣道では、試合に勝利して喜びの素ぶりでも見せようものならば、勝利は取り消される。相手を侮辱したことになるからであり、「残心《ざんしん》（勝負がついた後も決して緩めない張り詰めた精神）」を失った事とみなされるからである。試合を終えて、自座に戻るまでは淡々と礼を尽さねばならない。その自制の姿に武士道精神が残されている。その事が国際化した柔道や大相撲では守られていないのが残念である。

現代は言論や思想の戦いの時代である。その中にあって先人達から受け継いだ武士道精神を貫く、戦いの姿を求めねばならない。「礼節」と「信義」と「誠心」、それを失えば、いくら口先で日本の伝統・文化を大切にすると言っても、誰も信じてはくれないだろう。

5. 敗軍の将を辱めず、相互に讃え合う武士道の交わり

昨日の敵は今日の友　語る言葉もうちとけて
我は讃《たた》えつ彼の防備　彼は讃えつ我が武勇

唱歌「水師営の会見」明治三十九年

日清戦争直後、ロシア主導の三国干渉（恫喝）により、わが国は戦勝によって割譲を受けた遼東半島を放棄した。それから「臥薪嘗胆《がしんしょうたん》」十年、わが国は西欧の超大国ロシアによる極東への圧力を排除すべく、日露戦争を決意した。だが、その戦いは多くの犠牲を伴うものだった。日清戦争に比べ日露戦争での戦死者数は八万八四二九人と、六・五倍に激増している。

その中でも、旅順要塞を攻めた乃木大将率いる第三軍の戦いは壮絶であり、陥落まで五か月を要し、戦死傷者が六万人（戦死者一万五五〇〇人）近く生じた。

勝敗が決した後の明治三十八年（一九〇五）一月五日、旅順郊外にある水師営《すいしえい》の地で乃木将軍とロシアのステッセル将軍との会見が行われた。予め明治天皇は乃木将軍に「将官ステッセルが祖国のため尽した苦節を嘉《よみ》し給ひ、武士の名誉を保たしむべきこと」を伝えられてい

た。乃木大将は、ロシア側にも帯剣の軍正装を認め、ステッセル中将を手厚く待遇した。米国記者からの映画撮影要請を断り、会談後にお互いが交互に並ぶ形での写真一枚のみを許した。この写真からはいずれが勝者かは全く分からない（第三章中扉写真参照）。水師営の会見の模様は世界に伝えられ、日本武士道に対する称賛の声が湧き立った。

この模様が報道されるや国内でも感銘を呼び、その時の様子を文学者の佐佐木信綱が作詞し、それに岡野貞一が作曲して、明治三十九年六月に「水師営の会見」として発表された。歌詞には明治天皇の思し召し、両将軍の相手を思いやる言葉のやりとり、軍規を重んじる乃木大将の受け答え等が的確に表現されている。

一、旅順開城約成《りょじゅんかいじょうやくな》りて敵の将軍ステッセル、乃木大将と会見の所は何処水師営《いずこすいしえい》。
二、庭に一本棗《ひともとなつめ》の木《き》弾丸《だんがん》あとも著《いちじる》く、崩れ残れる民屋《みんおく》に今ぞ相見《あいみ》る二将軍。
三、乃木大将は厳《おごそ》かに御恵《みめぐ》み深き大君《おおきみ》の大みことのり伝うれば、彼かしこみて謝しまつる。
四、昨日《きのう》の敵は今日の友語る言葉もうちとけて、我は讃《たた》えつ彼の防備彼は讃えつ我が武勇。
五、かたち正して言い出《い》でぬ『この方面の戦闘に二子《にし》を失い給いつる閣下の心《こころ》如何《いか》にぞ』と。
六、『二人のわが子それぞれに死所《ししょ》を得たるを喜べり、これぞ武門《ぶもん》の面目《めんぼく》』と大将答え力あり。
七、両将昼餉《ひるげ》ともにしてなおも尽きせぬ物語、『我に愛する良馬《りょうば》あり今日の紀念《きねん》に献《けん》ずべし』。
八、『厚意謝《こういしゃ》するに余りあり、軍《ぐん》の掟《おきて》に従いて他日《たじつ》我が手に受領《じゅりょう》せば長く労《いたわ》り養わん』。
九、『さらば』と握手懇《あくしゅねんご》ろに別れて行くや右左《みぎひだり》、砲音絶《つつおとた》えし砲台に閃《ひらめ》き立てり日《ひ》の御旗《みはた》。

6.「敵兵救助」、海の武士道を示した上村将軍

恨みは深き敵なれど　捨てなば死せん彼らなり
英雄の腸《はらわた》ちぎれけん　「救助」と君は叫びけり

軍歌「上村将軍」明治三十八年

日本海の制海権が奪われれば大陸での戦いは行き詰る。ロシアは旅順とウラジオストックに艦隊を持っていた。乃木大将の旅順攻略は、旅順港に引きこもる旅順艦隊撃滅の為に、海軍から要請された戦いだった。一方、ウラジオストックに潜むロシア艦隊から制海権を守りその撃滅の任務を与えられたのが、上村彦之丞《かみむらひこのじょう》中将率いる第二艦隊だった。

しかし、日本海特有の濃霧やウラジオ艦隊の神出鬼没な行動に苦しめられ、わが国輸送船の被害が続出し、特に明治三十七年六月に常陸丸《ひたちまる》等三隻が撃沈されると、国民の批判は第二艦隊に向けられた。議会では野党から「濃霧濃霧と弁解しているが、濃霧は逆《さか》さに読むと無能なり、上村は無能である」と批判され、憤激した民衆は将軍の自宅に投石した。

漸く二か月後の八月、第二艦隊はウラジオ艦隊を蔚山沖《うるさんおき》で捕捉、その主力艦を撃滅した。

その際、沈没に瀕しながらも最後まで砲撃を続けていた巡洋艦リューリックの乗組員に対し、上村将軍は「敵ながら天晴《あっぱ》れな者である。生存者は全員救助し丁重に扱うように」と命令を下し、六二七名を救助した。その事が「海の武士道」として感動を呼び「上村将軍」の歌が生まれた。

江田島にある海上自衛隊教育参考館には上村将軍の指揮を「ユーモアに富んだ号令で励まし、平常心を取り戻させた」と紹介してあり、「倒されし竹は漸次《しだい》に起きあがりたほ勢《せ》し雪はあとかたもなし」という、将軍の不屈の人柄が偲べる自作の歌も紹介してある。

「上村将軍」は作詞が佐々木信香《のぶか》、作曲が佐藤茂助である。

一、荒波《あらなみ》吠ゆる風の日も大潮むせぶ雨の夜も、対馬《つしま》の沖を守りつつ心を砕く人や誰《たれ》。
天運時《てんうんとき》をかさずして君幾度《きみいくたび》か誹《そし》られし、ああ浮薄《ふはく》なる人の声『君睡《ねむ》れり』と言わば言え。

二、夕日の影の沈む時、星の光の冴《さ》ゆる時、君海原《きみうなばら》を打ち眺め偲ぶ無限の感いかに。
時しも八月十四日、東雲《しののめ》白む浪の上《え》に、煤烟《ばいえん》低《ひく》くたなびきて遥《はる》かに敵の影見えぬ。

勇みに勇める丈夫《ますらお》が脾肉《ひにく》は躍り骨は鳴る、見よやマストの旗の色湧《わき》立《た》つ血にも似たる哉。

三、砲声天に轟《とどろ》きて硝煙空《しょうえんそら》に渦巻けば、あかねさす日もうち煙《けむ》り荒《あ》るる潮《うしお》の音高し。
蔚山沖《うるさんおき》の雲晴れて勝ち誇りたる追撃に、艦隊勇み帰る時身を沈め行くリューリック。

恨みは深き敵なれど捨てなば死せん彼らなり、英雄の腸《はらわた》ちぎれけん『救助』と君は叫びけり。

折しも起る軍楽《ぐんがく》の響きと共にとこしえに、高きは君の勲《いさお》なり匂うは君の誉《ほまれ》なり。

1．ことさらに外見を飾りたてる人間は、心にやましさがあるからなのだ

殊更《ことさら》に着物をかざり、或《あるい》はうはべをつくらふものは、心ににごりあるものと心得可《こころうべ》く候《そうろう》。

山岡鉄舟「修身二十則」嘉永三年正月行年十五歳の春謹記

山岡鉄舟は、天保七年（一八三六）江戸で、幕臣の家に生まれた。武術を重んじる家柄だった為、幼い頃より剣術や槍術《そうじゅつ》に励んだ。父母の教えにより「忠孝」の道を志し、十三歳からは剣に加えて禅の修行にも打ち込むようになる。嘉永三年（一八五〇）正月、十五歳の鉄舟は自分で「修身二十則」を記して求道の手引きとした（以下、現代語に要約して紹介する。）。

一、嘘を言ってはいけない。

一、主君の御恩を忘れてはならない。

一、父母の御恩を忘れてはならない。

一、先生の御恩を忘れてはならない。

一、人から受けた恩を忘れてはならない。

一、神仏と長者を粗末にしてはならない。

一、幼い者をあなどってはいけない。

一、自分の心に照らして良くない事は、人に求めてはいけない。

一、腹を立てるのは人の道ではない。

一、何事でも不幸な事を喜んではならない。
一、力の及ぶ限り、善い方につくす事。
一、他をかえりみずに、自分の好きな事ばかりしてはならない。
一、食事の度に、食べ過ぎの災いを思え。
草木土石でも粗末にしてはならない。
一、殊更に着物を飾ったり、上辺《うわべ》を繕《つくろ》う者は、心に濁りがあるからである。
一、礼儀を乱してはならない。
一、いつでも誰にでも、お客に接する様に丁寧に応対せよ。
一、自分の知らない事は、相手が誰であっても教えてもらう様にせよ。
一、名誉や利益の為に、学問や技術を身につけるべきではない。
一、人には出来る事出来ない事がある。一概に人を見下したり笑ったりしてはいけない。
一、自分の善行を、誇り顔で人に知らせてはならない。全て、自分の心に恥じない様に務める事。

明治維新後の鉄舟は、天皇の侍従など社会的名声の伴う立場へと推挙《すいきょ》されて行くが、終生この「修身二十則」を守り続けた。来客する者は必ず迎え入れ、畳に頭をつけて丁寧にお辞儀をしたという。鉄舟は心の内面の充実のみを希求した。それ故、若い時には「ぼろ鉄」と綽名《あだな》される位貧窮する中でも修行に励み、その当時の事を生涯忘れずに質素に生きた。正に「ぼろは着てても心は錦」を地で行った生涯だった。

2．神道・儒教・仏教、これら三つの道の融合した「道念」を武士道という

我が邦人《くにびと》に、一種微妙の道念《どうねん》あり。神道にあらず、儒道にあらず、仏道にもあらず、神。儒。仏。三道融和《さんどうゆうわ》の道念にして、中古《ちゅうこ》以降専《もっぱ》ら武門《ぶもん》に於て、其著《そのいちじる》しきを見る。鉄太郎之を名付けて武士道と云ふ。

山岡鉄舟「武士道」万延元年三月二十日・二十五歳

山岡鉄舟（鉄太郎）は、剣と禅とに打ち込む中で、自己の心のあり様を追求し、自分の生命の根源を探求して行った。安政五年（一八五八）、二十三歳の鉄舟は「宇宙と人間」について論じる一文を記している。その中で自分と宇宙とは本質的には同じである事、宇宙界の中に一定不変の道理が存在する事を書いている。その上で、宇宙の中の地球、地球の中の日本、日本の中の「武門」に属する自分のあり方について考察している。鉄舟は、自分の中にも存在している宇宙の道理を見出す為に、日々修行に明け暮れていたのだった。

当時の武士達は、四書五経（儒学）を幼い頃から学び、神道や国学をも学んでいた。鉄舟の場合は、それに加えて禅（仏教）の哲理の深い学びが加わっていた。学問の積み重ねの中で鉄舟は、自分が追い求める日本人の道を「武士道」と呼び、武士道こそが最高の真理であ

り、生涯をかけて求むべき「道」だと確信した。

二十五歳の時に記した文章には次のように書かれている。「日本人には一種微妙なる『道念（人の生き方を求める思い）』がある。それは神道や儒道、仏道の事を指しているのではない。神道・儒教・仏教の三つの道が融合して生まれたものであって、わが国の中世以来もっぱら武家に於て培われてきた道である。それを私は『武士道』と名付ける」と。

神道・儒教・仏教単独では無く、それらの全てを融合させた世界観を鉄舟は「武士道」として自分の人生目標に定めたのである。

古代からの日本人の世界観は神道の中に息づき、現在でも脈々と続いている。日本には次々と外来文明が伝来し、その代表的なものが仏教と儒教だった。その仏教や儒教も、長年に亘って日本人に広がり浸透して行くにつれて、日本化、則ち神道と融合して日本独自の仏教と儒教が生まれた。

今日でも、日本人は違和感なく神社と仏閣とを参拝し、神様と仏様に手を合わせている。更には、日本人の道徳や生き方を導く格言や諺には、儒教を中心とするシナ古典や仏典の名言が多数含まれ、私達の精神生活の導きの栞《しおり》となっている。戦後七十一年の精神的空白の中で日本人は再び「武士道」に注目し始めている。それは、山岡鉄舟が言う様に、日本人独特の「道念《どうねん》」が為せる業であり、神儒仏融合の中で育まれた日本人の精神的な高貴さが求められているからに他ならない。

3. 天が私を使ってこの事（西郷隆盛との談判）を為さしめたのである

是《こ》れ余《よ》が力にあらざるなり。天吾《てんわれ》をして此挙《このきょ》に出《い》でしめずんば、安《いずくん》ぞ私人《しじん》の力、能《よ》く茲《ここ》に至らんや。

山岡鉄舟「戊辰の変余が報国の端緒」明治二年八月

慶応四年（一八六八）鳥羽伏見の戦いに勝利した官軍は、徳川慶喜を討伐すべく東海道・中山道へと兵を進めた。徳川慶喜は、朝廷に対し恭順の意を表わしていたが、勢いに乗る官軍は江戸城を実力で奪取すべく江戸に迫っていた。そこで慶喜は勝海舟等と相談して、官軍の本営に使者を送って和睦《わぼく》の道を探ろうと考えた。だが、今日と違って通信手段は発達していない。雲霞《うんか》の如く押し寄せる官軍の中に分け入って直接交渉を行うしか方法はなかった。そこで選ばれた使者が「剣術使い」の山岡鉄舟《やまおかてっしゅう》だった。

勝海舟の計らいで案内役に薩摩藩の益満《ますみつ》休之助を得て、二人で官軍の中を突き進んで行く。「千万人と雖《いえど》も吾往かん（『孟子』）」を地で行く様な鉄舟の気迫に官軍は虚を突かれ、鉄舟達の敵軍陣中突破は見事に成功する。そして、駿府《すんぷ》にいた官軍参謀・西郷隆盛との直接談判にこぎつけた。

そこで鉄舟は、慶喜の恭順《きょうじゅん》の意志の間違いない事、もし江戸が戦火となれば天下は大乱となり、日本国の存立そのものが危うくなることを述べて、幕府側の受け入れ可能な寛大なる措置を求めた。だがそれに対する返答に、「慶喜を備前に預ける事」が入っていた為、鉄舟は肯んぜず、「あなたと私の立場を変《が》え《え》て考えてもらいたい、主君をその様な遠い所にやって君臣の情に於いて我慢できますか」と至誠を以て西郷に迫った。西郷は了解し、自分に任せてくれと善処を約束した。この時の山岡鉄舟と西郷隆盛との間に生まれた「信」が、この後の江戸城無血開城へと結実して行くのである。

最終的な合意は、江戸に歩を進めた西郷と幕府側代表の勝との間に成ったが、その場には鉄舟も同席していた。しかし聖徳記念絵画館の「江戸開城談判」画には鉄舟の姿は描かれていない。自らの効を誇る事のない鉄舟は、これらの事をあまり人には語らなかった。そして、「これは私の力で行ったのではない。天が私を使って此の事を成し遂げさせたのでなければ、何で一私人の力でこの様な大業に至る事ができようか」と述べている。歴史的な大業を成就する為に天は、必ず相応《ふさわ》しい人を生み出す。山岡鉄舟とはその様な人物だった。

西郷隆盛は『大西郷遺訓』の中で「命もいらず、名もいらず、官位も金もいらぬ人は、仕末に困るもの也。この仕末に困る人ならでは、艱難《かんなん》を共にして国家の大業は成し得られぬなり。」と述べているが、その人物として山岡鉄舟の事を思い浮かべていたという。

4. 眼の輝きに魂が現われる

眼、光輝《こうき》を放《はな》たざれば大丈夫《だいじょうぶ》にあらず

山岡鉄舟が清水の次郎長に書き与えた書

山岡鉄舟と清水港の親分山本長五郎、通称「清水《しみず》の次郎長《じろちょう》」とは、鉄舟が駿府の西郷隆盛に談判に赴いた際に、次郎長の手助けを借りたのが縁となり、鉄舟が亡くなる迄親交が続いた。次郎長は十七歳年下の鉄舟に心酔し、「自分の親分は山岡鉄舟だ」と語っていたという。

ある時、次郎長が鉄舟に対して「剣術なんてたいして役には立たない。刀を持って相手に向うとよく怪我をするが、刀を抜かずに睨《にら》みつけると、たいてい相手は逃げ出してしまう」と述べた。そこで鉄舟は次郎長に長刀を持たせて打ち掛かる様に言い、自分は短い木刀を持って坐った。次郎長はどうしても打ち掛かる事が出来ずにすくんでしまった。鉄舟は、「お前が相手を睨みつけてすくませるのと同じだ。その時はお前の眼から光が出ているのだ」と言い、「お前が剣術を稽古すれば、更に眼から光が出る様になる」と述べて「眼、光輝を放たざれば大丈夫にあらず」と書き与えたと言う。

この言葉には、剣豪山岡鉄舟の真面目が表されている。この言葉を解説する事は極めて難しい。現代に於てこの様な武道の達人が存在するのかも解らない。まして、修練の足りない私ごときが論評できるのものでは無い。ただ、その様にあるべきだとの思いだけは抱いているので、自室の手鏡の横に、この「眼不放光輝非大丈夫」の文字を記している。

そこで、理解の手助けとなる二つの事を紹介したい。

孟子には、「其《そ》の言を聴きて、其の眸子《ぼうし》を観れば、人焉《いずくん》ぞ廋《かく》さんや」（『孟子』離婁章句上）、とある。言葉を良く聴いて、其の瞳を見れば、相手の人物が解るという意味である。「澄んだ瞳」は「澄んだ心」の表れであり、「濁った瞳」は「濁った心」の表れとなる。心に隠し事があれば、瞳は落ち着かず、心の不安は瞳を虚《うつ》ろにしてしまう。「澄んだ輝く瞳」を備えるには、澄み切った心境と輝く様な志を常に抱き、その事が生き方に反映され、日常に積み重ねられていなければならない。その瞳が光をも発するに至るのであろう。

武道では「気」の戦いという事が言われる。「気」が途切れたり、「気」が抜けたりする事は厳禁である。構えている太刀や杖の先から気が出て相手を圧倒できる迄の修練が求められる。日本人は武道の修練を通して「元気」を培い、「気合」を以て偉大なる事を為し遂げて来た。その「気」の充実は、眼や瞳に反映して、眼光の鋭さや輝きを生み、人物の内実を表すのである。山岡鉄舟は剣と禅とを修行する中で、他を圧倒できる「気」を身に付けていた。

5．お相手が天皇陛下であればこそ、おもねる事無く至誠一貫で奉仕すべきだ

そは、みだりに君意《くんい》に迎合《げいごう》する佞人《ねいじん》といはねばならぬ

山岡鉄舟の言葉、圓山牧田『鐵舟居士乃真面目』

明治天皇が崩御された時、世界中の新聞や雑誌が、明治日本の栄光を紹介して明治天皇の聖徳を絶賛した。それを外務省が『世界に於ける明治天皇』（上・下巻）と題して二十八か国の記事を掲載して刊行した。正に明治日本の栄光の根元は明治天皇の御聖徳にあった。明治維新が成った後、西郷隆盛は宮中の気風刷新を計り、剛毅《ごうき》なる武士を明治天皇の近くで仕《つか》えさせた。西郷は山岡鉄舟を深く信頼していたので、鉄舟に侍従を引き受ける様要請した。鉄舟は十年という条件を出し、実際十年経った明治十五年六月には退任している。この間、至誠を以て明治天皇に忠義を貫き、聖徳のご涵養《かんよう》に尽力したのである。

鉄舟が明治天皇を相撲で投げ飛ばしたという話があるが、真実はこうである。お若い明治天皇はお酒が好きで、度を超される事もしばしばあった為、鉄舟はお諫《いさ》め申し上げねばなら

ないと、日頃から思っていた。ある晩、天皇と鉄舟ともう一人の侍従とで会食の時、議論に詰まられた陛下は、飲酒を重ねられた勢いで鉄舟に相撲の相手を所望された。鉄舟は畏れ多いとお断り申し上げたが、天皇は様々の手段を尽して鉄舟を倒そうとされた。だが鉄舟は微動だにしない。そこで、天皇は拳を固めて鉄舟の眼を衝《つ》こうと飛びかかられた為、鉄舟は頭を少し横にかわした。天皇は前のめりに倒れて少し傷を負われ、寝殿で手当を受けられた。

その間、粛然と控えていた鉄舟に他の侍従が謝罪を勧めたが、鉄舟は「わたしの謝罪する筋ではない」と応じない。侍従は、鉄舟が倒れなかった事が悪いと責めたが、鉄舟は、「自分が倒れたなら陛下と相撲をしたことになり、道に外《はず》れる事である。又、もし故意に倒れる様な事をしたなら、それは、みだりに陛下に迎合《げいごう》する『佞人《ねいじん》』といわねばならない。私の身は元より陛下に捧げ奉っているので、そのまま眼を衝かれても構わないのだが、そうすれば、陛下は後世の人から古今稀なる暴君と呼ばれる事となり、酔いから覚められた時どんなに後悔される事であろうか。私の本心を陛下に奏上して戴き、陛下が否と仰せなら私は喜んでこの場で自刃して謝罪する覚悟である」と述べた。

天皇は、お目覚めの後に事情をお聞きになられて「自分が悪かった」と鉄舟に伝えられた。そこで鉄舟は更に「実のある所をお示し下されたい」とお願い申しあげた。それを聞かれて天皇は、「これから先、相撲と酒とを止める」と仰せになられた。鉄舟は涙を流して感激し、漸く退出したという。

6. 武士道と物質文明、本末を転倒するな

武士道を頭脳とし、抽象科学・物質的思想を手足となし、未来の戦国社会において、仁義の軍を率いて救世軍となれ。

山岡鉄舟口述『武士道』明治二十年

明治二十年、山岡鉄舟は門人の求めに応じて「武士道」について四回にわたって講義を行った。その口述の筆録に、勝海舟の評論をお願いして一冊の書籍にまとめたものが『武士道』である。私は、昭和四十九年発行の角川選書の『武士道』（勝部《かつべ》真長《みたけ》編）を持っているが、その中の鉄舟の講話には、「武士道の要素―四恩―」「現代社会の混迷と武士道」「武士道の起こりとその発達」「明治の御代の武士道」「武士道の精華―無我の実現―」「武士道を広義に解す」「おんな武士道」と中見出しがつけてある。

当時は文明開化の滔々《とうとう》たる流れが日本を呑《の》み込もうとしていた時代である。鉄舟はその事に危機感を抱いていた。鉄舟も西洋文明は評価する。だが、あくまでも元となるのは日本古来の武士道でなければならない。鉄舟は言う。「真の文明は知・徳が備わった所に存在する。

二つの文明とは、道義的霊性の文明（精神性の高い文明）と科学的思想の文明（物質文明）である」「武士道を頭脳として、科学や物質を手足となし、未来の戦いの時に仁義の軍隊を率いて世の中を救わなければならない」「科学と武士道の二つがあるのではなく、武士道があるだけなのだ」「武士道の精神をもって科学的外形の手足を使用していかねばならぬ。特に世界が今日のありさまでは、ますます武士道を引き出さなければならぬ」と。

鉄舟が訴える西洋文明・物質文明制御の問題は今尚、日本及び世界に突き付けられている課題である。物質万能主義ではいずれ世界の文明は行き詰まる。精神の価値が再び見直される時代を迎えている。だが、吾々の周りには物質文明万能主義が生活の隅々までを覆っている。その様な中で、精神の価値を守り抜いて行かねばならない。

晩年の鉄舟は、午前五時に起床し、六時より九時まで剣術指南、午後零時より四時まで揮《き》毫《ごう》、夜分は午前二時まで坐禅を組むか写経をしたという。日々の生活が即修行であった。吾々には鉄舟の様な生活を送る事は難しいが、日々の生活の中で、又は、週や月単位の中で、心身を鍛錬し、精神を磨きあげて行く機会や時間を持つ事は出来るはずである。日本人が日本人らしくなる為にも、日本の精神文化の粋が結実した武士道を体現すべく努力すべきと思う。

山岡鉄舟は、武士がいなくなった明治時代に剣聖としての完成を見た。そこで鉄舟は「無刀流」と自分の流派を称した。刀という武器を持たずに、刀の威力を発揮するのである。武器を日常的に帯びる事の許されぬ現代にもっとも相応《ふさわ》しい流派とも言えよう。

1．武士道とは優秀な精神と良風美俗の事である

武士道とは古来より武士の間に於て行はれ若《も》しくは行はれんことを希望したる優秀なる精神と良風美俗《りょうふうびぞく》との謂《い》ひ

『乃木大将武士道問答』

明治期の日本で武士道の体現者として仰ぎ見られた人物に乃木希典《のぎまれすけ》がいる。乃木は嘉永二年（一八四九）江戸麻布の長府藩（長州藩の支藩）下屋敷で誕生した。そこは、赤穂義士の内の十一名が切腹した場所であり、赤穂義士の墓所である泉岳寺にも近かった。乃木は十歳で長府に戻り、十六歳で親戚である萩の玉木文之進（吉田松陰の叔父）に学ぶ。この時、吉田松陰の「士規七則《しきしちそく》」を徹底して叩《たた》き込まれた。

明治維新後は御親兵となり、明治四年には陸軍少佐に任命される。十年の西南戦争時には小倉連隊の連隊長として田原坂《たばるざか》で戦うが、薩軍に連隊旗を奪われるという痛恨の悲劇が襲う。乃木は責任を取って自刃しようとするが周りに止められる。二十八歳の時である。しかし、この事が乃木の人生に暗い影を落とした。心の苦しみのはけ口を乃木は飲酒や放蕩《ほうとう》に求めた。

だが、乃木の生涯にとって転機が訪れる。明治十九年（一八八六）、少将の乃木はドイツ留学を命じられる。日本陸軍はそれ迄のフランス式を改めて、普仏戦争に勝利したドイツ陸軍をモデルとする事としたのだ。一年半の視察によって乃木は、ドイツ陸軍の強さが「上流高等にいる者（官職の高い者）」の徳義を重んじ名誉を貴ぶ姿勢にある事を痛感し、視察の成果を長文の意見書に纏《まと》めて提出した。これを契機に乃木は、厳格な軍人に生れ変わる。

乃木は、大元帥である明治天皇に忠節を尽し、乃木の誠実さを明治天皇も深く信頼される。乃木は予備役になっても必ず軍の演習には参加し、常にお役に立つ覚悟を示し続けた。

大正二年（一九一三）九月に出された『乃木大将武士道問答』という小冊子がある。その中では乃木の武士道観が語られている。冒頭の問答を現代訳して紹介する。

問「武士道とは如何なるものですか」

答「武士道は私が生まれて四・五歳の物心ついた時から夜昼となく父母から心を尽して教えられたことだが、今の老境にあってもその道の実行にはしばしば欠ける所が有って恥ずかしい。（略）武士道とは忠義、義勇の実行（言葉では無い）という他は無いと信じている。武士道とは昔から武士の間に行われ又は行われる事を希望された、優秀な精神と良風美俗の事で、大和魂の精華であると信じている。」

この問答集の附録には乃木が青年の頃に学んだ、吉田松陰の「士規七則」と山鹿素行の「武教小学」が掲載されている。この二つが乃木の武士道の教科書だったとも言えよう。

乃木希典

2. この様な大量の戦死者を出した私が、一体どの面下げて遺族に会えると言うのか

野戦《やせん》攻城《こうじょう》屍《しかばね》山を作《な》す　愧《は》づ我れ何の顔《かんばせ》あつて父老《ふろう》に看《まみ》えん

『乃木将軍詩歌集』明治三十九年一月凱旋時

日露戦争で乃木大将率いる第三軍は、旅順要塞《りょじゅんようさい》を攻撃した。乃木は十年前の日清戦争時、旅団長として出陣し旅順を一日で陥落《かんらく》させていた。ところが、ロシアは旅順を難攻不落の要塞としていた。その結果、乃木軍の旅順攻撃は困難を極め、八月に行はれた総攻撃は失敗し、十月下旬の第二回総攻撃も失敗、十一月下旬からの第三回総攻撃で二百三高地《にひゃくさんこうち》を占領し、十二月一杯をかけて旅順に迫り、遂に一月一日に敵将ステッセルは降伏した。

旅順要塞陥落の代償は凄まじいものであった。わが軍の総戦死者数は一万五千五百人、戦傷者数四万四千人、併せて約六万人が犠牲となった。旅順陥落後、乃木第三軍は三月の奉天《ほうてん》大会戦にも参戦し、勝利に貢献する。五月には日本海海戦で東郷平八郎提督率いる連合艦隊がロシアのバルチック艦隊に完勝し、九月に講和条約が結ばれた。

講和後、乃木は戦歿者の慰霊祭を催《もよお》し、自ら祭文を奏上し、戦歿英霊への感謝の言葉を述べた。人一倍感性が豊かな乃木は生死を共にする事を誓った数多の戦歿将兵を残して、自分だけが日本に帰る事を潔《いさぎよ》しとしなかった。乃木は凱旋《がいせん》の日が近づくにつれ参謀《さんぼう》に「俺は帰国したくない、永くこの地にとどまって蒙古《もうこ》王になりたい」と語った（津野田是重『軍服の聖者』）と言う。大連《だいれん》でも「もし旅順に守備隊が置かるるようなれば、いつまでもその司令官になっていたい」としみじみ語ったという（黒木勇吉『乃木希典』）。

その乃木の真情が表された漢詩が次のものであり、「乃木三絶」の一つでもある。

皇師百万征強虜
野戦攻城屍作山
愧我何顔看父老
凱歌今日幾人還

皇師百万《こうしひゃくまんきょうろ》強虜を征《せい》す
野戦攻城《やせんこうじょうしかばね》　屍　山を作《な》す
愧《は》づ我れ何の顔《かんばせ》あって父老《ふろう》に看《まみ》えん
凱歌《がいか》今日幾人か還る

意味は、「百万のわが皇軍が強敵ロシアに勝利した。しかし、平原の戦いや要塞の攻城戦で戦死者が山の様に生まれた。私は、戦死した者達の親や祖父母にどの様な顔をして会えると言うのであろうか。今日、凱旋の歓声が上がっているが一体何人が無事に帰って来る事が出来たのであろうか。」である。乃木将軍の深い悲しみの籠《こも》った絶唱である。

その乃木もこの戦いで二人の息子を亡くしている。帰国後、乃木は戦傷者の福利に心を注《そそ》ぎかつ、戦死者の家族への慰問も行い、第三軍関係者からの揮毫依頼には必ず応じた。

3．至誠純忠の人物でなければ人を導く教師たり得ない

至誠純忠の人物を造らん為《た》めには、之を教導するものも、至誠純忠なる人ならざるべからず。

乃木院長の学習院教師に対する訓示・学習院輔仁会編『乃木院長記念録』

日露戦争から戻った乃木に明治天皇は、新しい使命を与えられた。それは、明治天皇の孫三人が学習院初等科に進むので、その教育を任せたいとのお考えだった。即ち、大正天皇のお子様である、後の昭和天皇である裕仁《ひろひと》親王・秩父宮雍仁《ちちぶのみややすひと》親王・高松宮宣仁《たかまつのみやのぶひと》親王である。大正天皇の後に日本国の中心に立つ三人の少年達の教育を任せ、かつわが国の将来を託そうとされたのである。武士道を体現し、至誠一途の乃木こそ帝王の師に相応《ふさわ》しかった。

明治四十年（一九〇七）一月三十一日、乃木は学習院長に任命された。明治天皇は「おまえは二人の子供を失って寂しいだろうから、その代り沢山の子供を授けよう。」と仰せられたという。学習院院長に就任した乃木は次の様に述べている。以下、学習院輔仁会編『乃木院長記念録』による。

「私は一介の武弁であって教育者ではない。かなり躊躇逡巡《ちゅうちょしゅんじゅん》したものであった。しかし、御《ご》諚《じょう》（天皇の思《おぼ》し召《め》し）とあっては拝受のほかより道はありえないのである。兵士を訓練する事と諸子を教育することとは勿論同一目的ではない。がしかし至誠を以て人に接する一事に至りては、決して変りはないと信ずるのである。」

乃木院長は皇族方のご教育方針を次の様に立てた。

《1、御健康を第一と心得べきこと。　2、御宜しからぬ御行状と拝し奉る時は、之《これ》を御《ご》矯正申上《きょうせいもうしあ》ぐるに御遠慮あるまじきこと。　3、御成績につきては御斟酌《しんしゃく》然るべからざること。　御幼少より御勤勉の御習慣をつけ奉るべきこと。　4、成るべく御質素に御育て申上ぐべきこと。　5、将来陸海の軍務につかせられるべきにつき、其の御指導に注意すること。》

更に、教師に対して風紀《ふうき》に関する訓示を与えた。

「要するに皇室の為め國家の為め純忠至誠の人物を養成するを以て主眼とすべし。決して自己一身の栄達の為めに奮励努力するが如き、利己主義の人物を造るべからず。至誠純忠の人物を造らん為めには、之を教導するものも、至誠純忠なる人ならざるべからず。」

教え導く教師自身が至誠純忠である事こそが教育の最大のポイントなのである。そして、乃木はその先頭に立った。質実剛健の「乃木式」が将来の日本を背負う家柄の皇族・華族の子供達に叩き込まれて行った。剣道や木剣体操が重視され、夏季には片瀬に遊泳場を設け、乃木院長も天幕生活を共にして範を示し、自営・自治・克己の精神を涵養して行った。

乃木希典

4. 明治天皇の後を追って殉死する

うつし世《よ》を神さりまし丶大君のみあとしたひて我はゆくなり

乃木希典「辞世」大正元年九月十三日

晩年、乃木希典が富士山を詠んだ漢詩がある。

崚嶒富嶽聳千秋　　崚嶒《りょうそう》たる富嶽《ふがく》千秋《せんしゅう》に聳《そび》ゆ
赫灼朝暉照八洲　　赫灼《かくしゃく》たる朝暉《ちょうき》八洲《はっしゅう》を照《て》らす
休説区区風物美　　説《と》くを休《や》めよ区区《くく》たる風物《ふうぶつ》の美
地霊人傑是神州　　地霊人傑是神州《ちれいじんけつこれしんしゅう》

意味は「高く険《けわ》しい富士山が長年に亘《わた》って聳えている。赤々と光り輝く朝日が国土を照らし、とても美しい。しかし、それぞれの風物の美を説くのはやめよう。素晴らしい土地を生む霊気と傑出した人材こそが日本が神州たる所以なのだ。」である。特に「地霊人傑是神州」との言葉の中に、軍隊や学習院で人物教育に全力を傾注した乃木大将の志を垣間見る気がする。

だが突然、その志を終える時が訪れる。明治四十五年（一九一二）七月三十日、明治天皇が崩御された。乃木は御大葬《ごたいそう》までの間、殯宮《もがりのみや》に通い続け、憔悴《しょうすい》する。そして、明治天皇の後を追って自決する事を決めた。殉死《じゅんし》である。殉死は江戸の初期に禁じられ、それ以降絶えて無かった。しかし、乃木は若き日に田原坂で軍旗を奪われて以来死に場所を求めて来たし、日露戦争の戦死者を背負って学習院長の職に尽力して来たのだった。それは明治天皇の思し召しに応え奉るとの一念での奮闘だった。その「主君」がお亡くなりになられたのである。

殉死を決意した乃木院長は、裕仁親王を訪ねて、山鹿素行『中朝事実《ちゅうちょうじじつ》』と、三宅観瀾《みやけかんらん》『中興観言《ちゅうこうかんげん》』を手渡した。その中の大事な所に乃木は赤で印《しるし》を付けていた。将来の天皇に対しての祈りを込めたのである。九月十三日午後八時、明治天皇の棺《ひつぎ》が皇居を御立ちになる時刻に合わせて、静子夫人と共に自宅で自刃して明治天皇の後を追った。乃木大将六十四歳、静子夫人五十四歳だった。遺書と辞世が残されていた。

乃木希典辞世　　神あがりあがりましぬる大君《おおきみ》のみあとはるかにをろがみまつる

静子夫人辞世　　出でましてかへりますの日のなしときくけふの御幸《みゆき》に逢ふぞかなしき

うつし世《よ》を神さりまし丶大君のみあとしたひて我はゆくなり

乃木大将の殉死は多くの国民に衝撃を与え、明治という時代の終焉を印象付けた。十八日の乃木大将の国民葬の沿道には最後の別れに二十万人が並んだ。横山健堂は「日本精神のわが国に維持されなん限り、彼夫妻は国民の儀表たらん」と記している。

1．大和民族の生存の為に本校がある

我が校に於ては、（教育）勅語《ちょくご》を解釈する一ツの原則に根底を置いたのである。其の原則とは大和民族の生存を云ふのである。

山川健次郎・明治専門学校「第九回卒業式に於ける訓示」大正十年三月五日

「フロックコートを着た乃木大将」と称された人物に山川健次郎《やまかわけんじろう》がいる。山川は会津白虎隊の出身で、十七歳でアメリカに留学、エール大学で物理学を学び、日本人として初めて学位を取得した。帰国後は、東京大学教授、理学博士となり、わが国の物理化学の発展に寄与する。その一方で、武士道を体現した人格の高潔さから、東京帝国大学総長、明治専門学校（現在の九州工業大学）初代総裁、九州帝国大学初代総長、京都帝国大学総長、東宮御学問所評議員、武蔵高等学校初代校長と、わが国を代表する教育家として活躍し慕われ続けた。

教育者としての山川健次郎の面目が躍如するのは、明治四十年に新設された明治専門学校の総裁の時である。帝国大学と違い、私学である明治専門学校では、教育理念・指導方針の全てを山川流で構築する事ができた。山川は総裁を、大正十年の官立移管迄十四年間務めた。

明治専門学校は「技術に熟達した士君子」の養成を目的とし、その方法としては、他にない四年制を採用し、人格主義・軍事教育・基礎学科尊重等を実行した。山川は先ず「徳目八箇条」を定めた。

一、忠孝を励むべし。

一、言責《げんせき》を重んずべし。

一、廉恥《れんち》を修むべし。

一、勇気を練るべし。

一、礼儀を濫《みだ》るべからず。

一、服従を忘るべからず。

一、節倹《せっけん》を勉《つと》むべし。

一、摂生《せっせい》を怠るべからず。

更に山川は「スイスでは小学に入るとすぐに軍事教育を与え、中学校や他の学校でも行い、国民が徴兵として在営するのは短期間で済む。それに習って、本校では軍事教育を施す。本校が先ず行って、そして日本全国の学校にこの主義が行われる様になり、国防の一大補助となる事を希望して行うのである」（「仮開校式に於ける訓示」明治四十二年四月一日）と述べて軍事教育を導入した。公教育に軍事教練が導入されるのは大正十四年であり、それに先立つ十七年前である。更には、英語教育を非常に重視した。山川総裁は徳育と体育を担い、全寮制の寄宿舎にも良く足を運んで学生たちと交わった。八箇条の徳目を基礎に人物を磨き、軍事教練を通して「武」を鍛え、世界を相手に知の戦いに勝利する為に、英語力と技術力とを錬磨したのである。それは、ひとえに大和民族の生存の確保の為だった。山川は大正天皇に献上した書に「有文事者必有武備（文事《ぶんじ》有る者は必ず武備《ぶび》有り）」と記している。

2. 国民の気風が国家の盛衰を決定づける

興国《こうこく》の民より成る国家は興隆《こうりゅう》し、亡国《ぼうこく》の民より成る国家は滅亡する。

山川健次郎・武蔵高等学校「開校記念式に於ける式辞」昭和三年四月十五日

山川健次郎の教育思想の根底には、常にわが国の前途に対する危惧《きぐ》の念が込められていた。若き日に会津藩の亡国という体験を持つ山川には、国家を失う事の悲惨さが身に沁みて解っていた。更には明治の初めに、会津藩の名誉と日本国の将来とを背負って米国に留学し、新知識を持ち帰った山川は、西欧列強の手強《てごわ》さを実感し、それに伍すべき日本の長所と弱点とを十分に認識していた。

大正十五年（一九二六）、七十三歳の山川は乞われて七年制の武蔵高等学校校長に就任した。教育者としての最後の御奉公だった。

昭和三年（一九二八）四月「開校記念式に於ける式辞」に於て山川校長は「国家の盛衰は国民の気風に依《よっ》て決するものであるは今改めて云う迄もない」と切り出し、次の様に述べた。

「質実剛健の気性を有し、国に在りては尽忠報国《じんちゅうほうこく》の志、家に在りて孝友信義の心深き国民を興国《こうこく》の民と云う。之に反し、浮華軽佻《ふかけいちょう》にして憂国愛民族の心を欠き、伝統的精神を失い、専《もっぱ》ら利己を標準として動く国民を亡国の民と云う。興国の民より成る国家は興隆し、亡国の民より成る国家は滅亡する。（略）此の危急存亡の秋《とき》に当り、此の衰勢を挽回する為めに興国の士君子、即ち人格崇高にして君国《くんこく》の為めには水火の中へも飛び込むことをも辞せん熱情と勇気とを有する完全なる高等教育を受けたる士君子を養成するを以て目的とする我が武蔵高等学校が建設された。此の目的を達する為め本校の生徒たる者は此の訓戒を守り朋友相切磋琢磨し、学校を以て修養の道場とし、又一方に於ては学術研究に努力し、学校を以て知識を獲得するの学堂とせんければならん。右の次第で我が学校は人格の修養と知識の獲得とを鳥の両翼の如く、二つながら欠く可からざるものとするのである」（『山川健次郎遺稿』）

　山川健次郎は四半世紀に亘って日本教育界の中心に坐し続けた。維新の戦乱を体験し、明治という国家発展の時代を担った人物には、国家の盛衰を決する教育の使命が骨の髄まで徹していた。数々の遺稿にはその不動の信念が漲《みなぎ》っている。青年の質が国家の将来を決定するのは、世界共通の真実である。その点をあえて忘却した戦後教育が国家の衰退を生み出したのは必然であった。平成十八年の新教育基本法制定により甦った国家・民族の教育に則って吾々は、次世代を「興国の民」とすべく教育に魂を込めなければならない。

3．武士道を構成する八つの徳目

斯《かく》の如く武士道といふものは忠・孝・勇・義・礼・信・恕・清といふやうな八つの徳目を強調しまして、立つて居つたのであります。

山川健次郎「武士道に就いて」昭和四年十二月二十八日

東京帝大を大正九年（一九二〇）に退職した山川健次郎は、それ以降積極的に国民精神興隆・教化活動の為に全国を行脚している。講演テーマは「徳育に就いて」「忠君愛国」「乃木将軍の心事」「大和民族の使命」「共産主義者につき」「武士道」などである。

大正十五年の「武士道」に関する講演の内容を紹介しよう。「私の知って居る武士道と云うものは、そんな難しい理屈は言わぬ。極簡単なもので、唯単簡な或る徳目を挙げて、そうして之を実行せよと云うことが、私の申上げる武士道である。何も難しい理屈はございませぬ」（『山川健次郎遺稿』）と。そして六つの徳目と、それを完全に実行する為の「勇気の涵養」とを述べている。六つの徳目とは次のものである。

第一　忠君　→　愛国・統一（共同一致）・遵法

第二　孝行　↓　祖先を大切・家名を汚さぬ・親属を相忘れない・兄弟に友・夫婦相和《ふうふあいわ》す

第三　皎潔《こうけつ》（金銭・名誉或は脅迫等の為めに、自分の主義・主張を枉《ま》げない。何処《どこ》までも自分の信ずる所に従って進む）　↓　慎み・報恩

第四　信義（一旦口外したことは必ず行う）　↓　責任

第五　忠恕《ちゅうじょ》（思い遣《や》り）　↓　武士の情・弱を助け強を挫《くじ》く・老幼婦女を憐れむ・博愛礼儀

第六　礼儀　↓　国の秩序維持・言葉を崩さない

更に、次の様に述べる。「此の六ツの徳目を完全に行う為には、勇気がなければならぬ。それから常に心掛けて宜しく勇気を養うべしということは、武士道に於て大切なこととされて居るのであります」（「武士道」大正十五年三月二十一日）

昭和四年十二月二十八日に行われた「武士道に就いて」の中では、「斯の如く武士道というものは忠・孝・勇・義・礼・信・恕・清というような八つの徳目を強調しまして、立って居ったのであります」と述べている。時代により徳目の数は違うが、内容は全く同じである。

特に皎潔＝清らかさを徳目の一つに掲げている所に山川武士道の特徴がある。高潔なる生涯を貫いている人物だけが掲げる事の出来る徳目である。更には徳目実践の為の勇気の涵養が特別に述べられ、強調されている。吉田松陰の「士規七則」にも「義は勇によりて行われ、勇は義によりて長ず」と述べられている様に、正義実践の裏づけこそが勇気であり、丈夫《ますらお》の資格は勇気の有無にあると言っても過言ではないであろう。

4. 災害よりも恐るべきは国民精神の頽廃である

心せよ。災害は恐しい、だがそれよりも更に怖るべきものは国民精神の頽廃《たいはい》であり、民心の弛緩《しかん》である。

山川健次郎「あゝ記憶すべき九月一日」昭和四年九月一日

大正十二年（一九二三）九月一日に起った関東大震災は、物質文明と大正デモクラシーを謳歌する人々の心に深刻な反省を迫るものであった。山川が会長を務めた中央教化団体聯合会発足の契機となった「国民精神作興に関する詔書」は大震災直後の十一月十日に出ている。

山川は大震災から六年後の昭和四年九月一日、「あゝ記憶すべき九月一日」と題する文章を認《したた》めた。それには、《一、あゝ思ひ起す九月一日！　二、恐るべきは平素の不用意　三、大覚醒を要す　四、如何にして我等の将来を建設すべきか　五、現在及び将来の問題　六、一致協力して難局を打開せよ》との中見出しが記されてある。

山川は震災から六年しか経っていないのに国民が早くも当時の苦難を忘れて奢侈《しゃし》と安楽に耽《ふけ》る様を歎き、往時を回顧して大震災では地震そのものよりも火災の被害が大きかった事、それは国民の非常時に対する訓練が十分でなかった為に地震で驚愕狼狽《きょうがくろうばい》して七輪《しちりん》の火やガス栓を開いたまま、街に飛び出してしまった事、西洋家屋では窓を開けっぱなしにしていた為に火を呼び起こした事、更には水源地からの水が堤防の決壊や鉄管の破裂で止まってしまった事などを記し、防火の観点からでさえ様々な欠陥が見出されると共に、個々の家屋・公共の建築、道路、橋梁、通信運輸、被服食糧の貯蔵に於て統制・責任ある用意に欠けており「精神的用意としての非常時に於ける共同救済に対する鍛錬も、思慮分別の働かせ方」も不十分だった事、を述べている。そしてこれらの一切の準備が社会全体として完成されねばならないことを訴え、その基礎としての各自の精神的覚醒・精神的教養の必要性を述べている。

山川は言う。

「われ等は年々この九月一日を向《むか》うる毎《ごと》に、冷静に、真剣に、同時にまた熱意を以てわれ等の使命を完うするに全努力を捧げなくてはならぬ。（略）われ等はこの記憶すべき日にあたって、重ねて声高らかに諸君に呼びかける。

心せよ。

災害は恐しい、だがそれよりも更に怖るべきものは国民精神の頽廃《たいはい》であり、民心の弛緩《しかん》である。

起てよ国民！　進んで難局と戦え！　省りみて不断に備えよ！」

東日本大震災から五年、吾々にとっても肝に銘ずべき言葉である。

新渡戸稲造

1．武士道は今尚日本人の道徳の指針として我々を導いている

武士道の光はその母たる制度の死にし後にも生き残って、今なお我々の道徳の道を照らしている。

新渡戸稲造『武士道』（矢内原忠雄訳）

明治三十二年（一八九九）病気療養の為にアメリカに滞在していた新渡戸稲造《にとべいなぞう》（三十八歳）は、英文で『武士道』を著した。原題は『BUSHIDO，THE SOUL OF JAPAN』である。新渡戸は若き頃欧州留学をした際、ベルギーのド・ラブレー教授から「学校における宗教教育」についての質問を受け、宗教教育の無い日本でどの様にして道徳を身に付けさせるのかとの問いに即答できなかった。しかし、日本人の道徳の高さは欧米人に負けはしない。それは宗教では無く、武士道によって培われて来たのだと、改めて考えた。

更に新渡戸は、留学時に信仰で結びついたアメリカ人の女性メアリーと結婚していた。妻は日本人の考え方や習慣についても質問するので、それにも答えなければならないと思っていた。そこで、病気療養の時を使って、日本人とは何か、日本人の道徳は如何なるものかを

欧米人に知らしめる為に筆を執《と》ったのである。

新渡戸はこの中で日本の風習や道徳観の説明にギリシャ・ローマの古典や各民族の歴史・文学上の名作をおびただしく引用して、双方の共通した点を指摘している。日清戦争に勝利し、日露戦争にも勝利した為、『武士道』は様々な言葉で翻訳され、世界的な名著となった。

『武士道』は十七章から構成されている。《①道徳体系としての武士道　②武士道の淵源　③義　④勇・敢為堅忍《かんいけんにん》の精神　⑤仁・惻隠《そくいん》の心　⑥礼　⑦誠　⑧名誉　⑨忠義　⑩武士の教育および訓練　⑪克己　⑫自殺（切腹）および復仇（仇討《あだうち》）の制度　⑬刀・武士の魂　⑭婦人の教育および地位　⑮武士道の感化　⑯武士道はなお生くるか　⑰武士道の将来》である。

冒頭で新渡戸は、「（武士道は）今なお我々の間における力と美との活ける対象である。それはなんら手に触れうべき形態を取らないけれども、それにもかかわらず道徳的雰囲気を香らせ、我々をして今なおその力強き支配のもとにあるを自覚せしめる。」「昔あって今はあらざる遠き星がなお我々の上にその光を投げているように、封建制度の子たる武士道の光はその母たる制度の死にし後にも生き残って、今なお我々の道徳の道を照らしている。」と記している。武士の社会は制度的には終焉したが、その精神は今尚、生き続けている、と。

だが、時が経つにつれ武士道が失われて行く危機感を新渡戸は抱いていた。それを補う為に、キリスト教の持つ正義に学ぶ事や、「武士道」の倫理的な高さを総ての人々の道徳に受け継がせるべく「平民道」を提唱し、庶民に生き方を指し示す努力にも力を注いでいった。

2. 低俗を超越した孤高の澄み切った心境

見る人の心ごころにまかせおきて高嶺《たかね》に澄める秋の夜の月

新渡戸稲造愛誦の古歌『新渡戸稲造事典』

新渡戸稲造の文章を読んでいて感じるのは、その人格の魅力である。しかも、言葉に一点の虚構もない。養女の新渡戸ことは「父新渡戸稲造の思い出」の中で、新渡戸が生涯続けていた三つの行を紹介している。それは、「母の命日に必ず一日部屋に籠《こも》り巻物にした母の手紙を読み、静かな祈りの時間を持つ」「毎朝水浴をする」「日記を書く」だった。「水浴も日記も、意志鍛錬の為始めた」と言う。又、「父は怒らず、静かに教えてくれる人でした。そして、父の言葉は、いつも深く私の心にしみ込むものでした。」と書いている。

絶え間ない自己修養によって新渡戸の人格は生涯磨かれ続けたのである。新渡戸は札幌農学校や東大・京大の教授、更には第一高等学校校長・東京女子大学学長等を務めているが、人格の輝きは生徒たちを魅了してやまなかった。一高校長の時には、自宅と別に一高の近くに一軒家を借り、週に一回学生との面談の日を持った。新渡戸の学生指導は極めて実践的かつ具体的なものだった。六年余り務めた一高校長を辞める時の演説で新渡戸は、自分の教育方針を「教育は精神である」「第一は忠君愛国。言葉ではない。その精神を日常生活にあらわすという事である。」「第二は諸君をなるべく自由に伸ばしたいと思った。ある程度までは事あれ主義である。」「第三は品行よりも品格という事を重く見ている。」と述べている（矢内原忠雄『余の尊敬する人物』）。実践・自由・品格が新渡戸の目指したものであり、自らがその体現者だった。

更に新渡戸は、一般大衆の人格形成に寄与すべく、当時の大学教授には考えられない通俗雑誌への執筆もあえて行った。それらは、『修養』『世渡りの道』『自警』等として纏められ、今日でも読む事が出来る。又、『一日一言』には日本の古典の数多くの和歌や格言が紹介されている。

新渡戸稲造が自分の信條を月に託した二首の古歌がある。

見る人の心ごころにまかせおきて高嶺に澄める秋の夜の月

僅かなる庭の小草の白露をもとめて宿る秋の夜の月　（西行）

一首目は、世間の声を気にせずに、自らの「内なる光」＝「自己の良心」によってのみ生きる孤高の信條を託し、二首目は、高嶺に澄める月も、求める者があれば地上に下って姿を映し出して導くという、教育者としての使命を表している。

3. 国際人に必要なのは自国民としてのしっかりしたアイデンティティ

国際心を抱こうとする人は、まず自分の足で祖国の大地にしっかりと根を下さねばならない。

新渡戸稲造「編集余録」１９３０・６・７『新渡戸稲造全集』第二十巻

第一次世界大戦後、日本は世界の五大国に数えられ、新設された国際連盟の事務次長を出す事となり、その白羽の矢が新渡戸稲造に当てられた。『武士道』の著者でありかつ、明治四十四年には日米交換教授として渡米、一六六回の講演を行ってもいた。

新渡戸は大正九年（一九二〇）から十五年まで国際連盟事務次長を務めた。その間、各国の政治家や外交官、更には学者等と親交を温め、かつ国益の為に尽力した。新渡戸は、松本重治に対して「英語は君自身の教養のためのものではないよ。英語を駆使して、日本を世界に理解せしめるために努力し給え。」と述べたと言う（『現代に生きる新渡戸稲造』）。

新渡戸は世界に日本を理解させる為に、その語学力を駆使した。新渡戸の「日本」発信は、『武士道』を嚆矢《こうし》として、国際舞台での活躍の中、総合的日本紹介の著作『日本国民（Japanese

Nation : its Land, its Peaple and its Life)』(1912)『日本(Japan)』(1931)『日本文化の講義(Lectures on Japan)』(1932)として結実している。更には、古事記の英訳も試みている。(『新渡戸稲造全集』〔第十三・十四・十五〔英文〕・十七・十八・十九〔翻訳文〕巻〕)

新渡戸が昭和五年(一九三〇)に英文で記した「愛国心と国際心」は新渡戸の「国際人としての信念」を伺う事の出来る文章である。全集第二十巻掲載の翻訳文を紹介する。

「愛国心の反対は、国際心や四海同胞心ではなくて、狂信的愛国主義である。国際心は愛国心を拡大したものである。自分の国を愛するならば、自国の生存に欠くことのできぬ国、その国がなければ自国がその存在理由を失う他の国々を、どうしても愛せずにはいられない。また、もし世界を愛するならば、どうしても世界で自分にもっとも近い所を、一番愛せずにはいられない。〔略〕

真の愛国者にして国際心の持ち主とは、自国と自国民の偉大とその使命とを信じ、かつ自分の国は人類の平和と福祉に貢献しうると信じる人である。

国際心を抱こうとする人は、まず自分の足で祖国の大地にしっかりと根を下さねばならない。それから頭を挙げて、広々とした世界を見まわすと、自分がどこに立っているか、どちらへ向って行かねばならぬかがわかるのである。〔略〕」

新渡戸の中には驕《おご》る事のない自国への愛情が確《しっか》りと根ざしていた。そして、英語と言う武器を使って祖国の真姿を伝える戦いを果敢に貫いたのである。

4. 本物のサムライだけが日米の危機を打開できる、偽物ではだめだ

御霊の剣をおびた勇敢なる兵士を送ってくれ、心に真理あるまことの古きサムライを……にせものは駄目……。

新渡戸稲造「編集余録」1933・8・4『新渡戸稲造全集』第二十巻

新渡戸稲造は、困難な課題を背負わされた時でも、真正面から受けとめて責務を果そうと努力した。特に、それが国家の事にかかわる重大事項であれば尚更だった。国際連盟事務次長に就任する際も、様々な危惧の声に対し「だからこそ出て行かなければならないのではないですか。日本は決して好戦的ではないこと、国際協調こそ基本とするものである事をこの国際連盟の場で立証すべきです。損しても良い、馬鹿を見てもかまわないと覚悟を決め、何をやるにしても日本人らしく立派にふるまえば、だんだんと了解されるはずです。」と答えたと言う（神渡良平『新渡戸稲造』）。

新渡戸は、昭和元年（一九二六）の年末に国際連盟事務次長を退任し翌年帰国した。昭和四年（一九二九）には太平洋問題調査会理事長に就任し、京都で開かれた第三回太平洋問題

会議の議長を務めた。この会議の間、シナ代表の徐博士が日本を誹謗《ひぼう》中傷する事に腹を据《す》えかねた新渡戸は「廊下で徐博士を捉《とら》へ胸ぐらをつかんで暴力にも訴へかねまじき気勢を以て其誤謬《ごびゅう》を論難した」（長尾半平「友人として見たる新渡戸君」『新渡戸博士追憶集』）という。

昭和六年に満州事変が起ると、日米関係が悪化した。新渡戸は昭和天皇のご意向を受けて、七年四月から一年間渡米してわが国の立場を伝えるべく講演して回った。

『編集余録』に新渡戸は「ある方面の頼み」「ご奉公」「暗夜に飛びこむような気持ちがしますが、報国の一念以外の他意はありません」「国を思ひ世を憂ふればこそ何事もしのぶころは神ぞ知るらん」とその覚悟を記している。

昭和八年八月、太平洋問題会議がカナダで開かれ、新渡戸はバンフに赴いた。日本の孤立は避け難く、状況は中々好転しなかった。『編集余録』には、「もう真暗闇《まっくらやみ》だ……。一点の光も見えぬ。……。御霊の剣をおびた勇敢なる兵士を送ってくれ、心に真理あるまことの古きサムライを……にせものは駄目……。」との新渡戸の悲壮な叫びが綴られている。

新渡戸は、会議終了後妻の待つヴィクトリア市に移動、そこで病床に伏し、遂に十月十六日に昇天した。享年七十二歳だった。病床での最期の言葉は次のものだったという。

「祖国への奉仕が終わってしまうまでは死ぬわけにはいかぬ。」（佐藤劔之助「新渡戸博士―個人的回想」『現代に生きる新渡戸稲造』）

「祖国への奉仕」サムライ新渡戸の生涯を貫いた信條だった。

河原操子

1．万一の時は、国家の為に身を捧げたものと思って下さい

万一の事これあり候節《そうろうせつ》は、女なれども国家の為に身を捧げたるものと思召下《おぼしめし》され度候《たくそうろう》。

河原操子『蒙古土産』

日露戦争の直前、内蒙古のカラチン王家から招かれて、たった一人で現地に赴き女子教育に尽力すると共に、日露戦争に際して、日本軍の諜報活動や対露秘密作戦を支援した若き日本人女性がいた。名前を河原操子《かわはらみさこ》という。

操子は明治八年（一八七五）六月六日に長野県松本市で生まれた。父・河原忠《かわはらただし》は信州松本藩の武士で、藩の儒学教師を務めていた。操子は父の事を、「日支親善の必要を常に説いていました。日本と支那《シナ》とが手を握り合わなければ、東洋平和は得られないとよく申して居りました。そして一方では国家百年の計は教育にあり、国を富ますも、強くするも、根本は教育だと、口ぐせに申していました」と回想している。

操子は、長野県師範学校女子部を経て、東京女子高等師範学校へと進んだ。だが、肋膜炎《ろくまくえん》

に罹《かか》り休学、その後退学した。帰郷し、県立長野高等女学校に務めていたが、シナ婦人の教育に従事して日支親善に尽したいとの志やみがたく、諏訪湖畔を訪れた女子教育家の下田歌《しもだうた》子《こ》に面会して志を述べた。明治三十三年（一九〇〇）八月、操子二十五歳の時である。

操子の志に感銘を受けた下田女史は翌月、横浜・大同学校の教諭に操子を推挙、更に三十五年九月には上海・務本《むほん》女学院教習に抜擢されてシナ大陸に渡った。そして、三十六年十二月に内蒙古・カラチン王府教育顧問として招かれ、毓正《いくせい》女学堂を創設、総教習として教鞭を執り、三十九年一月の帰国まで二年間、単身内蒙古の地で過ごした。

この時期は日露戦争と重なっており、内蒙古の殆どの王家がロシアに靡《なび》き、その中でカラチン王家のみが親日を貫いた。だが、王家の周りにはロシアのスパイも多数入りこみ、操子はいつ殺されるか分らない中で過ごしていた。操子は連絡の為に送った手紙に次の様に記している。

「昨今露国人と其手先なる北蒙古人が多数当旗内に入りこみて、何か陰謀をめぐらし居候様子、又鉱山技師と称する国籍不明の一洋人、数日前より府内に逗留《とうりゅう》いたし居り、極めて胡乱《うろん》なるものに候。最近王が、誘惑と迫害との包囲を受けゐ給へるは、確なる事実にこれあり、従つて此場合に於ける私の責任は益々重大に御座候《ござそうろう》。かゝる情勢にもかゝはらず、日本人は唯一人に候へば、何時いかなる目にも逢はんも測りがたく、覚悟は常に致し居候。万一の事これあり候節は、女なれども国家の為に身を捧げたるものと思召《おぼしめし》下され度《たく》候。」

明日の生死をも分らない緊張の中で操子は、「万一の事」と覚悟を記したのである。

2. 国際的な事業に従事するには西洋人に負けぬとの自信力が必要

かゝる国際的事業に従事する以上、西洋人に対する時卑屈にならざるだけの自信力が必要。

河原操子『蒙古土産』

河原操子がシナ人の女子教育に初めて携わったのは、明治三十五年（一九〇二）横浜の大同《だいどう》学校に於いてである。大同学校は、横浜在住のシナ人婦女子の為に設けられた学校であり、風俗習慣の全く違う外国人に教育を施す事の難しさを操子は痛感し、大変な努力によって困難を乗り越えて行った。

操子は記す。「しかし、そこに到るまでには、かなりの忍耐と努力とが必要だった。風俗習慣共に著しく相違する外国人に教育を施すことであれば、日本風の普通の考えでは誤解を招く恐れがあることが少なくなかった。時には屈辱に類する様な事もあったが、すべて耐え忍んで、ひたすら職分の為に励んだ。その様な場合、これは私の務めなのだと信じることによって、忍耐も苦痛には感じないようになる事が解って嬉しかった。」

操子は、シナ人生徒との意思疎通を図る為に、放課後に北京語を学んだ。更には、「この様な国際的な事業に従事するに当っては、西洋人に対して卑屈にならないだけの自信力が必要」と思い、西洋語の一つ位は出来る様になろうと考え、フランス人が創設した紅蘭女学校の寄宿舎に入って、夜にはフランス語の学習に精を出した。

操子は「大同学校在職中に感じたのは、清国人を教育するには、悠々迫らざる寛裕《かんよう》の態度が必要だという事である。又一般清国人に対しては、圧抑《あつよく》することなく、だからといって寛大に過ぎず、中庸を得ることが、万事に成功する秘訣だという事も悟った」と記している。

海外に雄飛する操子にとって、この横浜での体験は自信を与えるものとなった。異文化との接触に対し、忍耐と努力で乗り越え、更には「これこそが自分の務めである」と信じ、歯を食いしばって頑張り抜いたのである。しかも、北京語だけでなくフランス語まで学ぶ操子の姿勢には、西欧列強に対等に対峙《たいじ》せんとの明治の日本人の志の高さを感じる。明治の女性は将《まさ》に誇り高き「武士の娘」であった。

後に操子は上海から北京へと赴く船で、揺れて波しぶきが立つ甲板の上を闊歩《かっぽ》する西洋人の姿を見て、彼らに負けてなるものかと自らも甲板上を散歩し、ある西洋婦人に挑《いど》まれて徒《と》競走《きょうそう》をして勝つ事になる。その事を決意させたのは「海国日本の婦人が、かばかりの浪《なみ》にひるみては国辱《こくじょく》にもなりなん」との思いであった、と書いている。

3. 日本女性の私には大和魂があるのだ。気弱になっては情けない

女なりとて我も亦、大和魂《やまとだましい》は有《も》てるものを、かく心弱くてはかなはじ

河原操子『蒙古土産』

下田歌子女史は、大同学校で励む河原操子を頼もしく思い、上海に住む呉懐疚《ごかいきゅう》氏から「支那の女子教育は是非東洋人の手で行いたいので、貴国婦人の中から適良な教師を周旋して戴きたいとの依頼」があったのを受けて、河原操子にその白羽《しらは》の矢を当て、明治三十五年（一九〇二）夏に操子は上海に渡り、務本《むほん》女学院で女子教育に当たった。

だが、時代は日露の対決へと流れていく。ロシアは、満州に軍事力を展開し、更には朝鮮半島に触手を伸ばし始めていた。その様な中で内蒙古の地にもロシアの手が伸びて来ていた。その中にあって、日本を訪れた事のあるカラチン王だけは日本を高く評価し、好意的だった。カラチンには日本の軍事顧問も派遣されていた。しかし、日露戦争が勃発すれば武官の滞在は認められない。その様な時、カラチン王から女子教育の為の日本人教師の派遣を求め

られたわが国政府は、喜んでその申し出を受けると共に、日露戦争時の情報収集、特殊作戦（シベリア鉄道爆破工作）支援を託するに足る一人の女性教師をカラチンに派遣する事とした。その任を任されたのが当時二十八歳の河原操子だった。操子は明治三十六年十二月に、内蒙古・カラチン王府教育顧問として招かれ、毓正《いくせい》女学堂を創設して蒙古子女の教育に当った。

内蒙古のカラチン王府は、北京の東北に位置し、万里の長城を越えて、旅程九日の奥地にあった。「喀喇沁《カラチン》はいづこ」と聞いても、日本人の中で殆《ほとん》ど知る者はいなかった。その地に操子は単身で赴くのである。カラチン王府からの迎えの者と共に、日本政府は警護と沿道の視察を兼ねて一士官と兵士を派遣してくれてはいた。操子は父からの励ましの手紙をもらい、勇気を奮って出発した。北上するにつれ氷点下の厳寒となって来る。故郷を想い父の事を思うと心細さに涙が溢れて来る。しかし、操子は「女であっても私には大和魂が宿っているのだ。こんなに心弱くなってはならない」と自分に鞭打ち、自分を励ました。その上、こんな事で体を壊してしまったなら、私を信じてこの様な重い任務を与えて下さった方々に申し訳が立たないと気を入れ替え強く持った。交通の要衝の地である熱河《ねっか》では、電信設備や街の様子などを手帳に書き付けて有事に備えた。宿は蜘蛛《くも》の巣が張り薄気味悪い部屋ばかりであった。操子は、心地よい旅であったならかえって気がくじけ弱気になっていたかもしれない。「憂《う》き宿はうき旅の鞭撻者《べんたつしゃ》よなど、戯《たわむ》れ言ふ」とユーモアを交えて書き記している。心細さの極みの中、操子は落ち着きを取り戻していた。

4. いざという時には自分で生命を絶つ

人の手などにかゝりて最後を遂《と》げんこと口惜《くちお》しければ、見事自刃せん覚悟にて

河原操子『蒙古土産』

河原操子は、カラチン初の女学校「毓正女学堂《いくせいじょがくどう》」を開校し、更には全般的な運営の任に当たり、王や王妃の絶大なる信頼を得ていく。その上で、内蒙古の地の利を活かした日露戦争の支援という、もう一つの国家的な使命があった。明治三十七年（一九〇四）二月、日露開戦となるや、カラチンにもロシア側のスパイが多数出没し情報収集に当る様になる。それを操子は出来るだけ委《くわ》しく調べて本国に報告した。奥地から来る通信は操子自ら分類して、熱河から電報をすべきものはその手配をし、北京まで直送すべきものは特使を発した。次の項に書いている特別任務班の入蒙の際は、秘密裏に連絡をとって任務遂行を助けた。

操子は記す。「とにかくこの地には私一人しか居ないので、女ながらも双肩に母国の安危を担っている心地がして、躊躇していては彼等（ロシア側）に機先を制せられる事もあるか

も知れないと、心も心ならずに、時には王、王妃に請うて、特に飛脚を出して戴いた事もあり。自分でその大胆さに驚くほどの事も行なった。この様な重大事に関しては、微力な自分では何のお役にも立つ事は出来ないかもしれないが、至誠の祈り心を以て、日本と朝鮮との関係などを王に説明申し上げ、王様もうなずいてお聞き頂いた」と。

周りにはロシアの手の者も多く、操子を罵《ののし》り排撃せんとする者もいたが、操子は王室教育顧問の待遇の為、容易には手を出せなかった。操子はその時の覚悟を次の様に記している。「そうはあっても私は、ロシアに好意を寄せる王府内の多数の人々に憎悪されているので、いついかなるどのような危難が私の身に迫るか予測も出来ない。その様な場合、他人の手にかかって最期を遂げる様な事があったら口惜しいので、その時は見事に自刃しようと覚悟し、入蒙の際に父から送られた懐剣《かいけん》を寸時も放さず持ち、又護身用のピストルも常に側に備えて置いた。更に、何時変事が生じても差しさわりの無い様に、常に荷物の整理をして、表裏両面の事業に心を砕いた」と。

操子の父忠《ただし》は手紙で、操子の入蒙を喜び励ますと共に、武士らしくわが娘に万一の時の覚悟を諭《さと》していた。忠は「昔烈女木蘭《れつじょもくらん》は、男装して戦地へ出発した。お前も祖国の為に大切な任務を帯びて入蒙するのだから、千危万難は覚悟の前であろうが、万一の時は此懐剣を以て処決し、日本女子の名を汚すな」と書いて、一口《ひとふり》の懐剣を贈っていた。その懐剣を操子は肌身離さず持っていた。

5. 決死の勇士達への優しい心づくし

生命をかけて御国の為に特別の任務を果《はた》さんとせらるゝ、雄々《おお》しくも頼もしき方々を、明日は御慰《おなぐさ》めいたさん

河原操子『蒙古土産』

ロシア軍の後方を攪乱《かくらん》すべくシベリア鉄道破壊の任務を帯びた「特別任務班」の中の三班は二月から三月にかけてカラチンに入り、装備を調達し最終調整して任地へと旅立って行った。特別任務の性格上北京で準備は行えない。それ故、内蒙古のカラチンを最終準備拠点としたのである。特別任務班の中には、後にロシアに捕われて処刑される際に、自分の所持金をロシア赤十字に寄付する事を申し出て、欧米人に感動を与えた横川省三《よこかわしょうぞう》や沖禎介《おきていすけ》もいた。彼等の最終のお世話に河原操子は当った。

操子は、国の為に決死の覚悟で困難な任務に当ろうとしている方々の心の慰めにでもなればと思い、花瓶を飾って草花を活け、江戸土産の錦絵を掲げ、部屋の飾りを総て純然たる日本風に仕立てて彼らとの面会に臨んだ。烈士の中には恩師の子であり、旧知の脇光三《わきこうぞう》もいた。

死を覚悟して任に当る彼等の心中を思い、心からの無事を祈るのだった。

作家の保田與重郎《やすだよじゅうろう》は操子の『蒙古土産』を読んで感動し、『改版　日本の橋』の中に「河原操子」という小文を記した。その中の一文を引用する。

「私がこゝに、明治先覚者の一人として、多くの女性のなかから選び出して女史を語るのは、女史のもつてゐた行為への勇気と決意の実践が、つねにわが日本女性の美しい心ばへの伴奏であつたといふ事実を知つたからである。その愛情が、そのまゝにヒユマニズムとして、又国家の理想と合致してゐたのである。己の思ひをかくして行動した女丈夫でなく、己の思ひに自然に泣き、悲しみ、しかもそのまゝに崇高な心情で行為した女性であつた。その文章にも、やさしい日本の女性の心が、どんな行為に付随した身振りも宣伝も伴はずに自然に描かれてゐる。何といはうか、それはある命目《めいもく》を立ててなされたやうな行為ではなかつたのである。最も立派で勇気のあることが、淡々と極めて自然に、さうしてやさしいさまで行はれた。」

河原操子は決して女丈夫では無く、優しい心根の繊細な女性であった。三島由紀夫は「日本人の誇り」の中で「日本人の繊細優美な感受性と、勇敢な気性との、たぐひ稀な結合を誇りに思ふ。この相反する二つのものが、かくもみごとに一つの人格に統合された民族は稀である」と述べているが、河原操子は正にその様な文武の精神が結合した人格の持ち主であった。

6. 教師たる自分は、常に成長し続けねばならない

時勢後《じせいおく》れの身にて長くこゝに留まらんは、蒙古の為にも、我国のためにも善《よ》き事ならねば

河原操子『蒙古土産』

日露戦争が終わった後、河原操子はその功績を讃えられて勲六等に叙せられた。女性では初めての事である。

だが、操子は言う。「これは然し、私の愛国心が特に強かった為ではなく、日本婦人であるなら誰でも、この様な国家非常の際に、御国にとって大切な役目を申し付けられましたら、一身の安危など考えて躊躇することはないでしょうと存じます。いざ火事という場合は、女でも意外に大力の出るものでございます。」(『新版蒙古土産・序編』)

明治三十七年(一九〇四)末に王・王妃に随伴して北京に入京した折、友人や先輩からは帰国を勧められたが、操子は王妃の篤い信任と生徒等の愛情にほだされ、かつ未だ学校の基礎が強固でない事を思い、帰国を辞退してカラチンに戻った。三十八年には学校の基礎も漸

く固まり、日露戦争も終結して平和を恢復《かいふく》し、裏面の任務も終了する。

そこで操子は自分の事を静かに考えた。蒙古に来て二年、上海から数えれば三年、未開辺《みかいへん》鄙《び》な土地で過ごし、新しい知識を吸収する事も読書に励む事も出来ていない。それ故「頭脳は次第に時勢後れとなって来ている感じがする。時勢後れの身で長くここに留まる事は、蒙古の為にも、我国のためにも善い事ではないと思われる。とにかく一旦帰朝し、良い代りの人がいれば交替して、一、二年間日本で勉強し直し、新知識と新抱負とを持って再び入蒙しよう」との結論に至る。

確かに三年もの間新しい知識の吸収が出来ないならば、自らの教育力は確実に低下するであろう。私は三十歳前後に妻子を実家に戻して二年間、車を運転して全国を飛び回り仕事をした体験がある。殆ど休む事のない生活だった。その直後に会の研修の責任者となり、書物をむさぼる様に読破して行った。活動の中で魂の渇きと新知識への欲求が高まっていたのだ。感化力は日々の努力と成長によってのみ維持する事が出来る。

明治三十九年一月、操子は帰国を果した。側には操子が育てて来た、将来のカラチンの女子教育を担う事になるであろう三人の蒙古子女を同伴していた。少女達は下田歌子の実践女学校で学び、期待通り後に毓正女学堂の教師となって行く。

三十一歳になっていた操子は、結婚を薦められ、横浜正金銀行ニューヨーク副支店長一宮鈴太郎夫人となって渡米する。それから十五年間、日米の懸け橋となるべく尽力した。

頭山満

1．日本人全てを武士の様に

民権を固守して、日本人民をすべて確《しっか》りとした武士にしたいと云うのが、おのれどもの志だった。

頭山満『玄洋社憲則』について

明治の日本人は、日本の独立だけでなく西欧列強に抑圧されているアジア諸国の解放を真剣に考えていた。正に強きを挫《くじ》き弱きを助ける義侠《ぎきょう》心に溢れていたといえよう。

その代表的な集団が「筑前玄洋社《ちくぜんげんようしゃ》」であり、玄洋社を代表する頭山満《とうやまみつる》である。日本に亡命して頭山満の庇護《ひご》を受けた人々は、朝鮮、支那《シナ》、印度《インド》の志士から比律賓《フィリピン》、安南《ベトナム》、土耳古《トルコ》、アフガニスタン、波蘭《ポーランド》にも及びその数は数百人とも言われている。自由民権運動で有名な中江兆民は「頭山満君。大人長者《たいじんちょうじゃ》の風あり。且《かつ》今の世、古《いにしえ》の武士道を存して全き者は、独り君あるのみ。」（「一年有半」）と記している。

玄洋社は元々自由民権運動から起こった結社である。明治の自由民権運動は士族が担い、薩長の藩閥政府に対し「民権」を伸張させて行く事が国家を強くする基となると考えていた。

それ故、国の力を強くする「国権」とは決して矛盾しなかった。その中で、筑前（福岡）の地に生まれた玄洋社は、対外的な日本の力の充実を強く求めかつ、西欧列強に抑圧されているアジア諸民族の独立支援、世にいう「大アジア主義」を標榜《ひょうぼう》した。日本が中心に立って西欧列強と対峙する。その為に独立運動に立ち上がったアジア諸民族を支援するのが日本の役割だと考えていた。

その玄洋社の「憲則《けんそく》」は次のものであった。

第一条　皇室を敬戴《けいたい》す可《べ》し　　第二条　本国を愛重《あいちょう》す可し

第三条　人民の権利を固守す可し

そして、「これらの条項は人々の安寧と幸福を保全する基であるから、子孫の子孫にまで伝え、人類の存在する限り決して換えてはならない。後世の人々が之に背《そむ》く様なら、それは日本人の子孫とは言えない」と、永久不変の原則である事を強調している。

この憲則について、晩年頭山は、玄洋社が自由民権運動に起ち上がったのは、日本の人民総《すべ》てを武士の様に国家に責任を持つ高潔な国民にしたいと志しての事だったのだが、結局は自分の権利だけを主張する、利に聡《さと》い町人民権に落ちてしまい国家の事など考えなくなってしまった、と嘆いている。

今日に於ても選挙が有る度にテレビが報道するのは自分の利益要求の「町人民権」ばかりである。国家社会を第一義に考える「武士民権」の復権こそが、今も尚求められている。

2. 道義日本の確立こそ世界に対する大使命

日本は道義の中心とならねばならぬ。それが日本の世界に対する大使命である。

昭和十四年・頭山満「道義を世界に布け」

頭山満はアジアを人間の身体に例えて「大アジア主義」を説明している。「アジアは大きな蛇の為に臍《へそ》の所まで呑《の》まれて居る。印度という両足は勿論とっくの昔に呑まれ、支那という腹も大部分呑まれて居る。日本が腹から上の頭位のもので、これだけが呑まれずに残って居る。（略）身体は呑まれて居って如何とも仕様が無いから、自由の利く日本の手や頭で束縛を解いてやり、立派に歩行が出来る様に、義気を出して、うむと一骨折ってやらねばならぬ。仲々日本の仕事は多いのぢゃ」と。

昭和十四年（一九三九）には「道義を世界に布《し》け」と題して青年を激励した。頭山八十五歳の時である。

「日本は道義の中心とならねばならぬ。それが日本の世界に対する大使命である。それには先ず、差当《さしあた》って支那事変を解決して、日満支三国同盟の実を挙げると共に、更に印度を加えて東洋に仁義道徳の理想国を築き上げることぢゃ。（略）道を行い、敬愛の心を以て宇内《うだい》万邦に対して居さえすれば、国は期せずして世界の鑑と仰がれるに違いない。それが日本国民の一大使命で、正道のためには、進んで国を以て斃《たお》る、の精神を貫いてこそ却《かえ》って国を興し、又世界人類の上に貢献する所以《ゆえん》となるのである。（略）孔子の生れた支那、釈迦の生れた印度を、情けない状態、すなわち白人の羈絆《きはん》から解放してやって、住みよい支那、住みよい印度にしてやるのが、日本国民の道義的事業である。これはなかなか高尚な事業、すなわち聖業ぢゃよ。日本国民全体が釈迦や孔子の意気でやるべきぢゃ」

国家理想という言葉があるが、明治を生きた先達はそれを確《しか》と持って、世界に相対《あいたい》していた。西欧列強によって抑圧され植民地化されていたアジアの現状に強い怒りと深い悲しみを持って、アジアで唯一植民地化を免《まぬが》れた日本国の使命を考えたのだ。自分だけの独立と平和に安住するのではなく、アジアの諸民族の独立と平和の為に日本の力を尽すべきだと本気で考えたのである。

その精神の高尚さと比べた時、占領憲法の「平和を愛する諸国民の公正と信義」という虚言に依拠して一国平和主義に甘んじて復興を実現し、世界の大国となった後でも、世界の混乱からは逃避すべきだと「利己的平和主義」を唱え安逸を貪《むさぼ》っている戦後日本人の精神の低劣さは、同じ日本民族なのかとの疑いの念さえ抱かせるのである。

3. 若い時は個性が強すぎる位で丁度良い

青年には圭角《けいかく》がなければならぬ。

頭山満「青年に訓ふ」

玄洋社は、筑前《ちくぜん》（福岡）の地で有為なる青年を育て、東京には頭山満等がいて政治に睨《にら》みを利かせていた。青年の精神を育み人材を生み出す場が福岡であり、その精神を国家に役立てて行く実践の場が東京だった。組織には、人材を育む場と、育った人材が活躍する場という二つの場が自ずと生まれて来る。現代風に言えば「研修」と「運動・事業」の場の事である。その意味で、研修が本物にならなければ運動・事業で国家を動かす力など身につかない。玄洋社の力は、福岡の地で生み出された精神の力だと言って過言ではないだろう。

その精神を頭山満が語ったものに「青年に訓《おし》ふ」という箴言《しんげん》集がある。『巨人・頭山満翁』中で紹介されているもので、私は、四十年前の学生時代に出会い、自分の人生規範とした。当時は、先人たちの「求道」の「語録」「箴言」をみつけては書き写し、自己修養の範としていた。

「青年訓」の中で、今でも印象に残っている言葉が幾つかある。その第一が「青年には圭角《けいかく》がなければならぬ」である。続けて翁は「円転滑脱《かつだつ》は青年には禁物ぢゃ。ゴツゴツした圭角を以て海月《くらげ》のような世の中の奴に打《ぶ》つかって行くのぢゃ。そうして行くうちに段々老成して、何時《いつ》しか圭角がなくなる。初めから圭角のない奴は、老成した頃には磨滅してしまって、自分という一個の人間がなくなってしまう」と述べている。若い時にはゴツゴツする位の激しさや頑固さがあって良いと思う。それが年を重ねるに従って段々と角が取れ円熟して行くのだ。私も若い時は「鬼」と呼ばれて後輩達に恐れられ、先輩方にも随分楯ついたりしていた。「小成《しょうせい》」という言葉があるが、素直すぎても人間は大きくならない。煙たがられる位の偏屈さと自信を持つ程の青年こそが、後に「大成《たいせい》」するのではなかろうか。

頭山満が尊敬していた人物は西郷隆盛である。頭山満講評『大西郷遺訓』も出ている。その西郷も、若い時には激しい正義感の持ち主であり、藩の実力者である島津久光から疎《うと》んじられ島に流された事もある。ただ、西郷は自省力が強く、だんだんと心の広さを身につけて行った。頭山は若い時から他者を呑んでかかる事の出来る人物だった。腕っぷしも強くかつ学問の理解力も早かった。それ故、先輩達も一目置き、同志達からは頼りにされた。明治の人物の人間的な大きさは想像を絶している。特に、頭山満という「国士」は計り知れない巨大さを湛《たた》えている。

4. 信念ある少数の力

少数の多数、多数の少数といふことを俺は常に考へる。本当の仕事はいつも少数から生れる。

頭山満「青年に訓ふ」

頭山は言う。「人間は魂さえ磨いておればよい。外《ほか》に何も考えることは要《い》らぬ」と。魂とは自分の自分たる所以《ゆえん》のものであり、自己の全てに他ならない。それを磨き続けていれば「絶対」の境地が生まれて来る。頭山満はその「絶対者」であった。

それ故、「少数の力」こそが「多数」に勝ると、信念を持って述べた。頭山が熊本の国権党の佐々友房《さっさともふさ》と提携する事を決意した際、玄洋社の多くの者が反対した。その時頭山は社長の箱田六輔《はこだろくすけ》に次の様に言って膝詰《ひざづめ》談判をした。

「俺は貴様を英雄と思って交わって来た、所がやはり貴様も頭数《あたまかず》のような奴と思う、貴様はこれから頭数の奴と一緒にやろうというが、この頭数というものは五十年百年経つと空虚だ。俺は一人だが五十年や百年で消えるようなじゃないぞ、頭数の奴は霧か霞と消え失《う》せても俺は決して消えはせぬ。そういう者と一緒になって俺と別れて行くというのはどういうことか」。「頭数」とは多数の事である。信念ある人物の連携こそを頭山は求めていた。

頭山は言う。「少数の多数、多数の少数ということを俺は常に考える。本当の仕事はいつも少数から生れる。万事は犠牲的精神に燃える少数の人々の奮起に在る。真面目なものなら一人の志も奪うことは出来ぬ。クダらぬ奴はどれほど多数居ても容易に奪われる」

「本当のものはいつも少数から生れる。今日の学校から、真に世のためになる人間が生れぬのも、あまり大勢を教育するからだ。公共のため、国家のために断乎として起って活動する人を作るには、先ず少数から始めねばならん。真の日本の復古的活動は、犠牲的精神を持った少数の人々の奮起に在る。」

頭山は信念ある少数もしくは一人こそが、多数なる烏合《うごう》の衆に勝ると信じていた。真に自立した者が集まれば例え数は少なくとも世の中を正す事が出来ると確信していたのだ。そして、頭山満の偉大さはそれを身をもって実践した点にある。

三島由紀夫も「反革命宣言」の中で「われわれは、強者の立場をとり、少数者から出発する。日本精神の清明、闊達《かったつ》、正直、道義的な高さはわれわれのものである」と述べている。人数が少なくともその一人一人が信念に燃えているならば、国を動かす事が出来る。

頭山は言う。「本気の力というものはエライもので、一人の至誠でも国を動かすことが出来る」と。吾々も国を動かすような至誠を磨き上げたいものである。

【コラム③】武士道を提唱した乃木・新渡戸・山川の繫がり

乃木大将と新渡戸稲造とは、魂に於て相共鳴《あいきょうめい》する所があった。乃木は新渡戸より十三歳年上だが、二人はほぼ同時期に学習院院長と第一高等学校校長として日本の将来を担う青少年の教育の任に当った。乃木院長が第一高等学校の視察に訪れた際、慌てて掃除、整頓を始めようとする職員に対し、新渡戸は「いやこのままがいいだろう。将軍はありのままを見たいので、飾り付けを見たいのではない」と語った。校風の違う学習院と一高だったが、乃木は新渡戸の中に教育者としての深い信念を感じ取った。新渡戸家を訪れた乃木は揮毫《きごう》を求められ「かたらじとおもふこころもさやかなる月にはえこそかくさざりけれ」という和歌を記した。日露戦争の戦死者を背負って生きていた乃木の沈痛なる思いが込められていた。乃木大将が明治天皇に殉死した後、新渡戸は「(乃木は)一人でその責任を感じ、最も純粋なる精神に殉じたのである」と述べている。乃木院長は裕仁親王の為の東宮御学問所を構想し、「評議員には差当り山川健次郎博士などは是非選定せらるべき」と述べていた。後に東宮御学問所が設置された際、山川は評議員として軍事以外の全ての教科に采配《さいはい》を揮《ふる》いその充実を期した。大正三年、京都帝国大学総長に山川健次郎が任命された時、大阪朝日新聞は「フロックコートを着た乃木大将」と題して「今回京大総長に就任せられた山川総長は、如何にも武人乃木大将に匹敵《ひってき》する程、立派な風格をもつて居るやうに見受けられた。」と論評した。晩年山川は「乃木大将心事」「武士の信義と乃木大将の殉死」と題する講演を行い乃木将軍を心から偲んだ。

✽第四章　大東亜戦争と武士道

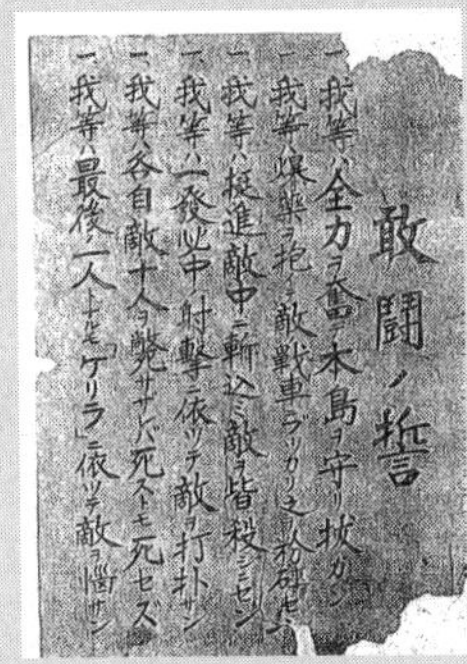

敢闘ノ誓

一、我等ハ全力ヲ奮ツテ本島ヲ守リ抜カン
一、我等ハ爆薬ヲ抱イテ敵戦車ニブツカリ之ヲ粉砕セン
一、我等ハ挺進敵中ニ斬込ミ敵ヲ皆殺シニセン
一、我等ハ一発必中ノ射撃ニ依ツテ敵ヲ打チ斃サン
一、我等ハ各自敵十人ヲ斃サザレバ死ストモ死セズ
一、我等ハ最後ノ一人トナルモ「ゲリラ」ニ依ツテ敵ヲ悩マサン

①硫黄島守備隊「敢闘ノ誓」（写）

②特攻隊の出撃を見送る女学生
（鹿児島県・知覧）

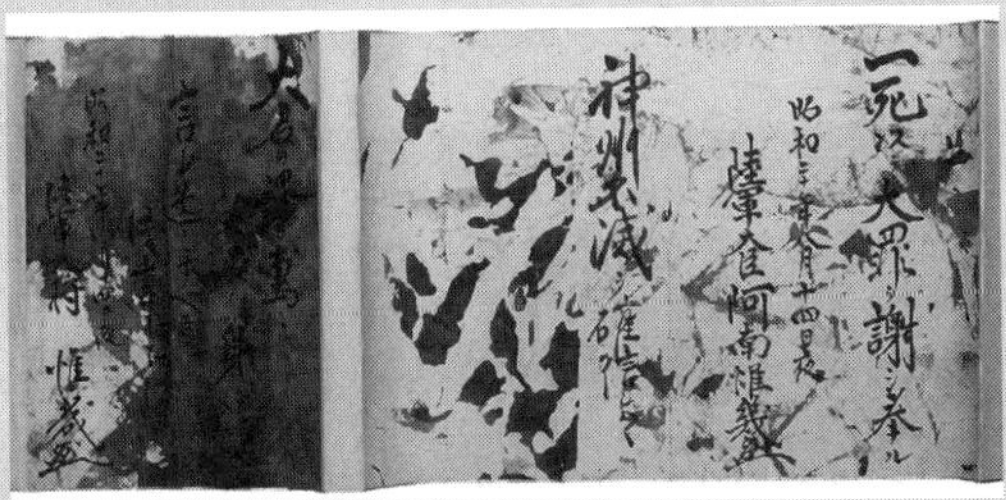

一死以テ大罪ヲ謝シ奉ル
昭和二十年八月十四日夜
陸軍大将阿南惟幾
神州不滅ヲ確信シツツ

③阿南惟幾命遺書（靖國神社遊就館蔵）

④ナヴォイ劇場（ウズベキスタン・タシケント）

1．道義に基づくアジア共栄を目指す

大東亜各国は協同して大東亜の安定を確保し、道義に基《もとづ》く共存共栄《きょうぞんきょうえい》の秩序を建設す

「大東亜共同宣言」

大東亜戦争は「自存自衛」（開戦の詔書）の戦いであると共に、欧米列強から「アジアを解放する」戦いでもあった。その事を国家の政策として世界に発信したのが、外務大臣だった重光葵《しげみつまもる》である。大東亜戦争開戦時に駐支大使だった重光は、中華民国（南京政府）を完全なる独立国として扱い、不平等条約を撤廃する「対支新政策」に着手し、日支間の紛争に御心を痛めておられた昭和天皇から絶大の賛辞を戴く。

更には昭和十八年四月に東條内閣の外務大臣に就任し、十一月には大東亜会議を開催、日本・中華民国・タイ・満州国・フィリッピン・ビルマ・自由印度仮政府の代表が東京に会して世界史初の「アジアサミット」を開催した。その成果として大東亜共同宣言が世界に向けて発せられたのである。その綱領には「道義に基づく共存共栄」「自主独立の尊重」「相互に

伝統を尊重」「経済協力」「人種差別撤廃」が謳《うた》われている。
戦争には大義がなければならず、大東亜共同宣言としてわが国とアジア諸国が欧米を相手に共に戦う意義を堂々と表明したのである。英米は昭和十六年八月に大西洋憲章（英米共同宣言）を世界に発信していたが、それはナチスドイツの侵略を非難するものの、自分達が支配するアジア植民地の民族自決については何の保証も書かず、「領土変更」を否定していた。英米にはアジア植民地を放棄する意志は全く無かった。大西洋憲章のアンチテーゼとして大東亜共同宣言はその欺瞞を突いた。

奮闘空しく日本が大東亜戦争に敗れた後、連合国は、大東亜戦争の理想を喚起する文書を総て発禁処分とし、検閲によって大東亜戦争の呼称さえ禁止し、大東亜会議や大東亜共同宣言の存在を抹殺しようと企てた。それは、七年間に及ぶ占領政策の中で成功を収め、自虐教師を大量に生み出し、未だに学校教育では「大東亜」を冠する言葉は教えられない。

九州大学国史学教授だった山口宗之《むねゆき》先生は、先の戦争は太平洋だけが戦地になったのでは無く、シナ大陸・東南アジア・インドまで含む戦いがあった訳で、歴史学の立場からも「太平洋戦争」との呼称は間違っていると憤慨され、左翼の家永三郎でさえ「太平洋戦争」との呼称には疑義を呈している、と語られていた。左翼学者も良心が痛むのか最近は「アジア・太平洋戦争」などと称する様になって来たが、日本人なら日本人が使い、昭和十六年十二月十二日に閣議決定した呼称である「大東亜戦争」を堂々と使うべきである。

2. 混乱する中国に平穏な状態をもたらし、アジアの安定ひいては世界平和を実現する

期する所は、中國を保全、而《しこうし》て東《とう》亞《あ》久安《きゅうあん》の策を定め、宇《う》内《だい》永《えい》和《わ》の計を立つるに在り

東亜同文書院「興學要旨」

大東亜戦争開戦の詔書に「重慶ニ殘存スル政權ハ米英ノ庇蔭《ひいん》ヲ恃《たの》ミテ兄弟《けいてい》尚《なお》未《いま》タ牆《かき》ニ相鬩《あいせめ》クヲ悛《あらた》メス」との表現がある様に、本来「日支」は兄弟国であり、相争うべきではないと考えられていた。実は、当時のシナには、米英の後ろ盾を頼んで日本と対立する重慶政権（蔣介石《しょうかいせき》主席）の外に、南京政権（汪兆銘《おうちょうめい》主席）が存在し、日本との和平の道を探ろうとしていた。日本側も努力し、重光葵大使の「対支新政策」はその大きな第一歩だった。

江戸時代の武士は漢学を基礎素養とし、その伝統は明治以降も続いていた。それ故、漢字・漢文の素養を共有する日本人とシナ人は「同文」の民であり、連帯すべきであるとの考えは日支双方に存在していた。そこで、多くの日本人が日支提携を志して大陸に渡ったのである。

日清戦争に於ける日本の勝利は、シナの人々に近代国家日本の実力を認識させ、シナから

は多くの留学生が日本に派遣された。わが国でも日支の懸け橋になる人材を育てる為に東亜同文会（近衛篤麿《このえあつまろ》会長）が結成され、教育機関として、南京同文書院を経て上海に設立されたのが「東亜同文書院《とうあどうぶんしょいん》」である。実は、私の大叔父の義父である宗方小太郎《むなかたこたろう》が、その設立と運営に拘《かかわ》り、私の伯父はそこに学び、戦後は熊本県庁に勤めて日中親善にも尽力している。

東亜同文書院の初代院長は根津一《ねづはじめ》、儒学道教等漢学の素養の深い人物だった。東亜同文書院には、全国四十七府県が、中等学校卒業以上の二名を選抜試験によって択《えら》んで県費で派遣していた。根津は学生達に「志をシナにもち、根津に従って一個の人間たらんと欲する者は、この根津とともに上海にゆこう」（『東亞同文書院大學史』）と語ったという。

東亜同文書院は「興學要旨《こうがくようし》」と「立教綱領《りっきょうこうりょう》」を定めて、儒学的な素養に基づく実学を目標に、シナ語を取得させて日支の相互理解と協力を担える人材を育てた。書院の目的は「混乱する中国に平穏な状態をもたらし、アジアの安定ひいては世界平和を実現する」事であった。その為に、「國家有用の士、当世必需《とうせいひつじゅ》の才と成る」日本人を育てた。同文書院の学生には最終学年の半年を使って、支那大陸の各地をグループで調査探検する「大旅行」が課せられ、その膨大な記録は『支那省別全誌』全十八巻として纏められるなど、学術的にも高く評価され、日本の国策にも寄与した。その様な体験を積んだ者達が戦中・戦後の日中関係を支えたのである。不幸にも大東亜戦争前の日支和解は実現できなかったが、漢学の素養に基づく日支提携を目指した日本人が多数居た歴史的事実は決して忘れてはならない。

3. 自分の日常の姿で、日本人とは何かをアジア諸民族に示せ

日本人とは斯《か》くの如きものなりと諸君の日常の行動によって亜細亜《あじあ》諸民族に知らしめることである。

東亜経済調査局附属研究所二期生卒業式での大川周明所長訓示

昭和十三年、わが国の将来に亘る東南アジア政策を見据えて、東南アジア・インド・イスラム圏との懸け橋となる人材を養成する為に発足したのが東亜経済調査局附属研究所（通称「大川塾」）である。その所長にはアジア主義を唱える稀代《きだい》の思想家・大川周明《おおかわしゅうめい》が就任した。

開設の目的は「将来、日本の躍進、発展に備うる為海外各地に派遣し、満壱拾年間当研究所の指定する公私機関に勤務しつつ、該地《がいち》の政治、経済及び諸般の事情を調査、研究し当研究所に定時報告を提出せしめ、且つ一旦緩急《かんきゅう》あれば必要なる公務に服せしむる目的を以て青年を訓育す」とある。全寮制の教育機関で、修業年限二年制、学費・必要経費一切無料（満鉄・外務省・陸軍が出資）だった。

選考基準には、①身体強健にして激務に耐え得る者　②意志鞏固《きょうこ》にして責任感強く、困

苦欠乏に堪《た》え得る者　③秘密を厳守し得る者　④数理的才能を有する者　⑤家庭的繋累《けいるい》少なき者　⑥親権者の同意を得たる者、とある。語学教育が徹底的に重視され、専攻する言語によって班分けされた。【第一期生】タイ班（英語・タイ語）仏領印度支那《ふつりょうインドシナ》班（仏語・ベトナム語）蘭領印度支那《らんりょうインドシナ》班（蘭語・マレー語）英領印度《えいりょうインド》班（英語・ヒンドゥー語）【第二期生】アフガニスタン班（英語・ペルシャ語）イラン班（仏語・ペルシャ語）アラビア班（英語・アラビア語）トルコ班（英語・トルコ語）と言う様に（玉居子精宏『大川周明アジア独立の夢』）、植民地支配している国の欧米語と原住民語の双方を徹底して身に着けたのである。

大川所長の教育方針は二期生の卒業式での「送る言葉」に伺う事が出来る。

「諸君の任務は、一面において各地の綿密なる調査研究を進めて日本の亜細亜《アジア》経綸《けいりん》に寄与すると同時に、他面において日本人とは斯《か》くの如きものなりと諸君の日常の行動によって亜細亜諸民族に知らしめることである。それには第一に、諸君は正直でなければならぬ。正直とは己を欺《あざむ》かず、人を欺かず、天を欺かざることである。第二は、親切でなければならぬ。親切とは、誠実と慈悲を以て人に接することである。この二つを行い得たならば、諸君は日本人として真面目《しんめんぼく》を発揮し得ること間違いない。そして一人でも二人でも本当の友を現地人の中に見つけなさい。また、任地において趣味を見つけ、それを十年間続けることです。」（関岡英之『大川周明の大アジア主義』）

卒業生たちは、大東亜戦争に於て南進日本の「眼・耳・手足」となって尽力した。

4．ベトナム独立を支援し続けた日本人実業家

大南公司《だいなんこうし》はベトナム人のための企業であり、その利益はベトナムの独立運動の為に使う

大南公司創設者松下光廣の言葉

十六世紀後半から十七世紀にかけて東南アジアには多くの日本人が進出し、マニラに約三千人、タイには山田長政を始め約千五百人が住んで日本人町を形成し、ベトナムでも北部や中部に日本人町が点在していた。鎖国で廃《すた》れるが、明治になると再び日本人は数多く東南アジアに移り住んでいる。その中には熊本の天草出身者が数多くいた。明治四十五年（一九一二）、天草の大江出身の松下光廣《まつしたみつひろ》は、十五歳で志を抱いてベトナムに渡り、苦労して大正十一年（一九二二）にはハノイに総合貿易商社「大南公司《だいなんこうし》」を創業した。

裸一貫から現地ベトナム人の協力を得て築き上げて来た松下は、独学で「越南興亡史」を学習し、若いベトナム人の独立への情熱に次第に共感して行く。ベトナムでは日露戦争後に、東游（ドンズー）運動が起こり、三百名近い留学生が日本に来ていた。その中から独立の機

運が芽生えていたのだった（田中孜『日越ドンズーの華』）。

昭和三年（一九二八）にはベトナム独立の象徴的人物であり亡命中のクオン・デ候との親交が生まれ、松下は深い信頼を受け「盟主クオン・デの現地代行者」として独立運動に深く関る様になった。そして、独立を志す青年達は松下を訪ねて来るようになる。松下は述べる。「私がただ日本人というだけで、信頼してやってきたのです。その時から私は、訪ねてきた志士たちの独立と自由への切々たる悲願に魂の底で共鳴し、古くは中国の弾圧に苦しみ、さらにヨーロッパ植民地主義者の圧政に呻吟《しんぎん》苦悩しているベトナムの民衆に同情の念を強くするとともに、その桎梏《しっこく》を打破すべく、命をかけて抗争している革命家たちの言動に深く感動したものです」と。そして松下の中には「大南公司はベトナム人のための企業であり、その利益はベトナムの独立運動の為に使う」との信念が次第に固まって行き、大南公司は「昼は商社、夜は革命運動の司令部」とまで呼ばれるようになる。

昭和十二年（一九三七）、松下はフランス当局から「スパイ容疑」で国外追放になり拠点をタイへと移さざるを得なくなるが、この年の秋に大川周明を訪ね大川のアジア解放の志に深く共鳴する。大川塾でインドシナを志した卒業生も次々と大南公司に勤める様になって行く。昭和十四年には「ベトナム復国同盟会」を結成（総裁クオン・デ候、本部は東京、総裁代行に松下光廣）する。大東亜戦争前、中、更には戦後のベトナム戦争時も、ベトナムの独立統一迄、一貫して松下は現地人の為に命がけで協力している。（牧久『安南王国の夢』）

5．天皇陛下の大御心を奉じた道義の戦争

私は、機関の信条を、陛下の大御心《おおみこころ》――四海同胞一如《しかいどうほういちにょ》の御軫念《ごしんねん》を奉じ、敵味方を超越する至誠、信念、情誼《じょうぎ》、情熱のヒューマニズムに徹し、道義の戦いを捨身窮行《しゃしんきゅうこう》することを部下と誓い合った。

藤原岩市『F機関』

大東亜戦争に於て日本の理想を体して戦った日本軍の将兵は綺羅星《きらぼし》の如く居るが、その中でも「F機関長」藤原岩市《ふじわらいわいち》陸軍少佐は、日本人全てに知ってもらいたい人物である。藤原岩市氏の回顧録である『F機関』は昭和四十一年に原書房から出版され、その後番町書房（四十七年）振学出版（六十年）と版を重ねており、平成になってからも二十四年にバジリコから出版されている。又、藤原氏が亡くなる（昭和六十一年二月逝去）二年前より十回に亘って「体験と省訓」を語られた『留魂録』では、藤原氏の生涯が記されている。

藤原氏は、大東亜戦争開戦前の昭和十六年九月に、東南アジアのマレイ・北スマトラ民族工作の任を帯び、タイのバンコックに派遣された。開戦と共にマレイ・シンガポール作戦の中で現地民工作を実施し、大成功を収めた。マレイ半島に上陸した日本軍は南下して大英帝

国のアジア侵略の牙城《がじょう》であるシンガポール攻略を目指した。それに対し、マレイ半島には英《えい》印《いん》軍が展開して、吾が軍の進撃に立ちふさがった。英印軍というのは、高級将校以外の下級将校や兵隊の殆どがインド人で構成されている。当時のインドは大英帝国の植民地だった。

そこで、F機関のメンバーはインド独立連盟の志士達と協力して、密かに英印軍の中に潜入して、投降を呼びかけた。日本軍の敵は英国である事、インドを抑圧支配しているのは英国であり、日本人とインド人が戦わねばならない必然性は無く、共に協力してインド独立の為に起ち上がるべきではないかとの説得を行った。

勿論、武器も持たずに素手で敵地に入って行くのだから、生命の危険が伴う。しかし、F機関員には高い理想と信念があり、その言動は誠に溢れ、インド人将兵の信頼を充分に勝ち取るものであった。その結果、戦わずして四万五千名のインド人将兵が投降、更にはその中の大多数が志願してインド国民軍に加わり、日本軍と共にインド独立を目指して起ち上がったのだ。

何故、F機関は成功を収める事が出来たのか。それは、機関の信條を「陛下の大御心《おおみこころ》――四海同胞一如《しかいどうほういちにょ》の御軫念《ごしんねん》を奉じ、敵味方を超越する至誠、信念、情誼《じょうぎ》、情熱のヒューマニズムに徹し、道義の戦いを捨身窮行《しゃしんきゅうこう》する」事に置いていたからに他ならない。日本の理想は天皇陛下の大御心にあるとの不動の信念が、機関員の心を一つにしてこの快挙を生み出したのである。そこに機関長藤原岩市氏のリーダーとしての真骨頂《しんこっちょう》が有る。

6.「殺人剣」では無く「活人剣」に

日本の戦さ《いく》（剣）は殺人剣《さつじんけん》ではなく活人剣《かつじんけん》であるべきだ。

藤原岩市『留魂録』

F機関のFは「フリーダム、フレンドシップ、藤原の頭文字」を採って命名されている。藤原氏は、この任務を命じられてから「日本には建国の理想に立脚した独自の戦争哲学があるべきであり、これに基づく戦争指導と思想戦の計画展開が伴うべきだ」と考え、「日本の戦争哲学と心理戦の探求開発」を志して、山鹿素行『中朝事実《ちゅうちょうじじつ》』や古事記・日本書紀・万葉集等の古典、平泉澄《ひらいずみきよし》博士や大川周明博士の所論、シナの兵書や孔子・孟子・老子などを繙《ひもと》き、思索を深めて行く。その結果、次の五点の結論を得る。

一、日本建国の理想「八紘一宇《はっこういちう》」に立脚すべきである。しかし、神国を以て任ずる唯我独尊を戒むべきである。

二、日本の戦さ（剣）は殺人剣ではなく活人剣であるべきだ。（略）日本精神は三種の神器に表徴《ひょうちょう》されている。剣は正義と勇気を、鏡は清浄明澄を、玉璽《ぎょくじ》は和合寛容を表現するものである。
三、東洋の思想は一、二、の示すように自他一如《じたいちにょ》、大和融合《だいわゆうごう》を特色とし、物心一如の調和を尊ぶ。（略）日本も東洋思想を逸脱して西洋思想の亜流に溺れた一面もあることに反省を要する。
四、戦争には透徹した大義名分と目的が確立宣明されなければならぬ。それは敵国や第三国軍官民の共感が得られる普遍性が必要である。しかも誠実な実践によって立証されなければならぬ。
五、日本の思想戦は、相手の共鳴参加を求めることを建て前とするものである。（略）相手の共鳴参加を得ても、その自主独立的立場を尊重して協調連帯を尊ぶのが日本思想戦の原則であるべきである。

藤原氏は、自らの学問と思索の中で信念化した「日本の戦争哲学」を部下と共有し、全身全霊で実践して行った。藤原氏は言う「隷属《れいぞく》民族は共通して、相手の誠心と愛情の有無を極めて敏感に感得看破《かんとくかんぱ》する」「彼らはつくろい、装った巧言令色《こうげんれいしょく》や儀礼応接には絶対に騙《だま》されない。その反面、無私の誠心と愛情、心からの人権人格の尊重、平等対等の敬愛、自由独立闘取の心情に対する心底からの共鳴共感の有無は、敏感に感得感受する」と。F機関員たちはその誠心の実践によって敵をも味方に変えたのである。

7. 南機関長を慕うビルマの人々の謝意

父親がその子供に教え諭《さと》すが如く、その子供を守るが如く

鈴木敬司大佐の離緬《りめん》によせてビルマ独立義勇軍から贈られた感謝状

大東亜戦争開戦に先立つ昭和十六年（一九四一）二月一日、ビルマ（ミャンマー）の独立の援助と、重慶にある蒋介石政権への援蒋《えんしょう》ビルマ・ルートの遮断《しゃだん》を目的に、大本営直属の「南機関《みなみきかん》」が誕生し、機関長には鈴木敬司《すずきけいし》陸軍大佐が就任した。四月から六月にかけて南機関は、ビルマの独立を目指すアウン・サン他のタキン党青年幹部三十名を日本に脱出させ、海南島で訓練する。その後、青年達はビルマ・タイ国境に潜入し、大東亜戦争開戦と共に、日本軍と協力してビルマ解放の為に進撃した。そして、昭和十六年十二月二十八日、彼らが核となってビルマ独立義勇軍（ＢＩＡ）が結成された（アウン・サンは後にビルマ建国の父と呼ばれ、今のミャンマー民主化の指導者アウンサン・スーチーはその娘である）。

ビルマには一つの民間伝承があった。それはイギリスに亡ぼされたアラウンパヤー王朝最

期の王子が、ボ・モージョ（雷帝）と名乗って、白馬にまたがり太陽を背に東方からやって来て、ビルマを救出し解放する、というものだった。そこで、鈴木機関長は白馬を使用し、住民達は鈴木機関長を雷帝《らいてい》（ボ・モージョ）と呼ぶようになった。ビルマ解放後、ビルマの即時独立を求める民衆と時期尚早の日本陸軍との狭間で鈴木大佐は苦境に立たされ、昭和十七年七月には転任させられた。その鈴木にビルマ独立義勇軍は感謝状を贈った。その文章には、鈴木の理想と実践に対するビルマ人の真心が綴られている。

「アジア人の前衛たる日本人は、自らの社会経済的進歩と教育の発達のみを求めて闘いを進めたのではない。インド、ビルマ、中国、マラヤ、フィリピン、スマトラなどにおいて、政治的にも経済的にも足かせをはめられて抑圧されていた人々の為にも、闘ったのである。（略）

父親がその子供に教え諭《さと》すが如く、その子供を守るが如く、雷将軍は真の情愛をもって、ビルマ独立軍の兵士全員を教え、全員をかばい、全員の事に心を砕いてくれた。ビルマ人は、その老若男女を問わず、この事を忘れる事は決して無い。（略）ビルマの為にこの様な骨折りをした雷将軍は、いまや日本に帰らんとしている。われらは、ビルマ独立軍の父、ビルマ独立軍の庇護《ひご》者、ビルマ独立軍の恩人を末長く懐かしむ。将軍のビルマ国への貢献も、何時までも感謝される。たとえ世界が亡ぶとも、われらの感謝の気持が亡ぶ事は無い。」（ジョイス・C・レブラ『東南アジアの解放と日本の遺産』）

この言葉の如く、戦後一貫してミャンマーは親日国家であり、日本人に対する評価は高い。

8. 独立できる力を自ら身につけよ！

独立は自らの力で取るものであり、与えられるものではない。

インドネシア・タンゲラン青年道場　柳川宗成中尉訓話

昭和十七年三月一日、インドネシアに進撃した日本軍に対しオランダ軍は殆ど抵抗できずに敗北を重ね、わずか九日間で降伏した。その様は三五〇年もの長きに亘って支配してきたオランダ人に対する幻想を粉々に打ち砕くものであった。インドネシアでは独立を志す青年達が陸続と生れて来る。その青年達に独立の為の知識と技量を身につけさせる為、日本陸軍は教育機関を各地に設置し、そこで育った人材が後に、郷土防衛義勇軍（ペタ）の幹部となり、更には大東亜戦争終結後の独立戦争を戦い抜く主体者となって行く。

この青年教育機関の代表的なものがタンゲラン青年道場だった。その中心者は拓殖大学出身で陸軍中野学校卒業の将校・柳川宗成《やながわもとしげ》中尉だった。タンゲランに集まった約五十名のインドネシア青年に対し、柳川中尉は日々次の様に訓示した。

「独立は自らの力で取るものであり、与えられるものではない。与えられたものはすぐに奪われる。諸君、自らの力が備われば、自然に独立は出来る。自らの力が備わるまで黙って勉強せよ。今の状態ではまず見込は全く無いと言えよう。要は諸君たちの今後の努力如何にある。黙々と自力を養うことだ。それが為には、私達は全霊全魂を捧げる。私達に負けるな。私達に負けるような力では独立は出来ない。独立は諸君達が私達に如何にして勝つかにある。一日も早く我々に優る能力を作るために全精力を体力、気力の養成に打ちこめ」（『カプテン柳川留魂録』）と。そして教官達にも「滅私奉公《めっしほうこう》の垂範《すいはん》」を求め、「大東亜戦争の真の意義に徹す」事を強調した。教官達は最初の三か月間は全くの休暇・外出無しで教育に当った。

当時の生徒で後にインドネシア国軍大佐になったズルキフル・ルビスは、柳川からいつも言われていた事として、「第一番は、精神です。何事も精神。これはことあるごとに絶えず言われました。第二に、お互いの友情を大切にしろ。第三は、ウソをつくな。そして第四番目は、勇気」をあげ、「私たちは、独立宣言（一九四五年八月十七日）ののち、オランダと戦った。私たちは、柳川大尉のこの精神でたたかいました。敵をこわいと思ったことは、一度もありません」（村上兵衛『アジアに播かれた種子』）と述べている。

抑圧されたアジア民族に対しかつての日本人は、深い同情と強い愛情を抱き真正面から向き合った。彼らの様な強烈なる感化力・教育力を持った教師が、現在の日本にどれ程存在するのであろうか。

9. インドネシア独立戦争に参戦した日本人

弾は人を殺さない。弱い心が、その心の持ち主を殺す

バリ独立義勇軍・平良定三

大東亜戦争で日本が敗れた後、日本軍によって追放されていたかつての宗主国イギリス・フランス・オランダは、アジアを再び植民地支配すべく軍隊を送り込んだ。現地人は自分達の手で、かつての支配国の軍隊と戦い、独立を守り抜かなければならなかったのである。しかし実際の戦闘となれば経験も浅く不安の為、彼らは武装解除された日本軍の将兵に独立戦争への参加を要請し懇願した。一方、日本の将兵も現地青年達と大東亜解放の理想を共有して来た者も多く、彼らを見捨てる事に堪えられない者もいた。その結果インドネシアやベトナムなどでは、多数の日本軍将兵が現地に残って独立戦争に参加した。

インドネシアでは、約二千名が各地の独立戦闘軍の中核となって戦っている。彼らは、①実戦部隊のリーダー、②インドネシア将兵の教育、③武器の製造、④民衆対策の指導、⑤情

報収集などの役割を担い、独立軍から頼りにされた。特に「日本人特殊部隊」はオランダ軍に極度に怖れられ、高額の賞金迄かけられている。

参謀将校のピンダーは「我々は武士道精神を日本から教え込まれ、訓練を受けたが、日本の教官は皆、（略）どのような理由があろうとも、戦闘に於いて手を挙げ降参することは許されないと教えた。〝もしお前の弾薬がなくなったら、銃剣で敵を倒せ。銃剣が折れたら、素手で殴り倒せ。腕も折れてしまったら、歯で噛み付け。そして歯も折れてしまったら、目で敵の精神力を打ち負かせ〟」と教え「時が経つにつれ、この教訓は我々の心に染み込み、少しずつながら降伏拒否の気持ちも持つようになってきた。」「バリのププタン精神と、日本の武士道精神とが一体」となって独立戦争の勇士を生み出した、と述べている。バリ島で独立戦争を戦い抜き、最後まで生き延びた平良定三《たいらていぞう》は、和蘭《オランダ》軍に追いつめられて恐怖するインドネシア兵に、「弾は人を殺さない。弱い心が、その心の持ち主を殺すんだ」と言って励ました。平良の強い精神力を示すエピソードである。（坂野徳隆『サムライ、バリに殉ず』）

アチェで戦った陸軍中野学校出身の岸山勇は、攪乱《かくらん》要員養成学校・前線の焦土作戦部隊・兵器工場・遊撃拠点の四部門を担い、後に兵器工場爆発で事故死したが、最後に、インドネシア語で『お前たちは絶対オランダを信用するな。独立のため死ぬまで戦え。インドネシアは必ず独立するのだ』と叫び、『東はどこか』と聞き、かすかな声で『天皇陛下万歳』と言ったまま息を引き取ったという。（林英一『東部ジャワの日本人部隊』）

10. アジア諸国に対する昭和天皇の「お詫び」

朕《ちん》は帝国と共に終始東亜の解放に協力せる諸盟邦《しょめいほう》に対し、遺憾《いかん》の意を表《ひょう》せざるを得ず

昭和天皇「終戦の詔書」

バリでインドネシア独立戦争に身を投じた堀内秀雄海軍大尉は、バリ人の義勇兵に「天皇陛下がお約束したインドネシアの独立を果せないなら、私はむしろ死んだほうがましだ。だから私はインドネシアが本当の独立を果すまで、あるいは私がこのバリの地で死ぬまで、あなたがたと一緒に戦うのだ」（『サムライ、バリに殉ず』）と語ったという。

大東亜解放によるアジア諸国の独立の実現は日本国の第一の戦争目的だった。その日本が米国の圧倒的な軍事力の前に敗北し、遂に降伏せざるを得なくなったのである。このまま戦いを継続すれば、日本国の存立が脅かされ、日本民族が抹殺されてしまう恐れがあった。米軍は日本の殆どの都市に対し空爆を行い、日本人を無差別に焼夷弾による炎の海で焼き殺し、更には原子爆弾を広島・長崎に投下して一瞬の内に数万人の日本人をジェノサイドした。終

戦の詔書の中で昭和天皇は「敵は新《あらた》に残虐なる爆弾を使用して、頻《しきり》に無辜《むこ》を殺傷し、惨害の及ぶ所、真に測るべからざるに至る」とお述べになり、「帝国臣民にして、戦陣に死し、職域に殉じ、非命《ひめい》に斃《たお》れたる者、及《および》其の遺族に想《おもい》を致せば、五内為《ごだいため》に裂《さ》く」と身の引き裂かれるような苦しみを表白されている。

しかし、日本には大東亜解放を信じて共に起ち上がり協力した友邦国があった。彼らに対する日本国の道義的責任はどうなるのか。昭和天皇は御苦悩された。それ故、終戦の御決断を国民に示された詔書ではあったが、海外の諸盟邦に対しても、「遺憾の意を表せざるを得ず」とのお詫びの文言を入れられたのである。

更に日本は、昭和二十七年（一九五二）の主権回復以来一貫して、かつて「帝国と共に終始東亜の解放に協力せる諸盟邦」だった東南アジア諸国との関係を重視し経済支援も行って来た。ＡＳＥＡＮ諸国やインドは最も親日的な国としてわが国との絆を大切にしている。かつてタイのククリット・プラモード元首相は「日本というお母さんは、難産して母体をそこなったが、生れた子供はすくすくと育っている。今日、東南アジア諸国民が、アメリカやイギリスと対等に話ができるのは、一体だれのおかげであるのか。それは『身を殺して仁をなした』日本というお母さんがあったためである」（『アジアと日本の大東亜戦争』）と述べたが、わが国が戦前・戦中・戦後一貫してアジアの希望の星で有り続けている事はまぎれもない事実である。反日日本人だけがそれを無視し、隠そうとしているのである。

1．文字通り最後の一兵まで戦った日本軍の勇気

誰もが最後の一兵最後の一画までというようなことをいうが、文字通りそれをやるのは日本兵だけだ

ビルマ戦英軍指揮官スリム大将

大東亜戦争時の日本軍将兵の鬼神をも泣かせる勇戦の姿については、敵であった米英の指揮官達が、驚嘆と敬意とを持って様々に書き残している。アーサー・スウィンソン『四人のサムライ　太平洋戦争を戦った悲劇の将軍たち』には、次の記述がある。

「西欧の兵隊はとうてい日本兵の無条件の勇気に太刀《たち》打ちできない。ビルマ戦のさなか、スリム大将は、『誰もが最後の一兵最後の一画までというようなことをいうが、文字通りそれをやるのは日本兵だけだ』と言ったものだ。これができるのは武士道のためだと思う。武士道とは武士の法典でこれにより死に対する非常に積極的な態度が育成されていく」

実際、日本軍の将兵たちは太平洋の孤島のみならず、大陸の孤塁《こるい》に於ても最後の一兵となるまで見事に戦い抜き、敵の心胆を寒からしめている。その様を戦記では「玉砕」と言う言

葉で表現している。西郷南洲の漢詩に「丈夫《じょうぶ》は玉砕《ぎょくさい》するも甎全《せんぜん》を恥ず」とあるが、その意味は「立派な男児たる者は玉の様に砕け散ったとしても、どこにでもある瓦のようにいたずらに生き長らえる事を恥じる」である。

しかし、様々な戦記を読むと、日本軍将兵の戦いの姿は、「死に急ぎ」では無く、最後の最後まで戦い抜き、敵を一人でも多く斃《たお》す事に執念を燃やしている。それは、自分達の戦いが祖国に残る人々の為の防衛戦だとの自覚故であった。祖国への強い愛情が、彼らをして世界史に類を見ない勇者にしたのである。愛する者があればこそ人は強くなれる。

一九九一年の湾岸戦争の時、砂漠で次々と米軍に投降するイラク兵の姿に驚きを覚えたが、二〇一四年クリミアのウクライナ軍、二〇一五年のＩＳとの戦いのイラク軍と、戦わずして降伏する軍隊の姿は異常に思われる。だが、彼らにとっては玉砕してまで守るべき祖国は存在しないのだ。「祖国との固い絆」、それこそが日本軍勇戦の根元だった。

戦後日本では、軍隊の保持を否定した日本国憲法の下で、守るべき祖国も失い、守る為に戦う事さえも忌避《きひ》する人々が生まれた。「平和憲法」を戴いていれば平和が来るという、国際情勢認識の欠落した幼稚な考えが未だに瀰漫《びまん》している。他者や他国への愛情のかけらもない「利己的平和主義」を恥ずかしげもなく唱えている。彼らには守るべき家族も国家も存在せず、自分の生命さえ安全ならそれで良いのだ。だが、国家が他国の侵略を受けた時、その自分の生命さえ危うくなるという歴史の真実に、悲しい事に彼らは未だに気が付かない。

我軍は最後まで善戦奮闘し、国家永遠の生命を信じ、武士道に殉ずるであろう

アッツ島守備隊打電

北太平洋アリューシャン列島のアッツ島を占領した日本軍守備隊に対し、昭和十八年五月十二日より米軍の奪還（アッツ島は米国土である）作戦が開始された。米軍は十九隻の艦隊と約一万一千人の陸軍部隊を投入。対する日本軍守備隊は二千六百人。実に四倍の敵だった。大本営は、未だ戦闘が開始されてない隣島のキスカ島からの守備隊の救出しか行い得る能力が無く、アッツ島を放棄するという苦渋の決断を行わざるを得なかった。

そこで樋口《ひぐち》北方軍司令官は、「軍は海軍と万策《ばんさく》を尽くして人員の救出に務むるも、地区隊長以下凡百の手段を講じて、敵兵員の燼滅《じんめつ》を図り、最後に至らば潔《いさぎよ》く玉砕し、皇国軍人精神の精華《せいか》を発揮するの覚悟あらんことを望む」と打電した。それに対しアッツ島守備隊長の山崎保代《やまさきやすよ》陸軍大佐は、「国家国軍の苦しき立場は了承した。我軍は最後まで善戦奮闘し、国

家永遠の生命を信じ、武士道に殉ずるであろう」と返電した（『図説　玉砕の戦場』）。

当初、米軍は三日で降伏させると豪語していたが、十八日間も日本軍の攻撃は続いた。その中でも米軍を恐怖に陥《おとしい》れたのは日本刀や銃剣をかざしての肉弾突撃（米軍は「バンザイ・アタック」と呼んだ）と、兵士が地雷を抱いて敵戦車に突っ込む「対戦車肉攻」だった。共に、捨て身の戦法である。

山崎大佐はアッツ島赴任に際し、妻子宛の遺書を残している。妻の栄子宛の一節には「思ひ残すこと更になし、結婚以来茲《ここ》に約三十年、良く孝貞《こうてい》の道を尽す、内助の功深く感謝す。子供には賢母、私には良妻、そして変らざる愛人なりき、衷心満足す」とある。又、四人の子供達宛の一文には「行く道は何にても宜《よろ》し、立派な人になって下さい」とある。山崎大佐の人柄が偲ばれる言葉である（牛島秀彦『アッツ島玉砕戦』）。戸川幸夫「山崎保代中将と一人の兵長」には、佐藤国夫兵長が撃墜した敵飛行士の墓を作った事に対し、「それが本当の武士道というもんだよ。いいことをした。戦いは戦い、情けは情け。情けあればこそ戦いも強い……といえる」と、山崎隊長が述べた事が紹介されている（北影雄幸『日本人の勇気』）。

一九五〇年八月、米軍はアッツ島の山崎部隊玉砕地に、銅板の碑を建立し、「一九四三年、日本の山崎陸軍大佐はこの地点近くの戦闘によって戦死した。山崎大佐はアッツ島における日本軍隊を指揮した」と記した。アッツ島将兵の勇戦を米軍が歴史に刻んだのである。

3. 太平洋の防波堤

我身を以て太平洋の防波堤たらん

サイパン守備隊の誓いの言葉

私が大学生だった四十年程前には、七夕の七月七日が近付くと大学構内には極左過激セクトが書いた「糾弾！　中国侵略　盧溝橋事件〇〇年」と書かれたでっかい立看板が出されていた。どの国の大学なのか解らない程、彼らは中国共産党と一体化した歴史観に呪縛《じゅばく》されていた。その看板を見る度に私は、七月七日はサイパン守備隊の玉砕の日であり、日本人ならその事を書いて、守備隊を追悼すべきではないのか、と怒りに胸を震わせていた。

昭和十八年九月三十日、米軍の本格的な反攻に対抗すべく、大本営は絶対国防圏を設置した。この圏内に敵の侵入を許せば、日本本土が敵の爆撃機によって恒常的に空襲を受ける事となる為、絶対に守り抜くとの覚悟がこの言葉には籠《こ》められていた。この絶対国防圏の西太平洋の端に位置していたのが、マリアナ諸島にあるサイパン島やテニアン島だった。それ故、サイパンの守備隊は「我身を以て太平洋の防波堤たらん」との合言葉を以て、押し寄せる米軍を必ず撃退するとの信念に燃えていた。

昭和十九年六月十一日より米軍は大空襲、艦砲射撃を繰返した後、十五日に上陸を開始した。艦艇は空母十五を含む七百七十五隻、陸軍十万、海軍二十五万という大規模なものだった。迎え撃つ日本軍守備隊は四万四千人。圧倒的な火力で日本軍を制圧したと考えた米軍は北と南の海岸に殺到したが、海岸に迫る米兵に日本側の砲弾が集中し、米軍は思いの外の損害を被った。だが、火力・物量の差は如何ともし難く、日本軍の「水際邀撃作戦《みずぎわようげきさくせん》」は頓挫《とんざ》し、島内での消耗戦となって行く。そして遂に七月七日に防衛司令官・南雲忠一《なぐもちゅういち》中将が自決し、組織的な戦闘は終結した。

だが、残存将兵は島内の密林地帯に立て籠もってゲリラ戦を展開した。平成二十三年に映画「太平洋の奇跡―フォックスと呼ばれた男」が上映されて反響を呼んだが、その元になったのは、ドン・ジョーンズ『タッポーチョ「敵ながら天晴《あっぱれ》」大場隊の勇戦512日』である。大場栄《おおばさかえ》大尉は、敗残兵を集めて見事に再組織化を果す。所属部隊を失った兵隊達は別人と思える程無力化していたが、一旦指揮・命令系統が確立すると再び勇敢な兵隊に甦ったのである。大場隊は敗戦後の昭和二十年十二月一日まで戦い抜き、交渉の末、「パガン島最高司令官　陸軍少将天羽馬八《あもう》」署名の降伏命令書を受けて投降した。彼らは日の丸を掲げて行進して下山した。その姿は米国でも報道され、米軍は歓迎パーティを開き大場隊の勇気を讃えた。

4. 名誉の戦死

チチハリッパニハタライテ、メイヨノセンシヲトゲタ

アンガウル守備隊松島上等兵の遺言

東京渋谷にある大盛堂《たいせいどう》書店の店主だった船坂弘《ふなさかひろし》は、パラオのアンガウル島玉砕戦の数少ない生き残りだった。戦闘での凄まじい負傷の為に気絶して捕虜となり、生き長らえた船坂の体内には二十四個もの弾丸の破片が残されていたと言う。その船坂が自分の体験をもとに記した『英霊《えいれい》の絶叫《ぜっきょう》　玉砕島アンガウル』は、私にとって忘れる事の出来ない書物である。映画「連合艦隊」では、サイパンの玉砕戦を、敗色濃厚になって武器弾薬も食糧も欠乏した将兵が自殺の為に力なく敵に向って行く姿で描いていた。ところが、船坂の著書には、身が傷つき不具となろうが最後の最期まで、敵を斃《たお》さんと戦いを挑んでいく凄まじい日本軍将兵の姿と、彼らの真情が記されており、真実に眼を開かされたのだった。

船坂軍曹に付き従った松島上等兵の最期の場面は何度読んでも涙を禁じ得ない。重体に

陥った松島上等兵は舩坂軍曹の手のひらに人差し指で三十分程かけて「ハンチョウドノ、ゴオン（御恩）ハシンデモワスレマセン。……ツマトカツボー（勝坊・三歳の愛息）ニヨロシク。……チチハリッパニハタライテ、メイヨノセンシヲトゲタ」と記して亡くなった。「名誉の戦死」、正に英霊の絶叫だった。

舩坂はこの本を書いた已むに已まれぬ気持ちを次の様に書いている。

「戦後二十一年、その間に過去の戦争を批難し、軍部の横暴を痛憤し、軍隊生活の非人道性を暴き、戦死した者は犬死であるかのような論や、物語がしきりにだされた。私はこの風潮をみながら心中こみあげてくる怒りをじっと堪えてきた。

やっと今、この記録をだすことができるに当って、私は心の底から訴えたい、戦死した英霊は決して犬死ではない。純情一途な農村出身者の多いわがアンガウル守備隊の如きは、真に故国に殉ずる気持に嘘はなかった。彼らは、青春の花を開かせることもなく穢れのない心と身体を祖国に捧げ、『われわれのこの死を平和の礎として、日本よ家族よ、幸せであってくれ』と願いながら逝ったのである。ただ徒《いたず》らに軍隊を批判し、戦争を批難する者は『平和の価値』を知らない人である」と。終戦七十年を経た今日、英霊の絶叫を決して忘れてはならない。

尚、執筆当時舩坂は、剣道を通じて三島由紀夫と親交があり、当時『英霊の聲』を執筆中だった三島が、序文を寄せ、かつ文章の指導にも当っている。

5. 祖国の青年達への願い

遠い祖国の若き男よ、強く逞《たくま》しく朗《ほが》らかであれ。なつかしい遠い母国の若き乙女達よ、清く美しく健康であれ。

グアム島・海軍軍属石田政夫遺書

玉砕した戦士達の祖国に対する願いを記したものとして、グアム島で厚生省調査団により発見された日記に綴られた言葉ほど胸を打つ物はないであろう。日記を書いていたのは、海軍軍属《ぐんぞく》の石田政夫、当時三十七歳である。石田は昭和十九年八月八日、グアム島にて戦死した。日記には、息子に対する思いが綴られ、更には、自らの生命を捧げる祖国日本の若き男女への祈りが刻まれていた。

「昨夜子供の夢を見て居た。父として匠に何をしてきたか。このまま内地の土をふまぬ日が来ても、何もかも宿命だとあきらめてよいだろうか。おろかな父にも悲しい宿命があり、お前にも悲しい運命があったのだ。

強く生きてほしい。そして、私の正反対な性格の人間になって呉れる様に切に祈る。

合掌

三月〇日　内地の様子が知りたい。聞きたい。毎日、情勢の急迫を申し渡されるばかり。自分達はすでに死を覚悟して来ている。万策つきれば、いさぎよく死のう。

本月の〇日頃が、また危険との事である。若し玉砕してその事によって祖国の人達が少しでも生を楽しむ事が出来れば、母国の国威が少しでも強く輝く事が出来ればと切に祈るのみ。遠い祖国の若き男よ、強く逞しく朗らかであれ。なつかしい遠い母国の若き乙女達よ、清く美しく健康であれ。」（『英霊の言乃葉』第一集）

翻って今日の若人の姿を思い浮かべる時、彼らが生命を捧げて守らんとした祖国日本の青年達はこの祈りに応えているだろうか。ジェンダーフリーなどと称して、教育の場から「男らしさ」や「女らしさ」が失われた結果、「ひ弱」で「か細く」付和雷同し、嫉妬深い「ネクラ」な男が、金の為に身を売って援助交際などと正当化する「汚れ」て「不健康」で心の「醜い」女が、大量生産されているのではないだろうか。陰湿なイジメに敢然と抗する正義心や力強さは失われて久しい。「強さ」「逞しさ」「朗らかさ」「清らかさ」「美しさ」「健康的」という、本来の日本人に備わった美徳を取り戻す事こそが英霊達に報いる道なのである。

6. 一人十殺

我等ハ各自敵十人ヲ斃《たお》サザレバ死ストモ死セズ

硫黄島守備隊「敢闘ノ誓」

かつて私は、毎年夏に南雅也《みなみまさや》先生を大学生の合宿に招いていた。先生は学徒兵として満ソ国境で戦った体験を持たれるノンフィクション戦記作家だった。ある年、南先生は参加者に一枚の紙を配られた。先生の義兄（硫黄島協会事務局長）が、硫黄島《いおうとう》での遺骨収集時に御遺骨の横で発見したガリ版刷りの紙のコピーだった。それに「敢闘《かんとう》ノ誓《ちかい》」が書かれていた。

硫黄島は南北八・三km、東西四・五km、二二km²しかない島である。昭和二十年二月十九日～三月二十六日まで三十六日間の激戦が繰り返され、日本軍の戦死者は二万人を超え、戦死・戦傷者総数は二万一一五二人、一方攻撃を仕掛けた米軍は戦死・戦傷者を合わせると二万八六八六人となり、米軍の損害の方が日本軍を上回ったのだ。日本軍の凄まじい戦いの実態と米軍の損害の膨大さ、その事実こそが、後に米軍をして本土決戦を躊躇《ちゅうちょ》させる大きな力となったのである。

硫黄島将兵の魂の凝縮ともいえる言葉が「敢闘ノ誓」の中には刻まれている。それを考案したのは、硫黄島守備兵団の総司令官である小笠原兵団長・栗林忠道《くりばやしただみち》中将である。そして、この敢闘ノ誓が硫黄島守備隊将兵の「魂」となって実践されたのだった。

「一、我等ハ全力ヲ奮《ふるっ》テ本島ヲ守リ抜カン　一、我等ハ爆薬ヲ抱イテ敵戦車ニブツカリ之ヲ粉砕セン　一、我等ハ挺身敵中ニ斬込ミ敵ヲ皆殺シニセン　一、我等ハ一発必中ノ射撃ニ依ツテ敵ヲ打扑《うちたお》(倒)サン　一、我等ハ各自敵十人ヲ斃《たお》サザレバ死ストモ死セズ　一、我等ハ最後ノ一人トナルモ『ゲリラ』ニ依ツテ敵ヲ悩《なやま》サン」

米国側の『海兵隊公刊戦史』は「日本軍守備隊のライフル射撃のスキルは非常にハイレベルだと称賛」(『軍事研究』「アメリカ海兵隊の上陸戦史と水陸両用兵器 Vol.16」)し、「第四海兵師団戦闘詳報」には、日本兵の射撃の見事さが米軍を恐怖に陥《おとしい》れた様が記されている。硫黄島の地下に張り巡らされた坑道を利用して、日本兵はあたかも忍者の様に神出鬼没して米兵を一発で斃したと言う(児島襄『将軍突撃せり』)。

この誓の中の「我等ハ各自敵十人ヲ斃サザレバ死ストモ死セズ」の言葉は、敗色が濃くなった中で戦闘者が抱かざるを得ない挽回《ばんかい》の為の決意なのだ。日米の物量の差は歴然としており、その様な中で勝利を収めるには、自分一人の生命を複数以上の敵の生命と交換する位の戦果を生み出さなければ不可能なのである。彼らは祖国の運命を背に負って戦い抜いた。

7．武士道に降伏なし

御奨《おすす》めによる降伏の儀は日本武士道の慣《ならい》として応ずることはできません。

硫黄島守備隊・浅田眞二陸軍中尉の米軍司令官宛「遺書」

硫黄島の組織的な戦闘は、三月二十六日に終了したが、その後も「敢闘ノ誓」の如く、ゲリラ戦が展開されていた。戦闘に於ける日本軍捕虜は極めて少数で、その殆どは重傷を負って意識不明の状態で収容された者達であった。日本人の戦死率は九六％に達している。米軍は火焔《かえん》放射器で攻撃したり、坑道入口をコンクリートで固めて生き埋めにするなどして残存日本軍ゲリラを追いつめて行った。それでも、終戦後まで地下洞窟に立て籠もって戦い抜いた強者《つわもの》も居た。

五月中旬になって擂鉢山《すりばちやま》地下壕入口の木に挿《はさ》まれていた手紙が米軍に発見された。それは、混成第二旅団工兵隊第二中隊小隊長浅田眞二中尉が米軍司令官スプルアンス提督に宛てた手紙だった。浅田中尉は擂鉢山地区隊で戦闘中に米軍戦車の射撃を受けて重傷を負い、地下壕にとり残されて生き長らえていた。だが、最期の時を迎え、日本人の意気を敵将に示して従容《しょうよう》として散って行ったのだった。浅田中尉は東京帝国大学出身の将校だった。

「閣下のわたし等に対する御親切なる御厚意誠に感謝感激に堪へません。閣下よりいただきました煙草も肉の缶詰も皆で有難く頂戴致しました。御奨《おすす》めによる降伏の儀は日本武士道の慣《ならい》として応ずることはできません。もはや水もなく食もなければ十三日午前四時を期して全員自決して天国に参ります。終りに貴軍の武運長久を祈りて筆を止めます。

昭和二十年五月十三日　　日本陸軍中尉　浅田　眞二

米軍司令官　スプルアンス大将殿　」（武市銀治郎『硫黄島』）

硫黄島守備兵団の栗林中将は文才豊かな将軍だった。陸軍省兵務局馬政課長時代には「愛馬進軍歌」を生み出し、硫黄島では、先述の「敢闘ノ誓」や「日本精神五誓（硫黄島部隊誓訓）」を記して将兵の精神を一つにしている。その意味では、硫黄島の激戦は「言葉」が血肉化し「魂」となって、敵を圧倒したと言えよう。そして浅田中尉も、ユーモア溢れかつ決然たる「言葉」を残して天国に旅立った。彼らは、祖国日本を守り抜く為に、死地にあって自らの生命を燃やし尽くした。

戦後の日本人からは、この様な決然たる言葉が失われて久しい。日本弱体化の占領政策に起源を持つ自虐史観によって祖国の歴史と先人達への感謝と誇りを失った者達には、敵軍の「武運長久を祈」って自決した浅田中尉の武人らしい潔さは、解する事が出来ないであろう。

8. 硫黄島の壕内から米国大統領を叱責

外形的《がいけいてき》ニハ退嬰《たいえい》ノ已《や》ムナキニ至レルモ精神的ニハ弥《いよいよ》豊富ニシテ心地《ここち》益《ますます》明朗《めいろう》ヲ覚エ歓喜ヲ禁ズル能《あた》ハザルモノアリ

硫黄島守備隊・市丸利之助海軍少将「ルーズベルトニ与フル書」

硫黄島守備隊・海軍指揮官の市丸《いちまる》利之助《りのすけ》少将は激戦の最中に壕内で米国大統領宛の手紙を記し、英文に訳したものを部下に托して米側に届けんとした。幸い、戦闘後に米兵の見つける所となり米軍司令部に届けられて非常に驚かせた。理路整然とした内容で、米側の反省を求めるものであり、米軍は報道管制を敷いて、暫《しば》くは報道させなかったが、一九四五年七月十一日に『ニューヨーク・ヘラルド・トリビューン』紙以下各紙に報じられた。『デンヴァー・ポスト』は手紙を転載し、「ルーズベルト、日本提督の書簡中で叱責さる」と見出しした。

この手紙は、「日本海軍市丸海軍少将書《しょ》ヲ『フランクリン ルーズベルト』君ニ致ス。我今我ガ戦ヒヲ終ルニ当リ一言貴下ニ告グル所アラントス」から始まり、大東亜戦争に至る経過を述べ、米国が日本を好戦国と称するのは「思ハザルノ甚《はなはだし》キモノト言ハザルベカラズ」

と断じて、日本天皇の平和を希求される御心を示し、日本の戦争目的は平和の希求であり、今外形的には劣勢であっても日本人の信念は微動だにしない事を述べている。その理由として、白人のアジア侵略の経緯を記し、それに抗してわが国が東洋民族の解放を志して来た事を米国が悪意を持って妨害し日本を追い込んで来た経過を述べ、「卿等何《けいら》スレゾ斯《か》クノ如ク貪欲《どんよく》ニシテ且ツ狭量《きょうりょう》ナル」と糾弾して反省を求め、大東亜共栄圏が世界平和と共存できる事を訴えた。更には欧州情勢に触れ、ヒットラーを倒した後、スターリンのソ連と共存できるのかと疑問を投げかけ、日本を叩き潰し世界制覇を成し遂げんとしているが、かつてウィルソン大統領が得意の絶頂に失脚した事を挙げ、「其ノ轍《てつ》ヲ踏《ふ》ム勿《なか》レ」と警鐘を鳴らして終わっている（平川祐弘『米国大統領への手紙　市丸利之助伝』）。

史実に立脚した堂々たる文章である。それが、硫黄島の激戦下、地下壕の中で草された事に深い感動を覚える。正に大東亜戦争の大義であり、大義に対する市丸少将の確固不動の確信が窺《うかが》われる。武士道にとって最も大事なのは「大義」に他ならない。それを言葉に刻み市丸少将は永遠に残した。現在、市丸少将の手紙は日英両文共にアナポリス海軍兵学校記念館の地下倉庫に保存されている。

尚、市丸少将は次の歌を妻に托して戦地に赴いている。

　この島を護りおほさでわれらまたいつ日本の土を踏むべき
この島を護りおほせて後にこそはらからを見んその日までゆめ　（『市丸利之助歌集』）

9. 物資弾薬窮乏の中、来援機の安全を心配した仁将

わが飛行機が勇敢なる低空飛行を実施し、これがため敵火を被《こうむ》るは守備隊将兵の真に心痛に堪えざるところ、あまり、ご無理なきようお願いいす。

拉孟守備隊長金光恵次郎少佐打電

玉砕の戦場は、太平洋の島々だけでは無かった。ビルマ（ミャンマー）とシナとの国境地帯にある拉孟《らもう》・騰越《とうえつ》の守備隊は、少数の兵力で守備地域＝砦を死守すべく激烈に戦い抜いて玉砕している。拉孟守備隊は一二八〇人、それに対して押し寄せる中国の雲南《うんなん》遠征軍は四万八五〇〇人。拉孟守備隊の隊長は野砲兵第五十六連隊第三大隊長の金光恵次郎《かねみつけいじろう》砲兵少佐だった。戦闘が行われたのは昭和十九年の五月から九月である。当時インパール作戦が展開されており、その進撃ルートの北、要衝《ようしょう》の地に位置する拉孟・騰越は決して敵に渡せなかった。

拉孟北方での戦闘が開始されたのが五月十一日、拉孟に対する雲南軍の第一次総攻撃は六月二日〜七日、守備隊は雲南軍七千を壊滅し、師長を戦死させた。更に六月十四日から二十一日の戦いでも、甚大な被害を与えた。雲南軍は最精鋭の栄誉第一師（兵力八千・山砲六門・

迫撃砲六十四門）を投入して包囲する。友軍機による弾薬補給に対し、守備隊は「将兵は一発一発の手榴弾に合掌して感謝し、攻め寄せる敵を粉砕しあり」と打電している。

七月四日〜十四日に雲南軍は第二次攻撃を仕掛けた。ロケット砲を始めとする新兵器も使って猛攻撃をかけるが陣地の一か所も抜けず、損害は第一次にも増した。守備隊は、「今までの戦死二五〇名、負傷四五〇名、但し、うち休息一〇〇名を含む。片手、片足、片眼の将兵は皆第一線にありて戦闘中、士気きわめて旺盛につき御安心を乞う」状態だった。七月二十日より雲南軍第三次攻撃。七月下旬には、守備隊は重軽傷者も含め三百数十名となる。

八月十二日、孤立無援の拉孟守備隊に対し、制空権を奪われながらも弾薬補給を行わんと友軍の飛行隊が危険を冒《おか》して来援した。その時、金光守備隊長は司令部宛に「わが飛行機が勇敢なる低空飛行を実施し、これがため敵火を被《こうむ》るは守備隊将兵の真に心痛に堪えざるところ、あまり、ご無理なきようお願いす」と打電した。守備隊にとって弾薬は欲しい、だが、自分達の為に友軍機を危険に晒《さら》してはならないとの「仁愛」の情が金光隊長にはあった。

八月二十三日の打電には「其の守兵片手片足の者大部」とある。それでも守備隊は九月七日まで戦い抜き玉砕した。戦闘終結後、敵軍の李密少将は「私は軍人として、このえがたい相手と戦い得たということを誇りにも思い、武人として幸せであったと思う。」「かれらは精魂をつくして戦った。美しい魂だけで、ここを百二十余日も支えた。」と述べ、戦った日本人たちを丁重に葬ることを、指揮下の将兵に命じた（楳本捨三『壮烈拉孟守備隊』）。

10. 子孫に残した「清節」の生き様

我家において、皆に残し得る財産があるとしたら唯一、「清節《せいせつ》を持《じ》す」ということだけであろう。

ニューギニア・第十八軍司令官安達二十三中将子供宛遺書

玉砕迄は至らなかったが、ニューギニア戦線の日本軍将兵も大変な辛酸《しんさん》を体験し、十四万人居た将兵の中で、祖国に戻る事が出来たのは一万人足らずだった。ニューギニアは日本の二倍の面積がある。補給が途絶する中で飢えと疫病《えきびょう》に苦しみつつも、能《よ》く士気を維持し戦闘を持続し得たのは、第十八軍司令官の安達二十三《あだちはたぞう》中将の人格と指揮に由来する。

安達中将の統率は、①純正鞏固《じゅんせいきょうこ》な統率　②鉄石の団結　③至厳《しげん》の軍紀《ぐんき》　④旺盛《おうせい》な攻撃精神　⑤実情に即応する施策、という特徴があったと当時の参謀が述懐している（小松茂朗『愛の統率　安達二十三』）。安達中将は現場の実情を重視し、直《じか》に将兵と触れ合っていた。当番兵の土持兵長は「けっして無理な作戦は承知されず、どうしてもやらねばならないときは、必ず第一線に出られました。」と述べている。又、自給による自活と成った時には各部隊の生活指導の為、密林を越え川を渡って、どんな小部隊も訪ねて激励した（児島襄『指揮官』上）と言う。部下が飢えや病気で次々と亡くなっていく姿は将軍の胸を痛め、いつしか将軍は「当時私は陣歿《じんぼつ》するに到らず、縦令凱旋《たといがいせん》に直面するも必ず十万の将兵と共に南海の土となり、再び祖国の土を踏まざることに心を決した」（第十八軍将兵〔光部隊残留〕宛の遺書）のだった。

終戦後、安達中将は戦犯としてラバウル裁判所に送られた。安達中将は総て自分の責任であると、起訴された部下の助命に尽力する。刑は無期禁錮となるが、昭和二十二年九月十日、ナイフで割腹して自決した。遺書には、「唯々純一無雑に陣歿《じんぼつ》、殉国、竝《ならび》に光部隊残留部下将兵に対する信と愛に殉ぜんとするに外ならず」とその理由を記している。

子供達（一男二女）に当てた遺書には「今後は何時でも自ら職場に立って生き、自ら自分の進路を開拓して行く覚悟と腹をきめねばならぬ。（略）この腹さえしっかり定まれば、今後起る困難に際しても、動揺しなくなる」「天は自ら助くる者を助く」「困難に対して受身にならず、進んでそれを打開することと、三人が互に励まし、互に慰め合って行くこと」「日本の国民として恥づかしからぬ人となること」を述べ、自らは、軍人としての節義の一点を守って来た事。「我家において、皆に残し得る財産があるとしたら唯一、『清節《せいせつ》を持《じ》す』ということだけであろう」と書き残している（小松茂朗前掲著）。

清節を貫き、部下に対する信と愛を貫いて現地に骨を埋めた高潔なる将軍が居た事を、私達は決して忘れてはならない。

1．自己犠牲と特攻隊

セルフ・サクリファイスといふものがあるからこそ武士道なので、身を殺して仁をなすといふのが、武士道の非常な特長である。

三島由紀夫「武士道と軍国主義」

大正十四年生れの三島由紀夫《みしまゆきお》は特攻隊に散った青年達と同世代だった。三島は生前、江田《えた》島《じま》の海上自衛隊幹部候補生学校にある教育参考館を訪れ、特攻隊員の遺書の前で釘付けになり涙を流していたと言う（江田島町教育委員長だった岡村清三氏の話）。

三島は昭和四十一年一月に書いた「日本人の誇り」の中で、「私は十一世紀に源氏物語のやうな小説が書かれたことを、日本人として誇りに思ふ。中世の能楽を誇りに思ふ。それから武士道のもつとも純粋な部分を誇りに思ふ。日露戦争当時の日本軍人の高潔な心情と、今次大戦の特攻隊を誇りに思ふ。すべて日本人の繊細優美な感受性と、勇敢な気性との、たぐひ稀《まれ》な結合を誇りに思ふ。この相反する二つのものが、かくもみごとに一つの人格に統合された民族は稀である」と記している。更には、昭和四十五年に語った「武士道と軍国主義」

の中で、「セルフ・リスペクト（自尊心）と、セルフ・サクリファイス（自己犠牲）ということが、そしてもう一つ、セルフ・リスポンシビリティー（責任感）、この三つが結びついたものが武士道である」と述べ、「セルフ・サクリファイスといふものがあるからこそ武士道なので、身を殺して仁をなすといふのが、武士道の非常な特長である」と話している。

　自尊心・責任感、そして自己犠牲、特に自己犠牲こそが武士道の武士道たる所以《ゆえん》であり、三島はその最たるものを特攻隊の青年達に見出していた。

　三島由紀夫と親交のあったアイヴァン・モリスは『高貴なる敗北　日本史の悲劇の英雄たち』を著し、特攻隊の自己犠牲の行為を、日本の精神史の中で位置づけた。この本では、日本武尊《やまとたけるのみこと》・捕鳥部万《ととりべのよろず》・有馬皇子《ありまのみこ》・菅原道真・源義経・楠木正成・天草四郎・大塩平八郎・西郷隆盛を扱い、最後を「カミカゼ特攻の戦士たち」で締めている。モリスは言う「特別攻撃隊員たちの場合、背後には武士の伝統がある。また日本という国のため生命を捨てた英雄精神がある」と。

　戦後教育は、生命尊重＝自己保全のみを教え、自己犠牲を忌《い》み嫌い、対極にある特攻隊を誹謗《ひぼう》し、貶《おとし》めて来た。だが、国家社会にとって、共同体の為の自己犠牲の精神は崇高な事であり、それ無くしては人命が守れない事がある。平成二十三年三月十一日の東日本大震災では、消防や警察・自衛隊・役場職員などが自分を犠牲にしてでも公の為に尽力し、それによって数多くの人々の生命が救われた。悲惨な体験の中で自己犠牲の精神が甦りつつある。

2. 特攻の歴史記憶が日本を甦らせる

後世において、われわれの子孫が、祖先はいかに戦ったか、その歴史を記憶するかぎり、大和民族は断じて滅亡することはないであろう。

大西瀧治郎海軍中将が報道班員・新名丈夫に語った言葉

統率の邪道とも言える特攻作戦を正式に採用し「特攻隊生みの親」と称されたのが大西瀧《おおにしたき》治郎《じろう》海軍中将である。何故、大西中将は特攻作戦を採用したのだろうか。

ミッドウェー海戦の敗北以来、熟練パイロットの減少が続き、飛行時間の短い戦闘機乗りが増加していた事。更には開戦当時圧倒的な優位を誇る戦闘機だったゼロ戦（海軍）や隼（陸軍）に勝る性能を持つグラマンなどが登場し、空中戦での戦果が期待できなくなりつつあった事。その様な中、現場から特別攻撃の要望が起こり、体当たり攻撃を実行する者達が出て来た事、などが上げられる。

実際、特攻は当初それ迄に無い画期的な戦果を挙げた。昭和十九年十月二十五日のレイテ海戦からフィリピン海域での戦闘が終わる二十年一月三十一日までの戦果は、わが軍の損失

（特攻機378機、護衛機102機）に対し、敵の損失は、轟沈16隻（空母2、駆逐艦3、輸送船5、その他6）・損傷87隻（大小空母23、戦艦5、巡洋艦9、駆逐艦23、護衛駆逐艦5、輸送艦12、その他10）というものであった（『神風特別攻撃隊の記録』）。

しかし、大西はこの作戦を展開しても戦況を覆《くつがえ》す事は至難の業であると考えていた。大西は日本の将来を見据え、歴史を相手にして決断したのだった。『別冊一億人の昭和史　特別攻撃隊』には大西中将が第一航空艦隊司令部付報道班員・新名丈夫に語った言葉として「もはや内地の生産力をあてにして、戦争をするわけにはいかない。戦争は負けるかもしれない。しかしながら後世において、われわれの子孫が、祖先はいかに戦ったか、その歴史を記憶するるかぎり、大和民族は断じて滅亡することはないであろう」と、紹介されている。この大西の願いに我々は応える事が出来ているのだろうか。「祖先はいかに戦ったか、その歴史」を正しく記憶し、次世代に語り継ぐ事に成功しているだろうか。

祖国に危難が迫った時、それに身命を賭して勇躍と立ち向う青年が陸続と生れて来るならば国家は守られる。だが、わが身可愛さのみで逃亡する者ばかりであったなら、他国に隷従するしかない。国家の独立とはその様にしてしか守られない。その勇気を抱く事を歴史は訴えているのだ。終戦七十年に当る平成二十七年の八月十五日には、例年にも増して多くの人々が靖國神社や各県の護国神社に参拝した。それも若い人々が多かった。その姿の中に日本の未来があり、無言の内に他国に対する大いなる抑止力を示しているのである。

3．誇りと喜びと

今限りなく美しい祖国に、我が清き生命を捧げうることに大きな誇りと喜びを感ずる。

『雲ながるる果てに』市島保男手記

『雲ながるる果てに』は、戦歿学徒の遺稿集である。彼らは大学及び高専を卒業もしくは在学中に、海軍飛行専修予備学生を志願し、その多くは特攻隊として散華した若き学徒達である。戦前の日本では高等教育機関に進学出来る学生は同世代の一％未満であり、彼らは日本の将来を担うに足る学力を備え、かつその自覚を抱いて学業に励んでいた。海軍飛行予備学生の第十三期は昭和十八年九月入隊、４７２６名、内１６０５名が戦歿した。第十四期は昭和十九年二月入隊（学徒出陣組）、１９５４名、内３９５名が戦歿。その多くは特攻隊将校として散華している。

戦後『きけわだつみの声』という戦歿学徒の手記が逸《いち》早く発刊された。だが未だ占領軍による検閲制度下での刊行であり、戦友・遺族の中からは内容に疑問の声が出されていた。そこで昭和二十七年の講和独立を期し、戦友・遺族会（白鷗遺族会）が満を持して出版した本がこの遺稿集である。その後、学徒出陣組である十四期会が昭和四十一年に『あゝ同期の桜』を出版している。第十五期の海軍飛行予備学生だった私の父は、この『あゝ同期の桜』を生涯座右《ざゆう》の書としていた。

市島保男は、早稲田大学から学徒出陣し、神風特別攻撃隊第五昭和隊として沖縄で散華した。市島は「この現実を踏破《とうは》してこそ生命は躍如するのだ。我は、戦に！　建設の戦いに！　解放の戦いに！　いざさらば、母校よ、教師よ！」と記して学窓から旅立った。だが、彼はあくまでも冷静だった。「悲壮も興奮もない。若さと情熱を潜め己れの姿を視つめ古の若武者が香を焚《た》き出陣したように心静かに行きたい。征く者の気持は皆そうである。周囲があまり騒ぎすぎる。くるべきことが当然きたまでのことであるのに。」と、書いている。

特攻戦死五日前の昭和二十年四月二十四日の手記。

「隣の室では酒を飲んで騒いでいるが、それもまたよし。俺は死するまで静かな気持でいたい。人間は死するまで精進しつづけるべきだ。まして大和魂を代表する我々特攻隊員である。その名に恥じない行動を最後まで堅持したい。私は自己の人生は人間が歩みうる最も美しい道の一つを歩んできたと信じている。精神も肉体も父母から受けたままで美しく生き抜けたのは、神の大いなる愛と私を囲んでいた人々の美しい愛情のお蔭であった。今限りなく美しい祖国に、我が清き生命を捧げうることに大きな誇りと喜びを感ずる。」

4．本当の日本男子

散るべき時にはにっこりと散る。だが生きねばならぬ時には石にかじりついても生きぬく、これがほんとうの日本男子だと思います。

『雲ながるる果てに』真鍋信次郎、姉宛の手紙

私はこの言葉を読み、幕末の志士吉田松陰を思い起こした。亡くなる三か月前の安政六年七月に松陰は、弟子である高杉晋作の問いに対し、「死して不朽《ふきゅう》の見込みあらばいつでも死ぬべし。生きて大業の見込みあらばいつでも生くべし」と答えている。真鍋も松陰の事を勉強していたのかもしれないが、特攻隊の青年は二十二歳で松陰の境地に達している。

真鍋は九州専門学校から予備学生を志願し、昭和二十年五月に南西諸島で散華した。この言葉の少し前には「およそ生をうけたものはすべて死すべき運命をもって生まれてきております。必ず死ななければならないんです。（略）だから死すべき好機を発見して死ぬことができたならば大いに意義ある人生を過ごしえたことになると思います。御国のために死ぬということは天地と共に窮りなき皇国日本と、とこしえに生きることであると思います」と記している。

限りある生命だからこそ、永遠に続く国の生命を守る為にこの身を捧げると決意したのだ。

　中央大学出身で神風特別攻撃隊神雷第一爆戦隊として沖縄方面で散華した溝口幸次郎は、自分の人生について日記に次の様に書いている。「生まれ出でてより死ぬるまで、我等は己の一秒一刻によって創られる人生の彫刻を、悲喜善悪のしゅらぞうをきざみつつあるのです。（略）私の二十三年間の人生は、それが善であろうと、悪であろうと、悲しみであろうと、喜びであろうとも、刻み刻まれてきたのです。私は、私の全精魂をうって、最後の入魂に努力しなければならない」と。

「最後の入魂」とは素晴らしい表現である。特攻隊員の多くは、自分の人生を祖国日本に捧げる事を決意し、特攻までの残された短い人生の時間を、最後の「成功」を齎《もたら》す為の猛訓練に励みつつ、最後の最後まで自己の完成を目指して精進している。『雲ながるる果てに』には、最高学府に学びかつ国家の運命を莞爾《かんじ》として受け止めて特攻隊を志願した当時の二十代前半の青年達の求道の記録が刻まれている。学問の道に進んだ彼らの本質は文人である。しかし彼らは、祖国防衛の為の武人たるべく立ち上がり、戦いに身を投じた。死ぬまで道を求め続けた彼らの姿の中に、文武両道を目指す日本武士道の精華を見出すのである。

　人間一人一人に与えられた人生の時間は限られている。私にも残された時間は少ない。二十年余の時間しか与えられなかった特攻隊の青年達の、真剣なる生の表白に真向かうとき、粛然として襟を正され我が身を省みさせられるのである。

5. 美しき祖国への絶対の信

神州ノ尊、神州ノ美、我今疑ハズ、莞爾《かんじ》トシテユク。萬歳。

黒木博司海軍少佐「遺書」

昭和十八年になると、米軍の反転攻勢が強まり、不利な戦況を挽回するには物量の差を跳ね返す様な「一人千殺」の必勝兵器の開発が必要であるとの声が、現場にいた海軍の潜水艦将校の中から起って来る。その様な中、呉軍港外の秘密基地にあって甲標的《こうひょうてき》（特殊潜航艇《せんこうてい》）の艇長教育を受けていた黒木博司《くろきひろし》中尉と仁科関夫《にしなせきお》少尉は、世界最優秀の九三式魚雷を改造して特攻兵器とする「人間魚雷」の構想をまとめ上げ、その構想を実現すべく海軍省軍務局に出頭して膝詰め談判を行った。昭和十八年十二月二十八日の事である。

だが軍当局は、その情熱は諒《りょう》とするも、「必死必殺」の人間魚雷の採用には難色を示し、許可は下りなかった。それでも二人は血書、上申を繰り返す。その情熱に押される形で漸く試作艇の開発が始まったのが十九年二月二十六日だった。七月下旬には完成し、黒木大尉・

仁科中尉が試乗。八月一日、海軍大臣の決裁が下り、『回天一型』が誕生した（回天刊行会『回天』）。

人間魚雷を操縦して狭い水道や種々の難関を突破し、敵艦に見事に体当たり出来る様になるには、搭乗員に対する、心技体の向上訓練が欠かせなかった。訓練の一回だけで黒髪が真っ白になる程心身を消耗したという。余程の精神力・使命感・胆力・平常心が備わらなければ人間魚雷での戦果を挙げる事は出来ない。その訓練の先頭に立ったのが黒木大尉だった。

ところが、十九年九月六日十八時二分、黒木大尉と樋口大尉が搭乗していた回天Ⅰ型第一号艇は、訓練中に海底に沈坐し、操縦不能となる。黒木大尉は迫り来る死と戦いながら手帖に遺書を認めた。「事前ノ状況」「応急措置」「事後の経過」「追伸」と後生に托す為に、問題点を考察して書き続けた。その最後に次の二首の辞世を記している。

男子《おのこ》やも我が事ならず朽ちぬとも留め置かまし大和魂

國を思ひ死ぬに死なれぬ益荒雄《ますらお》が友々よびつ死してゆくらん（『ああ黒木博司少佐』）

そして七日朝四時、呼吸苦しく手足が痺《しび》れる中で死を決し「所見万事ハ急務所見乃至急務靖献ニ在リ、同志ノ士希《こいねがわ》クバ一読、緊急ノ対策アランコトヲ。」と同志に今回の教訓を托し、四時四十五分「君ガ代斉唱。神州ノ尊、神州ノ美、我今疑ハズ、莞爾《かんじ》トシテユク。萬歳。」と記した。六時「猶《なほ》二人生存ス。相約シ行ヲ共ニス。萬歳」と書いて絶筆した。黒木大尉の神州不滅の絶対の信こそが回天を生み出したのである。享年数え二十四歳だった。

6．今日のこの日の為に

あらはさん秋《とき》は来にけり丈夫《ますらお》がとぎしつるぎの清きひかりを

『特攻隊遺詠集』義烈空挺隊・町田一郎陸軍中尉

陸上自衛隊西部方面総監部がある熊本市の健軍駐屯地《けんぐんちゅうとんち》の中に「義烈空挺隊《ぎれつくうていたい》」の慰霊碑があり、毎年五月二十四日には自衛隊の主催で慰霊祭が行われている。

昭和二十年五月二十四日、健軍飛行場を飛び立った十二機（各十四人搭乗）の九七式重爆撃機は沖縄を目指した。沖縄に上陸している米軍の北（読谷《よみたん》）飛行場、中（嘉手納《かでな》）飛行場を強襲して破壊する事がその任務だった。十二機中一機のみが北飛行場への突入に成功、七機が撃墜され、四機は突入を断念して引き返した。北飛行場に胴体着陸した爆撃機に搭乗していた空挺部隊は、敵戦闘機二機、輸送機四機、爆撃機一機を破壊し、二十六機に損傷を与え、ドラム缶六百本の集積所二か所を爆破、七万ガロンの航空機燃料を焼失させた。

元々、義烈空挺隊は、日本の各地を空襲するB29爆撃機の発進基地である、サイパンのアスリート飛行場の破壊を主任務として編成された。だが、中継基地である硫黄島の戦況悪化により、沖縄戦への投入となったのである。空襲に苦しむ国民の仇《あだ》を討つ可《べ》く、敵の爆撃機飛行場に対する特別攻撃隊として編成されたのだ。義烈空挺隊は、陸軍挺進第一連隊（空挺落下傘部隊）の一箇中隊（隊長・奥山道郎大尉）と、隊員達を載せて敵飛行場に強行着陸する第三独立飛行隊（隊長・諏訪部忠一大尉）で編成された部隊である。

挺進部隊はレイテ島の戦いで各地の飛行場に空挺作戦を行い成果を挙げていた。戦争末期の七月には、サイパン・グアムへの陸海合同での空挺攻撃、原爆投下後は原爆集積地であるテニアン島への空挺作戦も立案されていた（『別冊一億人の昭和史　特別攻撃隊』）。

町田一郎中尉は、第三独立飛行隊所属で、義烈空挺隊四番機の操縦手である。その四番機が唯一突入に成功し、多大な戦果を挙げた。町田中尉は、群馬県出身の二十二歳だった。紹介した歌は、昭和十九年中頃、挺進練習部の構内にあった独身将校宿舎の廊下に張り出されたものだと言う（英霊にこたえる会ＨＰ「靖國百人一首」）。町田中尉は、明治天皇御製「あらはさむときはきにけりますらをがとぎし剣の清き光を」（明治三十七年）を自らの信條として、書き写されたのであろう。顕すべき決戦の時に向って、日々訓練に励み、力量を高め上げて行ったその誇りと決意が、この御製に映し出されたのである。中尉が磨き上げた剣の清き光は敵を斃《たお》し、赫々《かくかく》たる戦果を顕した。吾々も人生の勝負の時に備えて、日々魂と力量とに磨きをかけて、国家社会に役立つ日本人に成る様に努力したいものだ。

7．一気に登り極めんこの一筋の道を

数々の道はあれども一筋に登り極めん富士の高嶺を

『特攻隊遺詠集』第16独立飛行中隊・小坂三男陸軍中尉

Ｂ29爆撃機を中心とする無差別絨毯《じゅうたん》爆撃は沖縄以外にも四十六都道府県四二八市町村に対して行われ、その死者数は五十六万二七〇八人（ウィキペディア・朝日新聞社『週刊朝日百科日本の歴史12現代122号・敗戦と原爆投下』）に達している。明らかに国際法違反の、史上稀《まれ》にみる無差別殺戮を、米国は敢行したのである。

Ｂ29は完全与圧室を装備し、高度一万メートルでも乗員は酸素マスク無しで操縦が出来た上に、最大速度は時速五七六㎞と、零戦よりも速かった。超高空に飛来して爆撃するＢ29には高射砲も届かず、防弾装備が優秀で、二〇ミリ機関砲でもあまり効果が無かった。それ故、体当たりして落とす他に迎撃する術が無かった。Ｂ29に最初に体当たり攻撃をしたのは、昭和十九年八月二十日、山口県の小月飛行場第4戦隊の野辺重夫軍曹だった。同年十一月七日、

帝都防空担当の陸軍第10飛行師団は隷下の各飛行戦隊に各四機宛の体当たり特攻隊を編成させ、震天制空隊《しんてんせいくうたい》と命名した（『特攻隊遺詠集』）。

超高度で飛来するＢ29に対して体当たり攻撃をするにはかなりの技量が必要となる。しかも、装備品を出来るだけ軽くした上に、酸素マスクを着用しての急上昇である。だが、その一方では、体当たり直後に脱出し、落下傘で生還する事が可能でもあり、抜群の技量を持つ操縦者には生還が求められても居た。

帝都防衛の陸軍飛行第２４４戦隊は、撃墜八四機（Ｂ29は七三機）撃破九四機（同九二機）という大きな戦果を上げている（ＯＫＷＡＶＥ「Ｂ29の迎撃に活躍した戦闘機」回答）。小林戦隊長を始め数名のパイロットは二回体当たりを敢行し、生還している。熊本出身の四宮《しのみや》徹《とおる》中尉は昭和十九年十二月三日、来襲したＢ29に三式戦闘機を以て体当たりし、左翼の半分が千切《ちぎ》れたが無事帰還している。中尉はその後、第19振武隊《しんぶたい》隊長となり四月二十九日に沖縄で特攻、散華している。

小坂三男中尉は関西・中京地区の防空に当る第16独立飛行第82中隊に属し、二十年一月三日、堺市上空でＢ29に体当たりして散華した。小坂中尉のこの歌には、超高空を飛ぶＢ29爆撃機に真直《す》ぐに向って上昇する戦闘機の一筋の姿が映し出されていると共に、富士の高嶺に象徴される丈夫の気高き生き方に肉迫せんとする、高き志と強靭《きょうじん》なる意志が映し出されており、空対空特攻隊員の心意気が見事に表現されている。

8．日本人の永遠の生命

来る年も来る年も又咲きかはり清く散る花ぞ吾が姿なる

『特攻隊遺詠集』第141振武隊長・長井良夫陸軍少尉

鹿児島には海軍特攻隊が出撃した鹿屋《かのや》・指宿《いぶすき》、陸軍特攻隊出撃の知覧《ちらん》・万世《ばんせい》など、様々な場所に特攻隊を偲ぶ慰霊碑が建立されている。特に知覧と鹿屋は有名で、遺書や遺影なども数多く展示され、特攻隊を偲ぶ聖地となっている。

知覧の兄弟基地である万世は、戦後長い間、世の人の記憶から忘れ去られていた。万世に慰霊碑が建立され、初めての慰霊祭が斎行されたのは昭和四十七年の事である。慰霊祭を契機として遺族の方々が持たれていた遺稿や遺影が明らかとなり、昭和四十九年に慰霊戦記『よろづよに』（四三〇頁）が出版される。この出版によって遺族の輪が更に広がり、昭和五十一年には改訂増補版として『万世特攻隊員の遺書』（四七八頁）が刊行される。その様な中で特攻遺品館の建設構想が生まれ、一億円の浄財募金が集まり、更に地元の加世田《かせだ》市が二億五千万円を追加計上して、市の事業として特攻遺品館（平和祈念館）が平成五年に完成した。それに併せて『陸軍最後の特攻基地　万世特攻隊員の遺書・遺影』（五二九頁）が出版された。更に平成二十三年には集大成版である『至純の心を後世に　陸軍最後の特攻基地・万世』（五六二頁）が出版された。

これら一連の事業を起案し推進されたのが、飛行66戦隊所属で、万世飛行場で沖縄特攻作戦に従事し、特攻隊の発進援助に当っていた苗村七郎《なえむらしちろう》氏である。戦後大阪に戻った苗村氏は昭和三十五年の鹿児島再訪以来、平成二十四年に九十一歳で亡くなる迄、生涯を通して万世特攻隊の慰霊顕彰に尽力された。

万世では、桜花爛漫の四月下旬に毎年慰霊祭が斎行されている。桜の如く散った特攻隊員の御魂を偲ぶ最良の時であるからだ。万世から飛び立ち、二十二歳で散華した第１４１振武《しんぶ》隊《たい》隊長の長井良夫《ながいよしお》少尉（宮城県出身）の辞世は、特攻隊員の心象を美しくも見事に表現している。長井少尉の魂は、毎年毎年咲き代わり、咲いては散り、散っても翌年再び咲き匂う桜と化し、永遠の大和魂と成っている。長井少尉の生命は個としてではなく、桜の花を咲かせ続ける木々の大生命へと溶け込んでいる。国の生命とはその様なものではないのだろうか。祖国日本の永遠を信じて生命を捧げた者達は、国の生命と一体となり、祖国日本の永遠によって無窮《むきゅう》の生命を得るのである。特攻隊員たちが身を捧げて守らんとした祖国日本の生命を私達も守り抜き、祖国の大生命に何時《いつ》の日か帰し得る人生を全うしたい。

1．敗戦責任を一身に担った陸軍トップ

一死《いっし》以《もっ》テ大罪《たいざい》ヲ謝《しゃ》シ奉ル

陸軍大臣　阿南惟幾「遺書」

昭和二十年八月十五日、国家の総力で戦い抜いた大東亜戦争は、昭和天皇の御聖断により終結した。日本史上未曽有の敗戦だった。

だが、首都ベルリンが陥落して国家が崩壊したドイツと違い、当時の日本は沖縄を失ったものの、本土決戦を戦い抜く戦力を未だ残し、政府組織も機能する中での終戦の選択だった。本土決戦に備え、昭和十九年末より「国民義勇隊」が組織化され、その数は二千八百万名に及んで居た。更には、戦闘遂行の為の「国民義勇戦闘隊」の編成に着手していた（藤田昌雄『日本本土決戦』）。本気で「一億総玉砕」・徹底抗戦を準備していたのである。又、シナ大陸で連戦連勝していた百五万人の支那派遣軍が健在だった。岡村寧次《おかむらやすじ》総司令官は八月十一日に「百万の精鋭健在のまま敗戦の重慶軍に無条件降伏するがごときは、いかなる場合にも、絶

対に承服しえざるところなり」との電文を中央に送っている。

これらの戦力を背景に阿南惟幾《あなみこれちか》陸軍大臣は、御前会議に於て徹底抗戦を主張した。だが昭和天皇は、これ以上の犠牲を見るにしのびない、自分の身はどうなろうとも国民を救いたいとの大御心を示され、遂に終戦の御聖断が下されたのだった。かつて侍従武官を務めた事もある阿南陸相は陛下にとりすがって号泣したが、陛下も涙を流しながら「阿南《あなん》、阿南、お前の気持はよくわかっている。しかし、私には国体を護れる確信がある。」と仰せになった（『昭和天皇発言記録集成』下）。御聖断の後に閣議が開かれ、国家としての終戦が決定する。阿南陸相も心の整理がついたのであろう、机上を回された終戦決定の文書に黙って署名し、丁寧に花押《かおう》を認めた。

これからが、阿南陸相の本領発揮である。徹底抗戦を主張する陸軍の急進派の前に立ち塞《ふさ》がって陛下の御意志である終戦を実現せねばならない。阿南陸相・梅津参謀総長連名で告諭《こくゆ》を発し、省内の将校を集めて決意を述べ、「不満に思う者は、まず阿南を斬れ」と付け加えた（沖修二『阿南惟幾伝』）。

そして、八月十四日深夜、「一死以テ大罪ヲ謝シ奉ル」との遺書を認《したた》め割腹自決した。遺書の裏には「神州不滅ヲ確信シツヽ」と付け加えてあった。阿南は辞世として、昭和十三年の出征時に詠んだ次の短歌をそのまま記している（角田房子『一死、大罪を謝す』）。

大君《おおきみ》の深き恵みに浴《あ》みし身は言ひ遺《のこ》すべき片言《かたこと》もなし

2. 特攻隊生みの親の自決

特攻隊の英霊に曰《もう》す。善《よ》く戦ひたり、深謝す。

海軍中将　大西瀧治郎「遺書」

特攻隊の生みの親である大西瀧治郎《おおにしたきじろう》海軍中将は、特攻隊を送り出す度に胸を痛め、自らも必ず後に続く事を心に誓っていた。終戦が決まった八月十五日の深夜二時頃、大西中将は官邸にて割腹自決、腹を十文字にかき切り、返す刀で頸《くび》と胸とを刺した。それでも数時間は生きており、翌朝発見され駆け付けた軍医に「生きるようにはしてくれるな」と述べたと言う。絶命したのは十時頃だった。

遺書は五通あったと言われているが、明らかになっているのは次の二通である。

「特攻隊の英霊に曰《もう》す。善《よ》く戦ひたり、深謝す。最後の勝利を信じつ丶肉彈として散華せり。然れ共其の信念は遂に達成し得ざるに至れり。吾死を以て旧部下の英霊と其の遺族に謝せんとす。

次に一般青壮年に告ぐ。
我が死にして、軽挙は利敵行為なるを思ひ、聖旨《せいし》に副《そ》ひ奉り、自重《じちょう》忍苦するの誡《いましめ》ともならば幸なり。隠忍《いんにん》するとも日本人たるの衿持《きょうじ》を失ふ勿《なか》れ。諸子は國の寳《たから》なり。平時に處《しょ》し猶《な》ほ克《よ》く特攻精神を堅持し、日本民族の福祉と世界人類の和平の為、最善を盡《つく》せよ
海軍中将　大西瀧治郎」
欄外に、「八月十六日　富岡海軍少将閣下　　大西中将
御補佐に対し深謝す。総長閣下にお詫《わ》び申し上げられたし。別紙遺書青年将兵指導上の一助とならばご利用ありたし　　以上」と記されていた。
更に奥様の淑恵《としえ》さんに宛てた遺書。
「淑恵殿へ　吾亡き後に處《しょ》する参考として書き遺《のこ》す事次乃《の》如し
一、家系其の他家事一切は淑恵の所信に一任す。淑恵を全幅信頼するものなるを以て近親者は同人の意思を尊重するを要す
二、安逸《あんいつ》を貪《むさぼ》ることなく世乃為人の為につくし天寿を全くせよ
三、大西本家との親睦《しんぼく》を保続せよ　但し必ずしも大西の家系より後継者を入るる必要なし
以上
之でよし百萬年の仮寝《かりね》かな」
他に「すがすがし暴風の後に月清し」と色紙に書かれて貼ってあったと言う（『特攻の真意』）。

3. 部下達を故郷に戻した後に自決

故郷に戻り、皇国の再建に尽力せよ

松浦勉海軍大佐の訓示

私の父は、終戦六十年に当る平成十七年の十一月に亡くなった。その告別の際に参列者から寄せられた香典の一部を、父が最期まで心にかけていた靖國神社に寄付として持参した。その時、神社側から「どなたかの永代供養《えいだいくよう》に当てられたら如何《いかが》ですか」との有り難いアドバイスを戴いた。そこで、昭和二十年八月二十八日に自決して亡くなられた松浦勉《まつうらつとむ》海軍少佐の事が思われ、永代供養させて戴いた。松浦少佐は父の上官だった。

父は、昭和十九年に熊本師範《しはん》学校から学徒出陣し、第十五期海軍飛行予備学生になった。茨城県の土浦航空隊で訓練に励んだが、土浦が空襲を受けた後は福井県に移動し、九頭竜川《くずりゅうがわ》河畔《かはん》の三国《みくに》でグライダーによる特攻訓練をしていた。学生達は二十歳前後であり、血気盛んだった。敗戦が決まるや、学生達はマッカーサーの本土上陸時に斬り込みをかける事を決意していたという。その時、上官の松浦海軍少佐が、「終戦の大詔が降った以上、お前達は陛下の大御心に従って、祖国の為に力を尽くさねばならない。各自、故郷に戻り、皇国の再建に尽力せよ」と諭《さと》した。

松浦少佐は当時三十歳前後、高潔な人格に学生達は心服していた。それ故、父は泣く泣く熊本に戻り、その後熊本の教育界で人づくりに尽力した。ところが、少佐は学生達を送り出した後、米占領軍先遣《せんけん》隊が厚木に進駐した八月二十八日に、福井県坂井郡芦原《あわら》町（現あわら市）の水交社《すいこうしゃ》で自刃した。予備学生達の思いを一身に担って敗戦の責をとったのである。

私は、永い間この事実を知らなかったが、大学生となり大東亜戦争の歴史を勉強するようになった頃、父が当時の事を語ってくれた。その後、昭和六十一年に仕事で福井県に行く機会が有り、足を伸ばして芦原町を訪れ、父が訓練していた海岸や街を訪ねた。その時偶然出会った方が、「昭和二十年頃は海軍の学生さん達が一杯居ました」と話をして下さった。私が松浦少佐の事を話すと、御存知で、松浦少佐が下宿していた部屋に案内して戴いた。松浦少佐の御魂が導いて下さったのであろう。更に私は、少佐が自刃した水交社跡も訪れて、感謝の祈りを捧げた。

『世紀の自決』には、松浦少佐の遺影と奥様による事実報告の短文が掲載されているだけである。少佐は岡山県笠岡市大宜の出身とある。父達を教え諭した松浦少佐が居られたが故に、父は生き、今の私もある。不思議な縁が思われてならない。

4．敵に「武器」を渡す屈辱

武人の節《せつ》を穢《けが》し　誠に申訳なし

海軍大尉　小山悌二

「日本刀は武士の魂」と言う様に、武人にとっての武器は、戦いを遂行する「魂」にも等しかった。以下、『世紀の自決』（芙蓉書房）に掲載されている三人の将校を紹介する。

終戦後、ヤップ島警備隊の小山悌二海軍大尉（二十二歳・長野県出身）は、武器弾薬の米側への引き渡し作業の責任者として率先垂範で尽力していた。九月二十四日、作業は終了した。そこで小山大尉は翌二十五日午前四時頃、士官寝室にて軍服着用のまま宮城に向って正坐し、日本刀を以て自決した。遺書には「武人の節《せつ》を穢《けが》し　誠に申訳なし」とのみあった。自刃時に使用した日本刀は、小山大尉の父親が学生時代に柔道大会優勝の際に特別賞として貰った、慶長新刀常陸守藤原寿命を軍刀として仕上げた名刀で、海軍兵学校最終学年時の十七年夏の帰省時に餞《はなむけ》として贈られたものだった。小山大尉は十八年正月に「今年の覚悟卒業と共に第一線に立つべき意気込みにてまず学業に専念せん　一日一刻を全精神を集中すること　明朗快活　努力　人を正面より見ること　団結協力　臍《へそ》の力」と「自啓録」に記している（父・小山保雄「小山悌二伝」）。大尉は強き意志の人であった。

九月十八日未明、済州島漢拏山《さいしゅうとうかんなさん》谷口隊陣地では、野戦重砲十五連隊第三中隊長の谷口章陸軍大尉（二十二歳・滋賀県出身）が自決した。当日は大尉の預かる十五榴弾砲四門とその附属兵器とを米軍に引き渡す日だった。その六日前、谷口大尉は同期生の石橋大尉に「祖国は亡びた。祖国と運命を共にするのが、市ヶ谷台の精神だ。皇軍将校はこの際、一死以て天皇陛下にお詫《わ》び申上げるべきだ。また、大砲引き渡しも決定した今日、砲兵中隊長は火砲《かほう》と運命を共にするのが皇軍砲兵の伝統精神に生きる道と思う。従って自分は、すでに散華した多数同期生の後を追う積りだ」と語っていたと言う。

武器引き渡しに際し、事務上の食い違いから責任を取って自決した将校も居た。第二十六野戦航空修理廠《しょう》の金原重夫陸軍少尉（三十二歳・静岡県出身）である。金原少尉は漢口で武器引き渡し業務を担当していた。だが、数量に意外な相違が生じ折衝は難航、部隊は苦境に立たされた。その時、消耗品出納責任者であった少尉が、一切は自分の責任であるとして、九月二十一日午後八時に天皇陛下万歳と叫びつつ拳銃で自決した。この事があってから中国側の態度は一変し、移譲は円滑に進行したという。正に、金原少尉の生命を捧げた至誠が敵兵をも感動せしめ、部隊を救ったのである。

5．夫婦・家族で大日本帝国に殉じた人々

我が行くべき道は只一つあるのみなり、強がりにもあらず、余《よ》にとりて只一つの道なり

海軍大尉　長瀬武

『世紀の自決』の第二部には、大日本帝国の終焉に殉じた十二組の夫妻の事が書かれている。明治天皇に殉じた乃木将軍夫妻の如く、夫の殉国の決意を妻も受容し同行した。

終戦時、佐世保軍需部に勤務していた長瀬武海軍大尉（三十歳・石川県出身）は外志子《としこ》夫人と共に、八月二十一日午前零時、佐世保前畑火薬庫裏の丘上にて自決した。大尉は海軍の正装、夫人はモンペ姿だった。二人のポケットの中には日の丸の旗（外志子夫人のお母様が結婚式の際に与えられたもの）のみが入っていた。

長瀬大尉は自決当日母方の伯母に次の遺書を送っている。

「有難き陛下の大御心、一点の疑もなし、涙もて拝す、余りにも大君の恵多く幸福すぎし余の三十年、我が行くべき道は只一つあるのみなり、強がりにもあらず、余にとりて只一つの

道なり、妻の一徹亦固きものあり。僅か二年の余の教育による妻の決意如何ともなし難し、御厚情を深謝す」。同日、外志子夫人は母鹿谷初子宛に次の遺書を発送している。

「母上様、いよいよ最後の時が参りました。大詔を奉戴いたしまして天皇陛下の有難き御言葉本当にもったいなくて身のおきどころもございません。でも私達は最後までもっともっと頑張りたかったとそれのみです。舞鶴にて御別れ致しましたのが最後でございました。私の決心どおり致します。佐世保にも敵が参ります。

　上陸致しましてからはどんな目にあわされるか判りません。貞操をやかましく言われ教育されて参りました私にはどうしても耐えてゆかれません。これが私の思いすごしでございましたらどんなに嬉しいでしょう。私は只それのみ念じて行きます。主人の身も当然覚悟致しております。私にとりまして、どうして耐えてゆかれましょう。（中略）今まで幸福に暮して参りまして私はほんとに幸福だったと喜んでおります。嫁ぎましてから二年間も本当に幸福に暮しました。今は決心どおり身を処しましても私は幸福な人間です。母上様何とぞ御安心下さいませ。気持は落ちついて安らかな気持でおります。母上様も何とぞ御体大切に遊ばしまして国体護持の為頑張って下さいませ」

　夫人はミス金沢と呼ばれた程の麗人と言う。身も心も美しき大和撫子《やまとなでしこ》の決意の自決だった。

　終戦時に敗戦の責を負って自決した人々は五六八名（『世紀の自決』）とも五九九名（ある研究者）とも言われている。

1．貞操を守る為に集団自決した従軍看護婦達

私たちは敗れたりとはいいえ、かつての敵国人に犯されるよりは死をえらびます。

新京　第八陸軍病院　陸軍看護婦二十二名

昭和二十一年六月二十一日朝、満州・新京《しんきょう》（長春《ちょうしゅん》）第八陸軍病院で、監督看護婦井上鶴美（二十六歳）以下二十二名の看護婦が青酸カリを飲んで自決した。

当時、新京はソ連軍の占領下にあったが、三十四名の日本人従軍看護婦達には新京第八病院での勤務が命じられていた。ところが、二十一年春、城子溝にあるソ連陸軍病院の第二赤軍《せきぐん》救護所から、三名の看護婦の応援要請命令が来た為、三名を選抜して派遣。その後も追加要請があり、十一名が送られた。更に四回目の申し入れがあり、対応を協議していた六月十九日夜、最初に派遣した大島はなえ看護婦が瀕死の重傷で戻り「私たちは、病院の仕事はしないで毎晩毎晩ソ連将校のなぐさみものにされているのです。否と言えば殺されてしまうのです。殺されても構わないが、次々と同僚の人たちが応援を名目に、やって来るのを見て、

何とかして知らせなければ、死んでも死にきれないと考えて脱走して来たのです」と述べた。そして、「婦長さん！　もうあとから人を送ってはいけません。お願いします」との言葉を最後に息を引き取った。

翌日曜日に大島看護婦を土葬し、その夜、残って居た看護婦二十二名は自ら死を選んだ。満州赤十字看護婦の制服制帽を着用して、胸のあたりで両手を合わせて合掌をし、脚は紐できちんと縛られていた。遺書として、「二十二名の私たちが、自分の手で生命を断ちますこと、軍医部長はじめ、婦長にもさぞかし御迷惑と深くおわび申上げます。私たちは敗れたりとはいえ、かつての敵国人に犯されるよりは死をえらびます。たとい生命はなくなりましても、私どもの魂は永久に満州の地に止り、日本が再びこの地に還って来る時、御案内致します。その意味からも、私どものなきがらは土葬にして、ここの満州の土にして下さい」と書かれ、続けてそれぞれが手書きで名前を記していた。汚れ物は総てボイラー室で焼却してひとつも残されて居なかった。日本女性の身だしなみだった（『記録　自決と玉砕』堀喜身子「従軍看護婦の集団自殺」）。

敗戦に伴い、国家の庇護《ひご》が失われた時、最大の悲劇が襲うのは女性達である。当時、福岡には二日市保養所という、満州・朝鮮引揚げ女性の為の堕胎病院が特別に設置され四、五百名の女性達が手術を受けている（上坪隆『水子の譜《うた》』）。終戦直後にわが国の女性達がロシアやシナ、朝鮮によって受けた惨劇は歴史の陰に隠され、慰安婦の補償のみが声高に叫ばれている。祖国に殉じて若き生命を断った女性達の事を決して忘れてはならない。

2．一切の戦歿者の供養を以て世界平和の礎に

今回の処刑を機として、敵・味方・中立国の国民罹災《りさい》者の一大追悼《ついとう》慰《い》安《あん》祭《さい》を行われたし。世界平和の精神的礎石としたい

『世紀の遺書』東條英機「遺言」

大東亜戦争に敗北した日本軍に対し、連合国の七か国（米・英・豪・蘭・仏・中・比）は「復讐心」を満足させる為に、東亜五十一か所にて「戦犯裁判」なるものを行い、五六七七名の日本人を逮捕して裁判にかけ（『戦犯裁判の実相』下巻）、一〇六八名の日本人を殺害した（『世紀の遺書』）。又、それ以外にもソ連で約三千人、中共が約三千五百人を戦犯として留置し裁判にかけたと推測されている（田中宏巳『BC級戦犯』）。

裁判官に加え弁護人迄もが戦勝国側であったこれらの裁判では、元より公平さなど望めなかった。

裁判で有名なのは所謂《いわゆる》「A級戦犯」（国家指導者）を裁いた東京裁判（極東国際軍事裁判）である。日本近代史を「侵略」の名の下に一方的に処断した東京裁判は、起訴が昭和天皇誕

生日、判決が明治天皇誕生日（実際は少しずれた）、処刑が皇太子殿下（現在の今上天皇）誕生日に合せて行われた。正に、日本弾劾《だんがい》の為の一大プロパガンダだった。

大東亜戦争開戦時の首相だった東條英機《とうじょうひでき》はA級戦犯として逮捕されたが、累を天皇陛下に及ぼさない為に、一身に全ての責任を担い、公判上で起訴状に対する反論を堂々と陳述した。大東亜戦争は米英によって陥《おとしい》れられた戦争であり、わが国の東亜政策は決して間違っておらず、世界制覇の野望など微塵《みじん》も無かった事を、事実にそって綿密に反証した（上法快男『東條英機』）。だが、それは却下された。所詮は戦勝者の「復讐劇」に過ぎなかった。

死刑判決を受けた東條は遺言で「今回の刑死は、個人的には慰められておるが、国内的の自らの責任は死を以て贖《あがな》えるものではない。しかし国際的の犯罪としては無罪を主張した。今も同感である。ただ力の前に屈服した。自分としては国民に対する責任を負つて満足して刑場に行く」と記し、国際的には無罪なのだが、日本国民に対する「敗戦責任」を負って死ぬ事を述べている。

更に東條は、「今回の処刑を機として、敵・味方・中立国の国民罹災《りさい》者の一大追悼《ついとう》慰安祭《いあんさい》を行われたし。世界平和の精神的礎石としたいのである」と記している。自分たちの犠牲によって敵味方の憎悪の炎が収まり和解して、真の世界平和が訪れる事を願ったのである。日本人には、敵味方を超えて戦死者を弔う伝統がある。その一方で、何時迄も憎悪を煽《あお》り、歴史を今の自分たちの為に利用し続ける悪意の隣国もある。

3．良心に曇りなし

私の良心は之が為に毫末《ごうまつ》も曇《くも》らない。日本国民は全員私を信じてくれると思ふ。

『世紀の遺書』本間雅晴「絶筆」

昭和二十一年四月三日、フィリピン・マニラ市のロス・バニヨス刑場で、本間雅晴《ほんままさはる》元陸軍中将は銃殺刑に処せられた。五十九歳だった。本間中将は、開戦当時第十四軍司令官としてフィリピンを制圧して、マッカーサー元帥を敗退させた。フィリピンに膨大な土地を保有していたマッカーサーは「I Shall Return（私は、必ず戻って来る）」と嘯《うそぶ》いてフィリピンを後にした。戦勝後、その恨みの矛先が本間中将に向けられた。「バターン死の行進」なるものをでっち上げたのである。確かに、長期籠城《ろうじょう》戦で衰弱していた捕虜を収容所に収監する為にバターン半島を移動させ、その途中で数多くの捕虜が亡くなったが、それらの捕虜の死因の殆どは赤痢《せきり》やマラリアだった。それを「死の行進」を企図していたとして裁いたのである。

本間は子供三人に宛てた手紙で次の様に述べている。「死刑の宣告は私に罪があると云うことを意味するものに非ずして、米国が痛快な復讐をしたと云う満足を意味するものである。私の良心は之が為に毫末《ごうまつ》も曇らない。日本国民は全員私を信じてくれると思ふ。戦友達の為に死ぬ、之より大なる愛はないと信じて安んじて死ぬ」と。

本間中将は「日本国民は全員私を信じてくれると思ふ」と確信を持って書いている。それなのに、自虐史観から脱却出来ない歴史教科書では「バターン死の行進」を未だに教えている。その結果、本間の確信を裏切る青年が今尚輩出されているのだ。

マニラ法廷で感動的な事が起った。本間の妻・富士子がマニラ迄来て証言台に立ったのである。角田房子『いっさいは夢にござ候』はその時の言葉を次の様に書いている。弁護人からの「あなたの目にうつる本間中将はどのような男性か」との尋問に対し、富士子は「わたしは東京からマニラへ、夫のためにまいりました。夫は戦争犯罪容疑で被告席についておりますが、わたくしは今もなお本間雅晴の妻であることを誇りに思っております。わたくしに娘が一人ございます。いつかは娘が、わたくしの夫のような男性とめぐりあい、結婚することを心から望んでおります。本間雅晴とはそのような人でございます」と。

本間は日記にこの日の感動を記した。「この言葉は満廷を感動せしめ何人の証言よりも強かつた。（略）日本婦人と云うものを知らぬ米人並比人に日本婦道をはつきり知らしめた英雄的言動であつた。私は是だけでも非常に嬉しく思ふ。日本婦人史に特筆すべき事蹟と思ふ」

4．日中の和解の為に身を捧げる

我が死を以て中国抗戦八年の苦杯《くはい》の遺恨《いこん》流れ去り日華親善、東洋平和の因ともなれば捨石《すていし》となり幸ひです。

『世紀の遺書』向井敏明「辞世」

東京裁判では、昭和十二年の南京攻略時の上海派遣軍司令官だった松井石根《まついいわね》大将を「南京大虐殺」の罪状で処刑したが、現地に於ても「生贄《いけにえ》」が求められ、第六師団長だった谷寿夫《たにひさお》中将を責任者として銃殺し、更には「三百人斬」で田中軍吉陸軍少佐、「百人斬」競争を行ったとして、向井敏明《むかいとしあき》少佐、野田毅《のだつよし》少佐が処刑された。「南京大虐殺」自体が虚構に過ぎないのだが、谷師団長の第六師団は攻撃部隊であり、南京には一週間しか滞在せずすぐに撫湖《ぶこ》に転進している。虐殺している余裕等ない。更には、三百人斬や百人斬りなど日本刀では絶対にありえない。それでも、強引にこじつけて罪人＝生贄を生み出し、銃殺したのである。

向井少佐は遺書の中で「努力の限りを尽くしましたが我々の誠を見る人は無い様です。恐ろしい国です」と記している。

向井少佐は堂々たる「辞世」を残している。

「我は天地神明に誓い捕虜住民を殺害せること全然なし。南京虐殺事件等の罪は絶対に受けません。死は天命と思い日本男子として立派に中国の土になります。然《しか》れ共《ども》魂は大八州島《おおやしま》に帰ります。

我が死を以て中国抗戦八年の苦杯《くはい》の遺恨《いこん》流れ去り日華親善、東洋平和の因ともなれば捨石《すていし》となり幸ひです。

中国の御奮闘を祈る　　日本の敢奮を祈る

中国万歳　　日本万歳　　天皇陛下万歳

死して護国の鬼となります　　十二月三十一日　十時記す　向井敏明」

戦犯裁判で裁かれた者達は、今行われている事が、「裁判」の名を借りた復讐劇・私刑（リンチ）である事を重々承知していた。彼らは軍人＝武人だった。出征の時から死を覚悟し、国の為に働き、生きては帰らぬと心に定めていた。それ故、「戦犯」としての死も、「敗戦というう大変事による冷酷な運命」（三浦光義海軍上等兵曹）「職務上の玉砕」（野澤藤一陸軍曹長）「唯笑って国に殉じます。すべては敗戦の生んだ悲劇」（中野忠二海軍兵曹）と諦観《ていかん》した。只唯一の心残りは自分の名誉と死の意味だった。軍属の浅井健一は「私は日本の建設の礎《いしずえ》となって喜んで行きます。戦犯者となるも決して破廉恥《はれんち》とか私事で刑を受けたのではないことを記憶して下さい」と書き残しているが、戦犯として犠牲になった者達の魂の叫びである。

5．モンテンルパ刑務所受刑者の救出を！

比島のキリスト教の牧師と、力を合せて宗教家としての助命減刑につくせ

高松宮殿下の加賀尾教誨師に対する激励の御言葉

東京裁判が終了したのが昭和二十三年十一月、他の地域のBC級戦犯裁判も昭和二十六年迄には次々と終結した。多くの受刑者は巣鴨へと送られたが、フィリピンのモンテンルパ刑務所には多くの日本人が取り残されていた。死刑囚が五十九人、無期刑囚が二十九人、有期刑囚二十人が収監されていた。その事に多くの国民は胸を痛めていた。漸く昭和二十八年七月二十七日、比国キリノ大統領は全員に特赦又は減刑を与え、日本への送還を許可した。

ここに至るには長い道のりがあった。モンテンルパに収監されている同胞達を救えとの全国民的な運動が巻き起こり、それがフィリピン政府に強い要望として届けられたのである。

その国民運動の中心に居たのが、復員局で昭和二十二年からフィリピン裁判担当の任に当っていた植木信吉と、二十四年九月一日からフィリピン戦争裁判教誨師《きょうかいし》を委嘱され現地に派

遣された岡山県の真言宗僧侶・加賀尾秀忍《かがおしゅうにん》だった。

加賀尾が著した『モンテンルパに祈る』には、現地赴任前に高松宮殿下を訪れ嘆願書の署名を戴いた際に、殿下が「安心して、瞑目《めいもく》せしめるだけではいかぬ。比島のキリスト教の牧師と、力を合せて宗教家としての助命減刑につくせ」と述べて激励された事が紹介されている。加賀尾はその御期待に見事応えた。加賀尾は当初六か月という期限付きでの教誨師《きょうかいし》委嘱だったが、現地に収監されている同胞達の実情を知れば知るほど、強い使命感が湧き起り、自分の意志で現地に留まり、様々な困難を乗り越えて最後迄解放の為に尽力した。高松宮殿下御自身も吉田首相に直接嘆願書を送られる等尽力されている。

復員局の植木も、二十三年秋の検察庁への転出辞令（栄転）を断って、救出運動に全力を傾注した。植木の努力で囚人達の家族会が結成され、会誌『問天《もんてん》』が発行される。それが情報発信源となって国民各層に広がり、現地への慰問品や活動支援金が次々と寄せられる様になる。一方、加賀尾は現地での不自由な生活を余儀なくされながらも、日々祈りつつ様々な人々に救出の嘆願書を送り続けた。更には、加賀尾を通して囚人達の声も日本に届き、『問天』の誌面で紹介された。遂にはマスコミも大々的に取り上げ、現地には国会議員も慰問に訪れて要路に働きかける様になる。囚人達の作詩・作曲の歌「あゝモンテンルパの夜は更けて」を歌手の渡辺はま子が唄い、共感の輪が国民に広がり爆発的なヒットとなる。七年間の弛《たゆ》まぬ努力と国民の熱誠が受刑者達の救出を齎《もたら》したのだった（小林弘忠『天に問う手紙』）。

6. ソ連抑留十一年四か月の中で刻んだ祖国再建への言霊

書く文字の一字一字を弾丸《たま》として皇国《みくに》に盡《つく》す誠ささげむ

伊東六十次郎『シベリヤより祖國への書』

昭和二十年八月九日、ソ連は日ソ不可侵条約を一方的に破棄し、満身創痍《まんしんそうい》の日本に対して宣戦を布告し、満州・樺太・千島列島に怒濤《どとう》の如く進撃した。更にスターリンは北海道分割を米国に提案したが、断られた。そこで、樺太から軍隊を送り込んで北方領土を軍事占領し、かつ満州等で武装解除した日本軍将兵をシベリアへと強制連行した。その数は七十万名に及び、約十万人が亡くなった（長勢了治『シベリア抑留全史』）。

昭和四年に東京帝大（西洋史専攻）を卒業して満州に渡り、自治指導部の創設に参画し、満州国建国後は大同学院《だいどうがくいん》教授となり、協和会《きょうわかい》中央本部で復興アジア運動の思想的・基礎的研究に精魂を傾けた人物に伊東六十次郎《いとうむそじろう》が居る。伊東は、満州国崩壊後シベリアに抑留され、その抑留期間は十一年四か月に及んだ。ソ連のスターリン主義を批判し、己が所信を曲げず、圧力に屈しなかったが為に、要注意人物としてマークされ、強制労働二十五年を科せられた。

この間伊東は、共に抑留されていた戦友の中の同憂の士と共に、祖国の再建と民族の復興を祈りつつ「日本敗戦の原因に対する基本考察」と「日本民族建設の具体的要綱」について討議研究を繰返しながら文章を書き進めて行った。

伊東は記す。「昭和二十年八月二十四日に、桓仁《かんじん》警備の陣中に於て『日本民族建設の具体的要綱』の覚書《おぼえがき》の記録を中隊長から委嘱されて以来、終始、本書の記録の責任に当ったのが筆者である。然しながら捕虜生活の極めて困難な条件の下に於て、筆者に執筆の時間と場所とを与へて呉れたのが戦友であり、また筆者に捕虜生活の初期に於ては、凡そ想像以上の貴重品であつた紙、ノート、鉛筆、インク、ペン先等を提供し、机等を作つて呉れた戦友も多かつた。更に各捕虜収容所に於ては戦友は苛酷な強制労働のために疲れて居るにも拘はらず、本書の原稿を検討研究して、辞句や内容の修正をして呉れたのである」と。正に祖国を思う同志達の総合力でこの著作は完成したのだ。

だが、草稿はソ連当局によって八回も没収された。そして、九回目の草稿が、訪ソして慰問に来た女性代議士のハンドバッグの中に隠されて奇跡的に日本に届けられたのだった（『満州問題の歴史』解説）。それを元に、伊東が帰国して半年後に『シベリヤより祖國への書』が出版された。正に命懸けの執筆であり、書く文字の一字一字を「弾丸」として祖国に誠を捧げたのである。文章を書く者をして、粛然と襟を正させる「留魂の書」である。

7．日本人の誇りを持って逆境に立ち向かったある一等兵の信念の言葉

でも、私たちは負けない。なぜか？　それはわれわれは捕虜ではなく、日本人だからだ。

村中一等兵の言葉『現代の賢者たち』

抑留者達は、極寒の地で満足な食糧も与えられず、課せられた苛酷な労働に日々苦しめられた。だが、その様な中でも日本人としての誇りを失わず毅然と生き抜いた人々が居た。『現代の賢者たち』（致知出版社）に、ＢＦ六甲山麓研修所所長の志水陽洸《しみずようこう》氏の「酷寒のシベリアで私の人生は開かれた」と題する体験談が掲載されている。それは、志水氏の生き方を根底から変える強烈な体験だった。

志水氏はシベリア収容所の暗黒の生き地獄の中で無気力になり、如何に監視の目を逃れて仕事をさぼるか計《ばか》りを考えて日々過していた。その様な時、全く異質の集団と出会う。彼らはとてもひどい身なりをしていたが、真剣そのものに労働して志水氏達の数倍の仕事をこなしていた。そこで、志水氏は、彼らは敵（ソ連）の回し者に違いないと勘違いして抗議した。

その集団のリーダーは三十五、六歳の村中一等兵だった。村中一等兵はひと通り志水氏の話を聞くと、その輝く様な鋭い目でみつめながら次の様に語った。

「あなた方は逆立《さかだ》ちの人生を送っている。一番大事な芯が抜けてしまっている。それでは栄養失調になったり、餓死するのも当たり前だ。私を見なさい。私の目や筋肉は、失礼だがあなた方とは違って、生き生きしていますよ。国境でソ連と戦闘して、敵を殺したためにわれわれは最悪の作業場を回されている。食事も待遇も、あなた方より悪い……でも、私たちは負けない。なぜか？　それはわれわれは捕虜ではなく、日本人だからだ。どうです。あなた方も、もういい加減に捕虜を卒業したら。心までが何で捕虜にならなければいかんのです？」

「現在の苦しい作業や悪条件は天が与えてくれた試練です。（略）人間が成長するために苦があるということは、これは生命の本源です。（略）私たちが負けていないのは、捕虜でない、日本人なのだという自覚に燃えているからです」と。捕虜にありながら捕虜ではない、誇り高き日本人の持つ「信念の言葉」だった。この出会いで志水氏の人生姿勢は一変したと言う。

　福島茂徳『凍土に呻《うめ》く　シベリア抑留歌集』には、次の歌が紹介されている。

　　毅然《きぜん》たる魂《たま》もたざれば死神がたちまちとりつく虜囚の生活《たつき》
　私は平成十九年春に抑留死亡者の慰霊の為に中央アジアのウズベキスタンを訪れた。そこでは、日本人抑留者達が築いたナヴォイ劇場や水力発電所が今でも使われて居た。生真面目に働いた日本人抑留者の姿を現地の人々は感動して語り継ぎ、今尚日本人に対する評価が高い。

【コラム④】ウズベキスタンの桜と抑留《よくりゅう》日本人に対する高い評価

平成十九年三月末にウズベキスタンを訪れた。当地では、抑留された二万人の日本将兵の中の八一三人が亡くなり十か所の墓地に埋葬されていた。私達は首都タシケントのヤッカサライ墓地とベガワートの墓地を訪れて慰霊を行った。タシケントの日本人墓地や中央公園・ナヴォイ劇場などには中山恭子初代大使時代の二〇〇四年に桜の木が一四〇〇本植えられ、私達が訪れた時、八分咲きに美しく開花していた。ヤッカサライ墓地の斜め前のスルタノフ氏の自宅には「一九四〇年代ウズベキスタンで生活した日本人の記録展示場」が設けられ、当時の記録ビデオや写真・遺品の数々が展示されていた。日本兵は氏の為に「揺《ゆ》り籠《かご》」を作ってくれ、子供たちに愛用されてきたという。展示写真の中にベガワート水力発電所前での抑留者達の記念写真があり、彼らの顔はダムを完成させた誇りに輝いていた。その水力発電所は今尚電力を供給していた。堂々たるダムからは勢い良く水が流れ落ち、日本兵達の自信が偲ばれた。タシケントのナヴォイ劇場建設にも日本兵が携わった。説明板には「極東から強制移送された数百名の日本国民が、このアリシェル・ナヴォイ劇場の建設に参加し、その完成に貢献した。」と記されていた。堂々たる建物で、一九六〇年代にタシケントを襲った地震にびくともせず、今尚ウズベキスタンの文化の中心施設として使用されている。これらの建設には現地の技術者や労働者も携《たずさ》わっており、共同作業によって完成したものである。それ故にこそ、日本人の力量を現地の人々が実見し高く評価し、今尚功績が語り伝えられている。

あとがき

平成二十八年四月十四日夜、私の書斎は大きく揺れて本棚から書籍等が次々と落ちて来た。更に十六日午前一時二十五分、震度六の強烈な振動により、二階の三部屋では本棚が崩壊し大量の瓦礫(書籍)が散乱し足の踏み場も無い程となった。前者がマグニチュード六・二、次はマグニチュード七・三の大地震が熊本地方を連続して襲ったのである。熊本が被災地になろうとは思いもしなかった。二十一日に岡山の日本会議の方々がトラック二台で食糧支援に来熊、被害の大きい益城町との境にある熊本市東区秋津(すぐ近くに横井小楠の四時軒記念館がある)で炊き出しを行い、私もお手伝いをさせて戴いた。幾つもの家が倒壊し、道路は寸断され至る所に段差が出来て居た。連続地震の被害の甚大さをまざまざと見せつけられた。

本書には地震に関する二人の言葉が出て来る。安政二年の江戸の大地震に驚いた野村望東尼の和歌「天地の神の心やさわぐらむ秋津しまねの道のみだれに」と、関東大震災から六年後に山川健次郎が述べた「心せよ。災害は恐しい、だがそれよりも更に怖るべきものは国民精神の頽廃であり、民心の弛緩である。」である。先人達は、地震と人々の精神との関係を敏感に感じ取り、世の人々に警鐘を鳴らしていた。現代日本に於ても「道のみだれ」「国民精神の頽廃」「民心の弛緩」は最大の課題だと思う。だが、日本には「武士道」が厳然たる歴史として刻まれている。武士道に心を向けた時に、日本人は必ず精神的に甦る事が出来ると信じている。

「愛国心」とは祖国の歴史に対する深い感謝の情が培われた結果、自ずと表われて来るものである。日本の素晴らしさと先人達の祖国愛の深さに感動した時に、初めて自分もこの日本を守り抜こうとの志が生まれて来る。日本の歴史と先人達の軌跡を学びながら、私は幾度も感涙に咽び、先人達のこの美しい精神と生き様の記録を守り抜き、必ず後世に伝えねばならないと決意した。私は四十年余に亘って先人達の生き様を青年や学生に語り、その成果の一端を『祖国と青年』誌に連載して来た。それが元となり、今回『永遠の武士道　語り伝えたい日本人の生き方』と題し出版する事となった。この中で取り上げた人物、言葉こそが私の人生を導き、何よりも日本人とは何かを指し示してくれた「恩師」に他ならない。

出版に際し、明成社の坂元陽子さんには大変お世話になった。心から感謝したい。

又、私に愛国心を育んでくれた亡き父と母、私と志を共にし、長年支え続けてくれている妻希世子、そして祖先・子孫にこの本を捧げる。

多久善郎

本書は、「祖國と青年」誌（平成24年4月号～平成28年3月号連載）「武士道の言葉」から選んで加筆・修正を行い、新たに書き下ろしを加えて再構成したものです。

【章扉／写真・画像】

第一章　①島田美術館蔵　②赤穂市立歴史博物館蔵
　　　　③東京国立博物館蔵　④©Pekachu

第二章　①山口県文書館蔵　②致道博物館蔵
　　　　③白虎隊記念館蔵　④飯島家蔵

第三章　①③国立国会図書館蔵　②著作権消滅済
　　　　④河原操子『蒙古土産』

第四章　①④著者　②著作権消滅済
　　　　③靖國神社遊就館蔵

【著者略歴】多久善郎　たく よしお

昭和29年（1954）、熊本市生まれ。熊本県合志市在住。

熊本県立済々黌高校・九州大学を経て日本青年協議会本部職員となる。日本守る国民会議に参画、全国縦断キャラバン隊隊長を担うなど全国を遊説。昭和59年、第２回東京青年弁論大会（日本防衛研究会主催）で最優秀賞受賞。昭和62年より10年間、研修局長として学生及び青少年育成事業を担当。平成９年より日本会議の国民運動に従事。

現在、日本協議会理事長、（一社）富士宮研修センター所長、日本会議事務総局憲法改正推進本部幹事長、日本会議熊本理事長、北朝鮮に拉致された日本人を救出する熊本の会副会長。

学生時代より明治維新・日本近代史・比較文化を研究、武士道と陽明学を人生哲学とする。著書に『先哲に学ぶ行動哲学　知行合一を実践した日本人』（日本協議会）がある。

ブログ http://blog.goo.ne.jp/takuyoshio

永遠《えいえん》の武士《ぶし》道《どう》
語り伝えたい日本人の生き方

平成二十八年五月二十五日　初版第一刷発行
平成二十九年八月　十二日　初版第三刷発行

著　者　多久善郎
発行者　小田村四郎
発　行　株式会社明成社
〒一五四—〇〇〇一
東京都世田谷区池尻
三—二一—二九—三〇二
電話（〇三）三四一二—二八七一
印刷所　モリモト印刷株式会社
乱丁・落丁は送料当方負担にてお取り替え致します。

©Yoshio TAKU 2016, Printed in Japan
ISBN978-4-905410-38-6

"日本"がわかる！

明成社の好評既刊

遷宮をめぐる歴史
――全六十二回の伊勢神宮式年遷宮を語る

茂木貞純・前田孝和

飛鳥時代から始まる式年遷宮は、幾度の戦乱や政変にも拘わらず現在に続いている。神宮のご鎮座から式年遷宮の立制、臨時・仮殿の遷宮、全六十二回の式年遷宮を網羅した唯一の本。

本体1200円

日本の心に目覚める五つの話

松浦光修

《神さまの国―神話・天皇・神宮／よみがえる山陵―神武天皇陵の歴史／七たび生きる楠公精神の歴史／祈りの力―孝明天皇と吉田松陰／維新のかたち―五箇条の御誓文》。日本人の誰もが知るべき五話。

本体2200円

明治の御代
――御製とお言葉から見えてくるもの

勝岡寛次

西欧列強が植民地化を推し進め、アジア諸国の独立が脅かされていた中で、いち早く近代化を達成し、世界に雄飛した明治の御代。今こそ手にしたい日本の羅針盤です。【明治天皇百年祭記念出版】

本体1800円

私の日本史教室
――甦る歴史のいのち

占部賢志

歴史とは、単に出来事の羅列ではない。遥かな時の彼方に埋もれた人物を探し当て、丹念に足跡を追い光を当てる。日本には、かくも強く優しく尊い人々の物語がある。

本体2000円

語り継ごう日本の思想

国民文化研究会・國武忠彦

古事記・日本書紀から、法然・親鸞・日蓮の仏教思想、古典・和歌、近代の詔勅、契沖・本居宣長の国学、小林秀雄・岡潔など現代の思想家まで。原文（文献）に現代語訳と解説を加えた貴重な資料集。

本体2000円

明成社 オンライン http://meiseisha.thebase.in